纪念哈尔滨工业大学创办继续教育65周年

1955—2020

HARBIN INSTITUTE OF TECHNOLOGY

HIT

工大百年　继续辉煌

《工大百年　继续辉煌》编委会　编

哈尔滨工业大学出版社

图书在版编目(CIP)数据

工大百年 继续辉煌:纪念哈尔滨工业大学创办继续教育65周年/《工大百年 继续辉煌》编委会编. — 哈尔滨:哈尔滨工业大学出版社,2020.8
ISBN 978-7-5603-8897-7

Ⅰ.①工… Ⅱ.①工… Ⅲ.①哈尔滨工业大学继续教育学院–校史 Ⅳ.①G649.283.51

中国版本图书馆CIP数据核字(2020)第117279号

工大百年 继续辉煌:纪念哈尔滨工业大学创办继续教育65周年
GONGDA BAINIAN JIXU HUIHUANG:JINIAN HAERBIN GONGYE DAXUE CHUANGBAN JIXU JIAOYU 65 ZHOUNIAN

策划编辑	李艳文 范业婷
责任编辑	王晓丹 那兰兰
装帧设计	屈 佳
出版发行	哈尔滨工业大学出版社
社　　址	哈尔滨市南岗区复华四道街10号 邮编150006
传　　真	0451-86414749
网　　址	http://hitpress.hit.edu.cn
印　　刷	哈尔滨博奇印刷有限公司
开　　本	787mm×1092mm 1/16 彩插8 印张15.25 字数356千字
版　　次	2020年8月第1版 2020年8月第1次印刷
书　　号	ISBN 978-7-5603-8897-7
定　　价	100.00元

(如因印刷质量问题影响阅读,我社负责调换)

学校获批中央军委装备发展部合同监管局"国家军用标准质量管理体系培训协作中心"，时任副校长／继续教育学院院长丁雪梅教授代表学校签约

继续教育学院常务副院长范轶代表学院与计算学部签署培训项目合作框架协议

晨光中的继续教育学院大楼

整洁的培训教室

继续教育学院专业的团队及先进的多媒体设备制作的精品网络课程

继续教育学院创办"'东北抗联'干部培训中心"并开展系列培训

时任校长杨士勤教授到学院指导教学工作

国家级名师蔡惟铮教授在给成人学生授课

教学督导专家组在开会研讨教学

夜大学学生正在做毕业答辩陈述

继续教育学院承办 2016 年度中国高等教育学会继续教育分会理事长工作会议

继续教育学院专家委员会合影

黑龙江省原省长邵奇惠校友与时任哈工大校友总会常务副会长顾寅生

黑龙江首所民办普通高校创立者——"感动龙江"年度人物孟新校友

哈工大成教院暑期"三下乡"社会实践活动

成人之道文艺会演

高等学历继续教育学位授予仪式合影

航空服务精英培训班结业合影

南非国际友人团到继续教育学院调研现代远程教育

周玉校长参加继续教育学院与韩国大川大学联合办学签字仪式（2004）

继续教育学院承办省教育厅 2017 年龙江职教大讲堂

2017 年校外学习中心年会——参观哈工大机器人集团

乒羽俱乐部参加学校教职工羽毛球团体赛

舞蹈瑜伽俱乐部学员正在上课

熊四皓书记参加继续教育学院与组织部联合组织的"我和我的祖国"党日活动

继续教育学院户外徒步活动掠影

时任继续教育学院常务副院长才巨金参加军地两用人才培养座谈会

继续教育学院联合主办创业培训天壹训练营合影

编 委 会

顾　　问	丁雪梅　才巨金　沈　毅
主　　编	王　宏　范　轶　王永志
副 主 编	祁彦勇　常永吉　韩冬江
参编人员	杨　威　王　欢　阎　冰
	邵丽雁　刘克勤　马　欣
	徐　烈　代明智　张　添
	郭新华　逄胗瑶　郭万林
图片美工	孙晓晨

卷首语

2020年，哈尔滨工业大学迎来建校100周年。这一年，也是哈尔滨工业大学创办继续教育65周年。我们编辑了《工大百年　继续辉煌》一书，用笔墨与历史资料记录曾经的辉煌和对美好未来的展望。那些艰辛创业的激情岁月，那些硕果累累的黄金时代，那些热血有为的师生风采，犹如电影般展现在眼前，复刻出生动的哈工大继续教育历史画卷。

哈工大继续教育始于1955年创办的夜校部，之后又陆续开办了函授教育、自学考试、现代远程教育、国际合作教育、非学历培训等教育形式，继续教育模式非常齐全。几代继教人坚守"规格严格，功夫到家"的校训精神，奉行"爱国、爱人、爱己，诚信、包容、进取"的座右铭，培养了一大批优秀学子、社会精英。这些优秀学子已遍布祖国五湖四海，他们中有省部级领导干部，有国企老总，有国家级教学名师，有教授，有专家，桃李芬芳遍天下。1983年，哈工大继续教育颁发出第一张成人教育学士学位证书，《光明日报》做了头版报道。

近年来，国内高等学历继续教育形势日益严峻。学院果断暂停学历继续教育招生，调整结构，转型创新，大力发展非学历继续教育（培训）。学院

领导班子将学院发展定位于"服务社会发展需求,提升个体综合素质;突出高校文化引领,助力一流大学建设;坚持品牌化、标准化、国际化的特色发展路径",并提出了"继续教育,让教育更均衡;终身学习,让生活更美好"的郑重使命。如今,学院党政干部培训、企业管理培训、行业职业培训、国际教育培训、社区教育培训、网络资源开发等齐头并进,"一校三区"协调联动,转型发展取得开门红,保证了学院可持续发展的良好势头。

我们编写这本书,不仅仅是展示哈工大继续教育发展的历程与取得的成绩,同时也期望这本书成为一本值得珍藏的历史资料册。需要时查阅一下,帮助您找到所需的一串串数字、一个个姓名、一份份文件;闲暇时翻阅一下,帮助您发现哈工大继续教育历史的足迹、前进的脉络、真挚的情感。

哈尔滨工业大学建校100周年,继续教育创65周年,我们与学校同呼吸、共命运。我们坚信,有学校作为坚实后盾,有学院全体人员的不懈拼搏,哈工大继续教育的明天一定会更加美好。哈工大继教人从未停下脚步,我们一直在路上!

目 录

第一篇　继教源 /1

【发展历程】/3

第一节　工大百年　继续辉煌——哈尔滨工业大学继续教育发展（1955—2020）/3

【历史再现】/20

第二节　教育教学篇 /20

第三节　学生活动篇 /23

第四节　毕业合影篇 /26

第五节　国际合作篇 /29

第六节　职工活动篇 /31

【工作谋划】/34

第七节　哈尔滨工业大学继续教育"十三五"发展规划 /34

第八节　继续教育学院工作总结节选（2016）/40

第九节　继续教育学院工作总结节选（2018）/50

第十节　哈尔滨工业大学网络教育办学情况自查自评报告 /56

第十一节　首批全国干部教育培训高校基地　哈尔滨工业大学实施方案 /71

第十二节　哈尔滨工业大学关于国家级专业技术人员继续教育基地申报报告 /75

第十三节　中央军委装备发展部合同监管局"国家军用标准质量管理体系培训协作中心"申报报告 /85

第二篇 继教苑 /93

【媒体报道】/95

第一节 《光明日报》报道"哈工大首次授予夜大毕业生学士学位" /95

第二节 抗击疫情,"继续"行动——继续教育学院防控疫情在行动 /96

第三节 继续教育学院常务副院长王宏:三年完成向非学历继教转型 /99

第四节 继续教育学院远程教育获一项国家级教学成果奖 /100

第五节 彰显"哈工大担当" 精准扶贫项目实施:走进大瑶山 /101

第六节 哈工大继教院:依托哈工大学科优势构建校企产学研结合的继续教育模式 /105

第七节 全方位立体培训,助力哈局健康稳定发展 /107

第八节 立足航天国防服务社会需求——时任常务副院长张桂芬接受采访(节选) /109

第九节 哈工大教师蔡中威捐献骨髓造血干细胞救重患 /112

【工作研究】/114

第十节 关于促进继续教育转型发展的思考 /114

第十一节 哈工大远程教育质量保障体系的构建与实践 /118

第十二节 传统成人教育与远程教育融合的相关问题探析 /122

第十三节 "互联网+"背景下传统自学考试何去何从 /127

第十四节 我国高校继续教育非学历培训发展中存在的问题与应对策略浅析 /134

第十五节 高校继续教育资源共享的研究与探索 /140

第十六节 企业与高等学校的继续教育合作模式 /145

第十七节 继续教育创新发展与特色化 /151

第十八节 创建学习型组织 培育知识型员工 /156

第十九节 行业视域下高校专业技术继续教育实践与探索 /160

第二十节　关于社区学院建设的构思与分析 /164

　　第二十一节　国际留学培训项目市场调查报告（2017）/171

【业务发展】/175

　　第二十二节　合理的人力资源结构 /176

　　第二十三节　丰富的资源储备 /177

　　第二十四节　完善的政策制度 /181

　　第二十五节　一校三区的联合互动 /183

第三篇　继教缘 /185

【校友风采】/187

　　第一节　哈工大夜大学给了我人生的力源——黑龙江省原省长邵奇惠 /187

　　第二节　黑龙江首所民办普通高校创立者——"感动龙江"年度人物孟新 /189

　　第三节　"电工学"讲台上的常青树——国家级教学名师吴建强 /190

　　第四节　商界名家——原中油吉林化建工程股份有限公司董事长杜钟灵 /192

　　第五节　自强不息是我人生的座右铭——黑龙江省百名优秀残疾人张屹 /193

【深情追忆】/195

　　第六节　春华秋实结硕果 /195

　　第七节　弘扬优良传统，培养高质量人才 /196

　　第八节　前程更辉煌 /197

　　第九节　成人教育　我永远的梦 /198

　　第十节　畅叙体会　感受祝愿　再展宏图 /199

　　第十一节　往事 /202

第十二节　中国钟表工业百年感动人物 /203

 第十三节　感谢命运，让我与母校重逢 /204

【职工心声】/205

附　录 /217

附录一　历史沿革 /219

附录二　学院历任领导(1955—2020)/220

附录三　学院历年工作人员名录 /220

附录四　学院机构设置图 /223

附录五　学院获得荣誉 /223

附录六　学院个人荣誉 /224

附录七　学院社会兼职 /227

附录八　学校基地平台建设 /227

附录九　学院课题研究 /228

附录十　学院部分规章制度 /231

附录十一　高等学历继续教育情况统计表 /232

附录十二　1999—2009 年继续教育培训情况统计表 /233

附录十三　2010—2019 年继续教育培训情况统计表 /234

后　记 /235

第一篇 继教源

【发展历程】

第一节　工大百年　继续辉煌——哈尔滨工业大学继续教育发展(1955—2020)

自 1955 年创办夜大学起,哈工大的继续教育已经走过了 65 年的历程。几十年悠悠岁月,哈工大继续教育秉承"规格严格,功夫到家"的优良传统,经过几代人的努力,使她走在了全国继续教育发展的前列。

夜大学主要是利用晚上时间实施高等教育的学校,是成人高等教育的一种形式。招收具有高中毕业文化程度或同等学力的在职职工、机关干部和部分待业知识青年,通过全国统一高考,择优录取。教学上参照全日制高等学校相应的教学计划和教学大纲建立严格的考试制度。利用普通高校空闲下来的教室和实验室,每周授课 10 课时左右(自学时间除外),主要在晚上时间进行。专科教育安排在三年内(个别专业四年内)完成,高中起点本科教育安排在五年内完成,专科起点本科教育安排在三年内完成。

20 世纪 50 年代,正值国家第一个五年计划期间,为改善哈尔滨市国家重点建设项目人才奇缺的状况,1955 年 6 月,经国家高等教育部批准,正式成立了"哈尔滨工业大学夜校部",并于当年 9 月招收第一批学生。这是我国高等学校最早成立的夜大学之一。从 1960 年起,夜大学逐年都有一批毕业生走上企业领导或技术岗位。他们在各工厂企业发挥着骨干作用,并受到好评,在社会上赢得了良好声誉。

中央人民政府高等教育部（批覆）

事由	同覆你校自一九五五年暑期开始开办夜校部
发往	哈尔滨工业大学
抄发	国务院第二办公室、第一机械工业部教育司、哈尔滨市委

发文字号：教工袁字第一一八二号
日期：一九五五年四月廿三日
地址：北京西单辟才胡同乙七十二号

批示办说

五月二十日（55）工校字第四二五号函送"哈尔滨工大夜分校筹备方案"悉。我部同意你校自一九五五年暑期开始开办夜校部，并提出以下意见：

（一）"哈尔滨工大夜分校"应改称为"哈尔滨工业大学夜校部"。

（二）取消设置与招生数字：日校电气机械制造工艺与金属切削机床及刀具已决定合并，但考虑到夜校总学籍时数较少，这两个专业仍可分别设置。为了避免由于学生流动而使每个专业每个年级人数过少起见：每个专业招生人数至少六十人（两个班），而设置专业的个数，由你校考虑，可以适当减少。

（三）每周上课时数与学制：鉴于我国目前厂矿职工的身体健康条件和厂矿工作情况，每周上课时数以十二小时为宜，但专修科（特别班）学习时间仍为三年，本科仍为六年。

（四）录取新生除文化水平应不低于高等学校统一招生的录取水平外，尚须适当注意身体健康条件。

（五）夜校所需教师，由你校自行调剂解决，我部不另分配。

中华人民共和国高等教育部

特殊历史时期,哈工大停课,夜大学也中断四年多。1972年5月,哈工大恢复夜大学,把特殊历史时期的在校生招回学校进行补课,完成了原教学计划,直到毕业。1973年,夜大学恢复招生。

党的十一届三中全会以后,哈工大成人高等教育得到了加强和发展。哈工大正式成立业余教育处,办学人员归队,恢复了正常的教学秩序。从1978年起,哈工大夜大学通过严格的择优录取办法,恢复向全市招收具有高中毕业水平的在职职工入学。

1983年,国家教育部批准哈工大对夜大学优秀本科毕业生授予学士学位,哈工大在成人高等教育中第一次对夜大毕业生授予学士学位。截至2020年,哈工大夜大学15 500余名毕业生中有5 200余名毕业生取得了学士学位,他们中还涌现出许多硕士生、博士生。

教育部文件

(83)教成字014号

关于授予高等学校举办的函授、夜大学
本科毕业生学士学位试点工作的几点意见

同济大学、华东师范大学、东北师范大学、哈尔滨工业大学:

根据国务院国发〔1980〕228号批转教育部《关于大力发展高等学校函授教育和夜大学的意见》和《中华人民共和国学位条例暂行实施办法》的有关规定,拟在高等学校函授、夜大学本科毕业生中开展学士学位授予工作。为了取得经验,先在同济大学、华东师范大学、东北师范大学、哈尔滨工业大学等四所高等学校进行试点。

在高等学校函授、夜大学本科毕业生中试行授予学士学位,是我国成人教育史上的一件大事,它对促进函授教育和夜大学的发展,不断提高教育质量,鼓励自学成才,适应四化建设需要都有重大意义。在高等学校举办的函授、夜大学本科毕业生中授予学士学位,应坚持《中华人民共和国学位条例》对学士学位的各项要求,贯彻择优授予的原则。试点学校必须加强对这项工作的领导,取得经验后逐步铺开。现对试点工作提出如下意见:

一、学士学位授予工作,必须坚持社会主义方向,坚持学士学位的学术标准。

— 1 —

政治方面，必须坚持四项基本原则，遵守纪律和社会主义法制，品行端正，工作积极，愿为社会主义"四化"建设服务。

业务方面，必须完成教学计划规定的各项要求，经审核准予毕业，其课程学习（包括外语）和毕业论文（毕业设计或其它毕业实践环节）的成绩，表明确已较好地掌握本门学科的基础理论、基本知识和基本技能，并具有从事科学研究或担负专业技术工作的初步能力。

凡政治、业务达不到要求的，不能授予学士学位。

对函授、夜大学本科毕业生各门课程学习成绩的考核和毕业论文成绩的评定，可参照本校全日制本科毕业生授予学士学位的办法进行。各校可根据上述要求，结合函授、夜大学的特点，拟订具体授予学士学位的实施细则。

二、试点授予学士学位的高等学校，要按照《中华人民共和国学位条例暂行实施办法》第四、五条要求，严密审批手续。

有函授和夜大学本科毕业生的系，应逐个认真审查毕业生的各科学习成绩、毕业论文（毕业设计或其它毕业实践环节）和毕业鉴定，并将授予学士学位的名单提交系评定分委员会审查，同意后，填写"授予函授、夜大学毕业生学士学位名单"，经学校主管函授、夜大学的部门报学校评定委员会审定。

上述四所试点授予学士学位的高等学校，应在工作结束后认真进行总结，并将总结材料报送我部成人教育司。

抄送：航天工业部

— 2 —

函授教育起源于19世纪60年代英国的大学推广运动，我国的函授教育是从中等师范函授办起的。1951年，东北实验学校设立函授部，北京成立了函授师范学校。高等学校举办函授教育是从中国人民大学（1952年下半年）和东北师范大学（1953年5月）开始的。后来逐步扩大到理、工、农、医、文、财经、政法、师范和体育等各类高等学校，其中以师范函授教育发展的规模最大、速度最快。为适应社会需求，1984年哈工大开始举办函授教育。30余年来，共开设了近30个函授专业，它们分布于黑龙江、吉林、辽宁、北京、山东、山西、上海、四川、贵州、云南、陕西、湖北、河北等省市，共培养函授毕业生63 000余人。

1981年，经国务院批准创立自学考试，是对社会人员以学历考试为主的高等教育国家考试,是个人自学、社会助学和国家考试相结合的高等教育形式。自 1987 年起,哈工大相继担负了会计、广播电视编导、计算机及应用、计算机网络、动画、房屋建筑工程、计算机信息管理 7 个专业的全国自学考试的主考院校,至今已有毕业生 8 800 余人。

1983—1992 年,为了对学校职工及子女进行扫盲补偿教育,学校业余教育处开办了哈工大职工中专,开设了计算机、后勤管理、给排水等专业。

1992 年,哈工大成立了成人教育学院。

哈尔滨工业大学文件

校办字〔1992〕第 137 号

签发:秦裕琨

关于启用"哈尔滨工业大学成人教育学院"印章的

通　知

经一九九二年三月十三日第 43 次常委会议决定,成立哈尔滨工业大学成人教育学院,同时撤销业余教育处。"哈尔滨工业大学成人教育学院"印章自一九九二年四月十七日启用,原"哈尔滨工业大学业余教育处"印章同时作废,特此通知。

印模附后。

一九九二年四月十七日

发至:各院、系、部、处。

打字:高玉红　　　　　　　校对:王丽娟

1994年，成教院在6个专业开始招收成人脱产学生；1995年增招成人脱产本科生，并开始向国家输送毕业生。

1998年起，哈工大成教院致力于提高办学层次，1999年在校本科生人数首次超过专科生人数，并且在国防科工委的大力支持下，2000年本科生招生计划首次超过了专科生，使哈工大成人教育由以专科为主一跃为以本科为主，办学层次明显提高。

1999年，为加强继续教育工作，学校成立继续教育学院，与成人教育学院合署办公。同年10月，哈工大被黑龙江省人事厅确定为"黑龙江省专业技术人员继续教育基地"。

哈尔滨工业大学文件

校人〔1999〕213号

关于成立哈尔滨工业大学
继续教育学院的决定

随着"终身教育"与"终身学习"教育观的深入与发展，继续教育工作面临新的发展机遇，为了加强我校继续教育工作，经1999年八届88次校党委常委会讨论决定，成立哈尔滨工业大学继续教育学院。

继续教育学院与校成人教育学院两块牌子，一套人马，合署办公，继续教育学院不定级别，不增加编制，不增设领导职数。

继续教育学院的主要职能：负责全校继续教育工作。

一九九九年五月二十七日

哈工大成人教育因实力和质量一直受到社会的关注和用人单位好评。《人民日报》《光明日报》《中国教育报》等中央和省市新闻媒体相继多次报道哈工大办学育人成就，并多次受到上级领导部门嘉奖表彰。

在1986年黑龙江省成人高等教育评估中，哈工大夜大学、函授教育双双夺冠。在1997年国家教委主持的对全国1 900余所举办成人高等教育的普通高校和全国成人高校评估中，哈工大作为黑龙江省唯一推荐的普通高校，获得"全国成人高等教育评估优秀学校"称号。

哈工大在"211工程"建设规划中明确提出，要大力发展成人高等教育和继续教育，其发展目标是面向未来，面向世界，创建国内一流并具有国际水准的哈工大成人高等教育。其中的重点项目，即由成人教育学院自筹经费建设的15 000平方米的教学办公楼、学生公寓、继教公寓于1999年底全面竣工并交付使用。

当前在教育改革和发展的新形势下，在机遇与挑战面前，哈工大成人教育战线的全体员工，积极抢占教育市场，扩大办学领域，拓宽办学空间，以保证办学规模；不断提高办学质量，突出哈工大成人教育特色，增强办学的竞争力。据成人教育学院1999年的不完全统计，夜大学五六十年代的毕业生，现在绝大多数都晋升为高级技术职称。

随着知识经济时代的到来，终身学习观念越来越被人们所接受，继续教育和岗位培训，成为成人教育的重要发展方向。哈工大把握时代脉搏，于1999年5月成立了"哈尔滨工业大学继续教育学院"，并下发了《关于加速发展我校继续教育工作的决定》，制定了《哈尔滨工业大学继续教育管理暂行条例》。继教学院组织编印了《哈尔滨工业大学继续教育目录》和"2000年继续教育培训计划"，在立足为国防科工委和黑龙江省经济建设服务的同时，积极与各有关单位建立了广泛的联系。

2000年，学校与同根同源的哈尔滨建筑大学合并组建新的哈尔滨工业大学，原哈尔滨建筑大学成人教育也是硕果累累。

1. 创办时期(1956—1966)

1956年，经高等教育部批准在哈尔滨建筑工程学院前身——哈尔滨工业大学土木系开办"工业与民用建筑"专业夜大学教育，并得到一定的发展。后来随着国民经济发展需要，从哈工大分出部分专业建立哈尔滨建筑工程学院。1962年经建工部、教育部批准创办五年制本科函授教育，设"工民建""暖通""给排水"三个专业，组建函授部，李秉钧副院长兼任函授部主任，配备了专职管理干部。在哈尔滨、大庆、吉林、鞍山、本溪等地设函授站，到1966年，在校生660名。1966年，哈尔滨建筑工程学院成人高等教育因特殊历史原因而停办。

2. 复办、发展时期(1980—1988)

这个时期的函授教育工作，对学院成人高等教育的发展十分重要，为学院成人教育的建立、壮大和发展奠定了坚实的基础。

党的十一届三中全会以来，随着我国经济体制、政治体制、教育体制改革的深入，高等教育要适应社会主义经济发展的需求,复办成人高等教育,多为国家培养人才就成为迫切的任务。学院于1980年经国家建工总局、教育部批准筹备复办函授教育。

筹备复办函授教育工作是艰难的,一切都从"零"开始。学院领导十分重视复办函授教育工作,抽调两名专职干部,成立函授办公室,隶属学院教务处,教务处赵亚杰副处长分管函授办。从1980年秋着手复办运作,复办的初期学院派赵景信副院长亲自率领复办班子开展工作。学院从两条战线狠抓落实工作:一方面在学院内,查找特殊历史时期遗留下来的举办函授教育的教材、资料、管理制度、各种卡和表等。我们查遍了学院所有废品仓库、教务处的卷柜。据老函授工作者讲,学院函授教材、资料、制度是健全的,但却因历史原因仅在废品纸张库中找到唯一的62~65级函授生卡片,也正是这唯一"幸存"下来的卡片,成为1979年学院为特殊时期前函授生补课考试、合格补发文凭的可靠依据。另一方面,走出学院"取经""求救"。由赵副院长率领新组建的班子走访已经复办函授教育的兄弟院校,学习复办函授教育经验,请求提供教材资料;可是兄弟院校的函授教材或由于专业不同不适合,或适合的又无书可支援。回院后,学院组织担任函授教学的教师编写自学指导书、辅导材料、复习资料,自行印刷。制订函授教育各专业的教学计划,参照学校学生管理制度,制定函授教育学生管理制度。在各地方主管部门的支持和所在单位的配合下,在齐齐哈尔、吉林、长春、沈阳、鞍山和本院建立7个函授站。1981年春着手学院函授教育本科招生的入学考试准备等一系列工作,并与各函授站密切配合,在东北三省开展了极为广泛的招生宣传,筹备工作基本就绪。1981年5月在东北三省设7个考点举行入学考试,报名2 500人,实考1 900人,录取300人,9月正式开学。从此,踏上学院成人高教发展的征程。

在改革发展成人高等教育方针指导下,学院成人教育事业发展迅速。为适应新形势发展,1982年学院决定:函授教育工作从教务处分出单独成立业余教育处,配备两名处长。1984年又改业余教育处为成人教育部,统管成人高等教育工作,配备3名处长。下设教学科、教材科、哈尔滨函授站,并调配了10名有函授教学经验的基础课教师组成综合教研室,负责函授教育的基础课教学、研究、编写教材等工作。1988年9月,经建设部批准成立哈尔滨建筑工程学院成人教育学院,由学校主管教学的副院长兼任成教院院长,并配备了3名副院长,统管学院的成人高等学历、非学历教育工作。从复办到建立成教院,函授教育和夜大学教育招生规模逐年扩大,层次增加了专科,专业增加了"公路""会计",招生范围扩大到天津市、河北省,函授站由7个发展到12个。在校生1 800名,毕业生1 600名。办学形式由单一函授发展为函授、夜大、自考助学、培训、"专业"证书班、继续教育等形式。

3. 发展、改革时期(1988年以后)

这个时期的变化是突出的,规模扩大了。招生的省市增加了北京、山西、山东、内蒙古;计划招生人数也逐年增加,如2000年计划招生1 400人,这说明哈工大为社会培养人才的面宽了;在校生达2 600人(自考助学、各种培训人数不在内);办学形式增加了脱产班、高职班；招生专业由初办的3个专业增到14个专业。领导班子管理队伍加强了，1994年由学校原副校长高廷臣任院长。人员也增多了，由初办时3~4人发展到23人，设6个科室。有集办公、教学、生活于一体的成教综合楼。教学设施投入增加，实行了微机化管理。1997年，被建设部、省教委评为"函授教育优良学校"，是中国建设教育协会、全国建设系统成人高教学会、全国建设系统普通高校成教学会、黑龙江省普通高校成教学会等学术团体的常务理事、副常务理事单位，在部内、省内有较高声誉。

现代远程教育是随着现代信息技术的发展而产生的一种新型教育形式，是构筑知识经济时代人们终身学习体系的主要手段。它以现代远程教育手段为主，综合面授、函授和自学等教学形式，采用多种媒体手段联系师生并承载课程内容。现代远程教育可以有效地发挥各种教育资源的优势，为各类教育的质量提高提供有力支持，为不同的学习对象提供方便的、快捷的、广泛的教育服务。

2000年，为响应国家开展现代远程教育试点工作需要，哈工大成立"远程教育学院"。2001年，我校通过教育部批复成为68所现代远程教育试点院校之一。近20年来，哈工大一共在全国23个省、市、自治区建设了近百个校外学习中心。学校坚持社会主义办学方向，以培养人才、服务社会为目标，面向在职从业人员，针对社会需求，培养实用型、技能型人才，构建终身学习的教育服务体系为办学定位。注重办学特色和质量，先后出台与修订了《授课教师聘任与管理办法》《监考人员工作规程》《远程教育教学管理办法》《校外学习中心管理办法》等规章制度。共设置专业（方向）20个，其中依托国家、省部级重点学科和重点专业的有8个，师资配备有教授（或教学带头人）、副教授、讲师、助教，其中75%是本校教师，25%是校外聘请的优秀专业教师。自开展现代远程教育试点工作以来，学校在资源建设方面投入建设经费3 000余万元用于基础设施建设和网络资源建设。学校严格执行教育行政部门相关规定，规范招生管理，坚持在培养能力范围之内，依据现有师资力量及专业水平合理招收学生，不盲目扩大规模。试点以来招生规模完全匹配学校办学条件和能力，生师比始终控制在100:1以下，共为社会培养了43 700余名远程教育毕业生。学校严把招生、培养、毕业三关，网络教育连年获评"中国最具影响力、最具社会满意度、十大热门"等荣誉及"中国现代远程教育（1998—2016）终身教育特别贡献奖"。

哈尔滨工业大学文件

校人[2000]535 号

关于成立哈尔滨工业大学远程教育学院的决定

经 2000 年暑期"江北会议"讨论决定成立哈尔滨工业大学远程教育学院。

远程教育学院、继续教育学院、成人教育学院合署办公。设副院长 1 人，总编制 4 人。

哈尔滨工业大学
二〇〇〇年九月十四日

主题词：机构设置　远程教育学院　决定

教育部办公厅

教高厅函[2001]4号

教育部办公厅关于对哈尔滨工业大学开展现代远程教育试点工作的复函

国防科学技术工业委员会办公厅：

你委《关于同意哈尔滨工业大学参加国家现代远程教育试点工作的函》（委人教函[2001]23号）收悉。在教育部组织专家对学校办学条件考察的基础上，经研究，函复如下：

同意哈尔滨工业大学为现代远程教育试点学校。请按照我部《关于支持若干所高等学校建设网络教育学院，开展现代远程教育试点工作的几点意见》（教高厅[2000]10号）的精神，切实加强对学校试点工作的支持和领导。学校要将现代远程教育试点作为学校的重要工作，加强领导，统筹规划，严格管理，保证质量，抓好网络教育学院的建设，加强现代教育技术的研究与应用，加快教学资源的建设,探索适应现代远程教育需要的人才培养模式和教学管理的机制。

请你委及时了解和掌握学校的试点工作情况,定期向我部通告。我部将适时对哈尔滨工业大学试点工作情况进行检查评估。

二〇〇一年六月十五日

主题词:远程教育　试点　函

抄　　送:哈尔滨工业大学
部内发送:有关部领导,办公厅、规划司、学生司、学位办

教育部办公厅　　　　　　　　　　　2001 年 6 月 20 日印发

2005 年,学校成立国际合作教育学院,与继续教育学院合署办公,与国际知名大学合作,联合培养学生。

哈尔滨工业大学文件

校人发[2005]352号

关于成立哈尔滨工业大学国际合作教育学院的决定

各有关单位：

为促进学校的国际交流，提高学校国际化建设水平，经学校十届一次党委常委（扩大）会议研究决定，成立哈尔滨工业大学国际合作教育学院，有关问题如下：

一、国际合作教育学院职能：与国际知名大学开展合作，联合培养学生；

二、国际合作教育学院与继续（成人、远程）教育学院合署办公，编制暂定3人。

二〇〇五年七月十二日

自开展出国留学培训以来,陆续开展了以下项目:

留学德国硕士预科项目:自主开发及招生项目,与德国德累斯顿工业大学合作,学员在国内培训一年德语,通过德福考试及面试签证即可赴德硕士留学。2007年第一期班共招本科学生8人,全部成功留学德累斯顿工业大学。

"2+2"留学英澳国际课程班项目:与北京西城区西岸培训学校合作项目。学员首先在国内全日制学习1~2年,进行英语培训和国外合作高校认可的部分本科课程的学习。雅思考试成绩符合条件的学生经申请可获得国外合作高校的录取通知书,然后到国外合作高校完成本科阶段剩余课程的学习,全部课程成绩合格者可以获得由国外合作高校颁发的国际认可的正规本科文凭。2008、2009年共举办两期,累计招生26人,除放弃出国学员外都顺利出国留学。

"3+1"BTECHND项目:与北京东方英伦国际教育研究院合作项目。"HND"是英国高等教育文凭的缩写,学员在国内学习国外合作院校本科课程,使用英文原版教材及培养方案,双语授课,成绩合格可获得英国"HND"专科文凭,进而凭借此文凭可申请国外高校继续读1年获得本科文凭。2009年举办一期,共招收学员59人。

中外合作办学"2+2"项目:经教育部批准,哈尔滨工业大学与悉尼大学合作举办"电气工程及其自动化专业"本科教育项目,执行哈工大与悉尼大学共同制订的培养方案。学生经高考统招录取,在哈工大学习期间,除强化英语教学外,部分专业基础课采用双语教学或者由合作院校教师来哈工大授课,并按合作院校的考核方式进行考核。学生在悉尼大学毕业后,将取得哈工大和悉尼大学两校学历证书。该项目2010年起每年统招招生18人。

学院正在开展的国际项目还有:加拿大OSSD国际课程项目、加拿大西安大略大学预科(PYP)语言培训项目、面向加拿大魁北克PEQ政策的职业教育留学培训项目、ACCA(特许公认会计师)职业资格证书培训项目、留学德国硕士项目、出国留学外语培训项目等。

学院自开展出国留学培训以来,共培训培养学员、学生700余人。

随着高校持续扩招以及适龄人口逐渐减少,学历继续教育生源数量连年下降,学历继续教育学生质量也在降低,办学风险逐步加大,国家相关高等学历继续教育政策也在不断调整。哈尔滨工业大学根据国家继续教育发展的形势和政策变化,结合学校发展实际和继续教育"十三五"规划,决定从2018年起,暂停学历继续教育招生,大力发展非学历继续教育(培训)。

纪念哈尔滨工业大学
创办继续教育65周年

哈尔滨工业大学文件

哈工大继续〔2017〕76号

哈尔滨工业大学关于
暂停学历继续教育招生的决定

各院（系）、部、处：

随着社会经济和高等教育的不断发展，社会对高校继续教育的需求发生了变化，国家对继续教育的相关政策也进行了调整，继续教育生源数量持续下降，学生培养难度不断加大，办学风险依然存在。为此，学校决定（经哈尔滨工业大学2016年第9次校长办公会讨论通过），从2018年起，暂停学历继续教育招生，大力发展非学历继续教育（培训）。

在"双一流"建设的大背景下，我校继续教育以"服务社会发展需求，提升个体综合素质，突出高校文化引领，助力一流大学建设"为基本定位，坚持品牌化、标准化、国际化的特色发展路径。2018年开始，成人函授、业余、远程、自考等学历继续教育暂停招生，从干部培训、专业技术人员培训、企业管理人员培训、社区教育、个体职业能力提升、出国留学培训、网络资源开发利用等多个方面，大力发展非学历继续教育。继续教育工作要发挥学校学科优势、区位优势、对俄合作优势，突出航天国防特色，加强中组部"全国干部教育培训高校基地"和人社部"国家级专业技术人员继续教育基地"建设，加强校内协调，一校三区（威海、深圳）联动，探索相应的激励机制，多渠道开拓，不断促进继续教育工作可持续健康发展。

哈尔滨工业大学

2017年2月26日

哈尔滨工业大学学校办公室　　2017年3月2日印发

继续教育要服务社会发展需求、提升个体综合素质、突出高校文化引领、助力一流大学建设,坚持品牌化、标准化、国际化的特色发展路径。继续教育要不断提高大学的声誉、扩大优质师资的社会影响、以强势学科突出培训特色、提供鲜活的继续教育经验、输出高质量的课程和知识、服务社会发展需求,建立与世界一流大学发展相适应的高等继续教育。

学院发挥学校优势,突出学科特色,动员全校力量,推进核心专题和特色课程建设,拓展培训资源,培训质量不断提高,赢得受训单位的一致好评。2018年共开发培训专题37个,课程1 476门,聘请校内外专职教师651人,建立使用实践教学基地60个。总计运行265个培训班次,总人数20 161人次,班次较上一年增加115个,增幅77%,人数增长8 362人次,增幅71%。组织国际标准化考试25场,参加人数达到5 051人次。通过扩大非学历继续教育规模,在学历教育大规模缩减的情况下,2018年学院全年总收入基本与2017年持平。2019年继续保持发展态势,举办委托、网络培训班291个,总计21 442人次,共享网络资源课程327门次,开展国际标准化考试21场,参加人数3 750人次;同时,严守学历继续教育收尾阶段质量关,毕业学生3 210人。

【历史再现】

第二节 教育教学篇

哈工大继续教育严格的教育教学从最初的夜校部传承至今。最初,哈工大夜大学设有机械制造工艺、工业与民用建筑两个专业和机械类、电工类两个基础班。招收的学员大部分是具有高中或中等专业学校毕业程度的工程技术人员,也有一些是校内的实验员、工人和各兄弟院校、科研单位的教师及技术工作干部。夜大学根据学员的实际需要,注意加强基础理论教学和基本技能训练。在基本技能训练上,夜大学规定,没有完成实验、习题和作业的,不能参加考试,教师们在日常教学中注意督促检查。夜大学还根据学生的实际情况,采取了一些不降低质量又便于学好主要课程的措施,如经常从事识图工作的学生,按照规定,可以免修识图部分的作业等。

20 世纪 50 年代夜大学师生与哈量具厂工人研讨技术革新

为搞好典型产品设计,师生下厂请老工人讲液压传动元件

夜大学学生多来自于生产第一线,有丰富的生产实践经验和一定的文化基础。他们不避寒暑,披星戴月,白天工作,晚间学习,坚持不懈。大部分学员都以优良成绩毕业,回厂后成为领导和技术骨干。

哈尔滨工业大学的党政领导很注意充实夜大学的师资力量,教学师资由学校统一选派,抽调一些有经验的教师甚至包括教研室主任承担讲课任务。教学计划、课程设置、教材选用、实验安排等,都与日校相同。在夜大学任课的教师对学生热心辅导,建立了考核管理制度,使当年的夜大学毕业生达到了日校毕业生同等水平。

邢宝珠师傅把在夜大学学到的理论及时向自己工段师傅传播

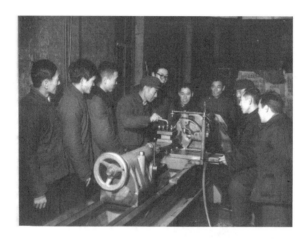

兵教兵，互教互学。工人班学员、松拖厂工人温会清师傅向本班学员介绍自己的车床操作经验

原副校长刘家琦在辅导学生

早期夜大学学生在做毕业设计

远程教育学生在进行远程答辩

第三节　学生活动篇

  百年功夫成己达人,君子不器不负韶华。哈工大继续教育学院历届团工委、学生会在团建、学建方面,以"君子不器、成己达人"的工作宗旨,努力培养学生成为思想、学业、能力的三优人才。创建了"成人之道"共青团工作品牌,以"走成材成人道,做诚信成教人"为育人理念,培养、锻炼学生勇担时代使命、不负韶华!

2005年首届成人教育学生辩论会

成教院庆祝建党八十一周年消夏晚会

辩论赛

学生英语演讲比赛

航空服务培训学员形体训练

在团工委党支部号召下,由学生自我发起组建了成人基金会,募集资金用于资助贫困学生,提供无息贷款,鼓励并扶持困难学生渡过难关、完成学业,无处不体现学生群体的大家大爱。

成人基金会徽章

卓有成效的继续教育学生工作也获得了学校和社会的认可,收获了众多荣誉。

获奖庆功纪念

百年功夫铭刻在学生对待每一件事情的钻研与执着里,成己达人教育学生完善自我,不但自己有所为,更愿意帮助成就更多人有所作为。君子不器,不应只求职业财富的利益,而当"志"于"道",从万象纷呈的世界里边,去真正领悟君子的谦谦之道。

第四节　毕业合影篇

一张张合影记录了激动人心的历史时刻,毕业若干年后最想做的事就是从毕业合影中找到自己的身影。

哈工大夜大学工企电563班毕业留影

职工中专891计算机班毕业合影

会计学专业962103班毕业合影

计算机专业954032班毕业合影

工商管理专业 006101 班毕业合影

计算机专业 027032 班毕业合影

会计学专业 2015 届毕业生六朵金花毕业合影

第五节　国际合作篇

继续教育学院重视开展国际合作教育,拓展办学思路。在成立国际合作教育学院之前就已经开始国际合作办学,最早的合作高校是澳大利亚科廷大学,之后陆续与英国、澳大利亚、德国、韩国、加拿大等国家的知名高校开展合作至今。

与澳大利亚科廷大学签署联合办学协议

张桂芬院长参加中美继续教育论坛(2006,美国波士顿)

英国诺桑比亚大学 Walter Fraser 教授留学讲座

英国曼彻斯特大学到访洽谈合作

学院与英国伯明翰大学签署合作办学协议

澳大利亚新英格兰大学来访洽谈合作

第六节　职工活动篇

学院重视职工身心健康,支持鼓励员工积极参与学校各项文体活动;同时以学院教工党支部和工会活动小组为载体,推进学院文化建设。学院倡导成立了乒羽俱乐部、舞蹈瑜伽俱乐部、户外摄影俱乐部和健身俱乐部,各俱乐部自发组织相应文体活动。每个俱乐部都有一定的人数基础,职工参与度较高,取得较好的反响,提升了学院凝聚力。

学院女教工参加学校组织的模特表演比赛

学院职工拓展训练合影

职工之家日常运动

时任常务副院长李旦参加学院歌咏比赛

优美的舞姿

混合双打

力拔山兮气盖世

联欢会上三句半

【工作谋划】

第七节 哈尔滨工业大学继续教育"十三五"发展规划

一、"十二五"工作总结与回顾

"十二五"期间,继续教育学院根据国家重大战略和经济社会发展需求,结合学校实际,不断完善继续教育工作管理体制和运行机制,进一步加强专业、项目和师资队伍建设,加强过程管理,优化课程体系,开拓新的领域和方向,在学历和非学历继续教育上取得优异成绩。

1. 高等学历继续教育人才培养取得新进展

学院实现了高等学历继续教育在校生17 000人的指标,新建行政管理及道路桥梁与渡河工程专业,积极开拓渠道,通过建立行业、企业直属班等形式,探索学历教育与非学历教育融合。"十二五"期间成人教育总计录取学生3 705人,网络教育录取学生17 616人。成人教育共毕业4 426人,授予学位1 230人;网络教育共毕业16 350人,授予学位1 951人;自学考试共毕业1 424人,授予学位551人。

2. 因材施教,过程性学习效果考核作用明显

建立适合远程教育的"双证"模式,修订1509版学历继续教育培养方案,成立由19位专家组成的继续教育学院专家委员会。改革教学方法,更加注重过程性考核,提高实际学习效果。顺利通过了黑龙江省教育厅高等学历继续教育教学管理与人才培养专项检查,参与的"远程教育工科专业在线实验教学模式的研究与实践"项目,获教育部第七届高等教育国家级教学成果奖二等奖,参加"在线教育联盟"土建类高校"构建卓越工程师e梦计划"资源开放行动计划。

3. 更新课件,优质课程资源建设持续推进

实行短时长课件,按实际课程教学内容制作时长30分钟左右的网上课件,录制以知识点为单位的微课程方式课件。新完成道路桥梁与渡河工程专业和给排水科学与工程专业网上课程课件建设工作,试点移动学习、泛在学习,进行教育部网络教育实践类课程互选互认项目研究,持续推进网上虚拟实验建设。

4. 学习支持服务水平和能力进一步提高

历时2年完成269门课程平时作业编制、上线运行,远程全部课程考试实现累加式考核。启动成人业余、函授、远程"三教"融合工作,成人教育学生部分课程线上与线下学习相结合,逐步实现成人教育、远程教育不同学习形式的融合及教育资源共享。建立助教队伍,明确助教任务、职责,极大提高了对学生的学习支持服务力度。建立了学习中心协管员制度和教学协管员制度,对学习中心督学、促学起到推动作用。

5. 培训师资队伍建设成效显著

在开展继续教育培训工作中,注重发挥学校的学科优势和特色,聘请一批校内学术水平高、研究成果多、实践经验丰富的优秀教师走上继续教育培训讲台。同时,积极整合社会各方面的优质教育资源,吸引校外专家、学者、政府官员、行业精英组成兼职教师队伍,使得师资队伍建设、课程资源建设形成校内外优势互补。

6. 结合社会发展,培训课程体系初步建成

结合国家经济、社会发展的热点问题,建立一系列以推动经济发展和产业进步为主要方向的课程体系。在党政干部培训领域推出了"资源型地区转型升级与跨越发展""工业4.0与中国制造2025""产业园区建设与发展""城市规划与数字化城市建设"等19个专题共300门次的课程。针对企业经营管理人员设计了领导艺术、企业文化构建、企业治理等18个专题领域的60余门课程。在专业技术人员培训领域建设了16个专业80门网络培训课程。

"十二五"期间培训专题类型及课程情况统计表

培训类型	专题数量	课程数量	学时数
党政干部培训	19	300	1 200
企业经营管理人员培训	18	63	616
专业技术人员培训	16	80	5 760
合计	53	443	7 576

7. 依托双基地建设,培训领域不断拓展

学校是中组部"全国干部教育培训高校基地"。2014 年,牵头向国家人力资源和社会保障部申报"国家级专业技术人员继续教育基地"并成功获批。学院充分发挥两个基地的品牌优势,打造"政、产、学、研"衔接的哈工大一站式培训服务模式,先后为教育部、工业和信息化部、国家机关事务管理局等国家政府机关,黑龙江、山西、河南、重庆、浙江、广东、福建等 21 个省市地方政府,航天科工集团、中国农业银行等企业集团提供多层次、多渠道、多角度面授或远程培训服务。

"十二五"期间培训人数统计表　　　　　　　　　　　　　　　　（人次）

年度	2011 年	2012 年	2013 年	2014 年	2015 年
党政干部培训	420	1 072	1 835	2 118	3 196
企业经营管理人员培训	619	1 489	1 889	1 867	1 490
专业技术人员培训	52 253	53 525	44 849	52 516	741
培训总人数	53 292	56 086	48 573	56 501	5 427

8. 发挥学校优势,专业技术人员培训特色鲜明

充分发挥学校工程实践能力强的特点,主动承担黑龙江省专业技术人员继续教育知识更新培训任务,负责机械工程、材料科学与工程、电气工程、通信工程等 16 个工科专业的培训。5 年来,学院发挥现代远程教育优势,累计培训专业技术人员超过 25 万人次,在"985"高校中处于前列。

9. 加强精细化管理,助力学校世界一流大学建设

学院在努力拓展资源的同时,不断加强内部管理。注重社会效益与经济效益的结合,充分发挥高校人才培养和社会服务的功能,积极争取社会资源,助力学校世界一流大学建设。"十二五"期间,学员宿舍、培训公寓、二校区教室功能转化用于学校教育教学和事业发展,累计上交学校资金 6 486.4 万元,承担职工岗位津贴 617.2 万元,为校内职工提供薪酬 1 544.8 万元。

二、形势分析

1. 认清形势,抓住新的历史发展机遇

21 世纪是"互联网+教育"的世纪。哈工大继续教育紧随信息时代的发展而发展,伴随网络技术的进步而进步。当前,继续教育正处于调整期。从国家层面,正在"深化继续教育改革创新,大力发展继续教育,推进继续教育基本制度建设""出台普通高校继续教育改革发展相关政策文件"。从学校层面,哈工大是国家教育部批准的 68 所从事远程教育的网院之一,是"中组部全国干部教育培训高校基地""国家级专业技术人员继续教育基地",继续教育有悠久的历史和鲜明的特色。继续教育在哈工大已发展了 60 年,非学历继续教育也发展了近 20 年,在成人教育、远程教育、非学历培训工作方面,积累了丰富的办学经验。目前,学校落实第十一次党代会各项任务和双一流建设工作正在紧锣密鼓地进行,这也要求继续教育工作要抓住机遇,准确定位。

2. 找准问题,不断助力学校的快速发展

继续教育发展也面临很多问题。学历教育面临转型期的困难,面对价值取向明确的成人考生来说,逐步被冷落、逐渐被边缘化已成现实,生源数量和质量均呈下降趋势。哈工大学历教育办学规模和其他学校相比小得多,但成人学历教育市场上利益驱动的虚假宣传、违规招生、教学走过场、考试放水、滥发文凭的事件时有发生,社会影响极坏,办学风险依然存在。受国家政策、地理位置和区域经济社会发展的影响,培训市场发展相对滞后。在国家"构建灵活开放的终身教育体系"任务的指引下,很多高校把精力投放到大力发展非学历继续教育培训上来,培训领域竞争日趋激烈。为支持和配合学校的发展建设,继续教育学院大楼部分楼层、培训公寓、二校区继续教育学院大楼、学员公寓相继被学校使用,仅剩下成教楼的部分楼层和在土木楼的部分房间,条件缺乏已严重制约了继续教育培训的进一步发展。

三、指导思想与发展定位

按照国家继续教育发展的形势和政策变化,结合学校发展实际,继续教育"十三五"期间的工作以"调结构、提质量、促发展"为主线,以提高办学质量和增强学校声誉为生命线,大力发展非学历继续教育培训,优化办学结构、合理布局办学领域,突出学校特色和品牌效应,坚持社会效益和经济效益相统一的可持续发展,突出学校的人才培养和社会服务属性,使教育走近学习者、走向社会,不断推进继续教育工作的转型升级,增强学校的办学实力,助力世界一流大学建设。

在非学历教育方面,发挥一校三区的优势,依托"中组部全国干部教育培训高校基地""国家级专业技术人员继续教育基地"两个国家级平台,加强研究与实践,借助现代远程教育技术等手段,面向社会提供多层次、高质量的教学内容,为构建终身教育体系和学习型社会做出应有的贡献。

在学历教育方面,严抓质量,统一认识,客观制定我院学历教育的教学质量标准;改革教学方法、考试方法,缓解工学矛盾;强化教学过程管理,加强考风建设,完善考务监督机制,保证教学秩序和服务质量,降低教学成本。全面收缩学历教育,按照哈工大专业特色缩减开办专业数量;有序缩减远程学习中心数量,促进学习中心实现从单一学历教育向非学历教育多模式合作的转型。

四、未来五年的发展规划

1. 进一步完善继续教育市场化运行机制

做好项目内部管理机制、激励机制、薪酬机制的完善与优化;做好项目的研发、评审、风险控制,提高培训项目的社会效益和经济效益,树立特色品牌;做好各种教育资源、社会资源、客户资源的开发与整合;做好项目财务管理准确化、高效化;做好项目业务流程标准化与项目过程监控。

2. 加强继续教育培训管理团队建设

建立健全、灵活、高效、有激励作用的人力资源制度体系;加强继续教育工作团队自身的素质建设,强化内部学习制度,加强项目策划、项目方案起草及相关的业务学习;细化和明确岗位职责,提升员工就职能力,使团队建设为继续教育的可持续发展保驾护航。

3. 加强继续教育培训师资队伍建设

在哈工大优势学科的教师队伍中发掘和培养一批掌握现代学术前沿方向、能够引领或代表学科发展,科研成果能够带动产业发展,对研究领域有宏观认识,并能够深入浅出地将理论融入实践中,授课风格与理念得到学员认可的校内师资团队。通过选聘校外知名专家、学者,弥补学校师资和课程的局限性,特别要通过社会优质师资来提升哈工大人文经济、领导科学、社会热点等方面培训课程的文化厚度和"可读性",提升培训"软实力"。

4. 加强教学建设,规范教学秩序

教学内容以专业理论为导引,突出实用性,注重知识点学习。做好优势特色专业的课程建设与教学内容改革工作,适当利用学校 MOOC 课程,兼顾学历教育和非学历培训需求。更新早期课件,完善题库、虚拟实验等教学内容,保证学习效果。建立学院学位评

定专家组,健全教学管理组织,严把学位授予关。

5. 优化结构,合理布局,整合学历教育

加大学历教育不同形式间的融合力度,推进远程、业余和函授等不同学习形式之间的融合,完善培养模式,实现学历教育与成人远程课程统一。保持现有学历教育的质量和水平,坚持优势特色专业、促进行业培训开展和国家政策性任务的原则,研究相关工作方案,合理布局学历教育领域,服务现代产业集群,建立学分"银行",实现非学历教育、学历教育贯通。适时暂停学历教育的招生。

6. 积极参与在线教育平台建设,主动服务社会发展

发挥国家远程教育试点单位的技术和资源优势,充分发挥远程校外学习中心地域作用,大力发展网络远程培训项目。加强与主管部门、行业协会组织等的沟通与联系,积极参与在线平台建设,促进教育信息化发展。联合区域教育或行业行政主管部门及各兄弟院校,积极建设继续教育在线教育联盟等公共学习平台,通过共享各方优质教育资源,服务社会及经济发展,实现多方社会效益与经济效益共赢。

7. 抓重点和需求,努力实现非学历继续教育的全面快速发展

围绕国家"一带一路"建设、"中国制造 2025"等领域重要部署,开展以新兴产业发展、产业结构调整与转型跨越发展等为主的专题培训。依托两个国家级基地,利用一校三区优势,发挥学校在长三角、珠三角各研究院所(中心)及我院远程校外学习中心的作用,建立以院系为依托的行业培训机制,根据企业需求定制培训项目,扩大干部、企业和技术人员培训的规模和水平。积极参与国家政策性培训(农民工圆梦计划、职工再就业、大学生创业及职业资格认证等)、深入探索社区学院的运行模式、大力发展国际教育培训项目。

在"十三五"期间,学院各项工作面临机遇与挑战,要调整学历与非学历继续教育的结构,进一步提升教育教学和培训的质量,积极探索继续教育工作的转型升级,大力促进非学历继续教育的发展,拓展领域和规模,体现学校人才培养和服务社会的功能,助力学校创建世界一流大学目标的实现!

二〇一六年五月十日
(学院办公室供稿)

第八节 继续教育学院工作总结节选(2016)

一、全院工作概述

1. 基本完成发展定位,明确学院主要职能

2016年以来,院领导班子高度重视学院转型发展,经过多方论证并向学校汇报,学院发展定位为以大力发展非学历培训为核心业务,建设与一流大学相匹配的高水平继续教育学院。学院主动缩减学历教育规模,直至2018年全面停招,并持续加强教学质量管理和推进学历教育优势资源向非学历培训转化;明确学院既应该有管理职能,也应该有业务职能,两者同根相生,管办分离。学院业务开展借助学校平台,充分利用学校的品牌优势、学科资源优势、资金优势,并与学校核心业务互为发展,互为补充。

2. 培训工作增长迅速,核心业务继续优化

(1)学院2016年共开展项目123个班次,培训总人数为8 316人次。同比2015年总班次增长49.3%,总人次增长52.5%。毛收入超过2 780万元,学院收入超过1 499万余元,上交学校管理费近300万元。如下表:

项目	类别	党政干部	企业经营管理人员	专业技术人员	其他项目	合计
培训总量	总班次	90	14	11	8	123
	总人次	6 030	944	991	351	8 316
中央部委委托班次	总班次	6		2		8
	总人次	358		146		504
中央企业和金融机构委托班次	总班次		6			6
	总人次		651			651

续表

项目 \ 类别		党政干部	企业经营管理人员	专业技术人员	其他项目	合计
省市县委托班次	总班次	84	3	9		96
	总人次	5 672	152	845		6 669
其他委托班次	总班次		5			5
	总人次	141				141

（2）学院培训工作从创业绩、强师资、造特色、讲奉献全方位发展。从培训设计到服务保障，严守"规格严格，功夫到家"。除完成日常培训任务，还充分发挥双基地辐射作用，积极承担国家部委项目。承接的工信部、人社部、国家机关事务管理局等培训项目，都获得了显著的培训效果和高度评价。

工业和信息化部直属单位优秀年轻干部培训班开班式

人社部高级研修班结业

通信管理局干部素质提升研修班开班式

工信部网安局培训班学员现场教学

新增出国培训项目开始招生并开课,合作办学取得较显著增长,雅思考试迈上新台阶。学院紧跟国家政策热点,不断完善课程师资体系。新增课程专题4个、课程100余门、师资20余人,涵盖国防、生态、高科技等多个领域。为提高培训实效性,通过培训工作建立良好的校地、校企合作,促进地方经济转型和产业发展,积极拓展"产、学、研"衔接的培训模式,打造哈工大特色培训。

农银黑龙江省营业部2016年基层党组织书记培训班

人社部"中国制造与工业4.0"高级研修班

宁波市鄞州区软件和信息服务业总裁研修班参观中国云谷

总裁研修班学员活动

认真履行高校的社会责任,深入贯彻国家精准扶贫政策,为全力支持哈工大定点帮扶对象——广西金秀瑶族自治县能早日实现脱贫摘帽的目标,继续教育学院主动义务承担了该县的基层干部培训工作,根据对方的学习需求,认真设计了培训课程体系;并结合教学实践活动,提高基层干部带领群众脱贫致富的能力,取得了良好的成效,保证了培训质量和授课效果。

金秀瑶族自治县新时期领导干部能力构建与提升
专题研修班——哈工大精准扶贫项目

3. 学历教育规范有序，人才培养稳步推进

（1）认真落实学校对继续教育发展的有关要求，主动缩减学历继续教育规模，加强对学习中心的监管和合作质量评价，停招学习中心站点 12 个。2016 年成人高等教育录取 419 人，现代远程教育录取 3 166 人，在籍学生人数 15 311 人；全年毕业学生 4 467 人，其中网络教育 3 820 人、成人教育 647 人；547 人被授予学位，其中网络教育 335 人，成人教育 153 人，自考 59 人；评选出 96 名优秀毕业生和 23 名成人教育优秀班级干部。

2016 年继续教育学院学历教育毕业典礼

（2）学历教育稳步推进，各项工作持续进行。完成学历教育的授课、考试、答辩、毕业典礼等环节。全院动员，平稳有序地推进了各项工作如期进行，本着为学生服务，对学生负责的态度，明晰工作流程，严格把控质量关。

终身教育特别贡献奖

夜大学生认真听课中

远程毕业答辩

用于学生学习的机房

（3）整合优质教育资源，提高学历教育教学质量。完善培养模式，优化课程体系，加快共享课程建设，推进远程教育、成人教育业余和函授三种学习形式的融合；推进新一轮专业培养方案修订工作，为成人学生实施完全学分制做准备；精心组织录课教师培训会，规范课程制作流程及录制形式；进一步细化教学协管员工作流程，对新录制的课件视频进行审查，提高教育服务质量；提升机房网络出入口速率，改善录播条件；部署新点播平台代码修改升级，完成了90门课程的转码及编辑工作，提高了学生的学习效率。

王永志副院长在2016中国国际远程教育大会上做主题报告

学院论文在中国高等教育学会继续教育分会2016年学术交流年会上获一等奖和优秀奖

Studiobox 一体化演播系统培训　　　　　　录课——画中画式课程录制

4. 提升条件保障能力,加强精细化管理

(1)打铁还需自身硬,学院加强职工队伍建设。建立双周学习制度、课题立项制度和激励机制,增加学院职工各种业务能力培训,构建学习型团队。做好"培训者"的培训,通过撰写两万余字的《班主任标准化工作手册》,强化工作流程、提高管理水平;适应继续教育工作转型,调整工作人员结构;拓展用人方式、灵活选人用人,借鉴学校人才派遣管理方式招聘项目主任 3 人。

学院组织双周学习活动——财务工作培训　　学院组织双周学习活动——安全防火培训

哈工大代表参加第十七海峡两岸继续　　　　院领导带队到同济大学学习调研
教育论坛

（2）积极推进财务工作规范化，不断提高学院财务管理水平。顺利实现成人教育业余学生和函授学生网上实时交费。完成本年度春季大规模的远程学费结算工作，共结算4 000多人总额1 200多万元，合作方远程学费返款500多万元。根据学校新的财务制度，加强对经费卡的管理，严格执行新的标准。

（3）办公、办学资源优化及安全管理常抓不怠。顺利完成学校办公用房调整和一校区、土木楼、格物楼相关培训、教学、考试场所的改造；完成固定资产清查任务，核准学院1 207件设备和985件家具共计1 650多万元，报废符合条件的500多万元固定资产。完成了学院楼宇内办公标识系统、宣传系统的设计制作，优化楼宇整体环境、有效利用资源。对于学院楼宇的安全管理常抓不怠，经过认真排查和整改，紧急抢修了办公楼顶层外墙砖，拆除了逃生通道废旧水箱，更换了电梯主电缆。

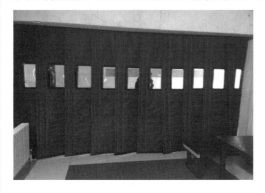
土木楼防寒保温改造

学院顶楼外墙砖抢修

学院12层照片展示墙

学院大厅荣誉墙设计

（4）策划及开展工会活动，提升学院凝聚力。丰富职工业余文化生活，以学院教工党支部和工会活动小组为载体，推进学院文化建设。按学院制订的文化建设年计划，倡导以若干个俱乐部的形式实现员工业余文化生活自主、持续开展。目前，已坚持开展的俱乐部有四个。每个俱乐部都有一定的人数基础，职工参与度较高，取得较好的反响，提升了学院凝聚力。

学院组织退休教工活动

5. 加强党风廉政建设,勇于担当,尽责有为

(1)学院院务会成员和部门负责人按照学校提出的廉政、勤政工作要求,认真学习党的十八届六中全会精神、执行各级各项规定和相关制度。辩证地看待学院的发展形势,尤其看到面临的问题,特别是对如何提高院领导班子思想政治领导水平、议事决策质量,如何增强班子带领学院转型的能力,都积极主动地去研究和解决,在不断解决问题中提高了学院的发展水平。

学院组织"两学一做"学习教育专题活动之一　　学院组织"两学一做"学习教育专题活动之二

(2)无论是院领导班子,还是各部门负责人,在各项工作中要起带头表率作用;走到工作一线,提高工作效率;切实履行自己的工作职责。在落实中央八项规定精神和若干规定的有关要求上,充分体现了强烈的底线思维,不断强化"守土有责、守土尽责"的思想和意识。工作中,在原则问题上保持清醒敏锐的是非观,始终保持政治定力、严守政治纪律,确保不出任何问题。全院职工始终保持"赶考"的战斗状态,大力发扬扎实、务实、落实的良好工作作风,真正把学院发展的责任落到了实处。

张洪涛副书记参加创业天壹训练营结业式

黑龙江省地税系统基层干部业务培训班

二、面临形势

首先,继续教育的发展要紧跟学校发展的大方向,纵观国内外一流大学,都开展一流的继续教育。哈佛大学依托齐全的学科体系和庞大的办学规模,开展的教育培训项目吸引了很多追求卓越发展的精英人才争相学习;斯坦福大学则以"硅谷"作为繁荣非学历继续教育的"催化剂",创立公司协议制,建立多元化学习平台等;麻省理工学院则依靠工学优势,将教学科研和社会需要紧密结合,将教育培训与学科建设相连,打造高端、精品化的课程。

其次,横向对比国内继续教育行业。清华大学、浙江大学和上海交通大学作为国内一流名校,在继续教育培训兴起之初便高瞻远瞩,积极从办学理念、发展战略、服务对象、管理模式、队伍建设等方面积极探索,经过多年的发展,已走在国内高校的前列,形成独具特色的办学经验。

哈工大正朝着建设世界一流大学的目标迎难而上,高校的教学、科研、社会服务等职能会显著提升,我们要跟上一流大学建设的步伐,面临的压力是可想而知的。哈工大工科优势、"政、产、学、研"结合的培训特色有待进一步挖掘、整合;在自身做强的前提下,继续教育需要被纳入学校的统一规划,协调发展;与国内一流高校的定位还有差距,学院继续教育的运行机制、市场化程度还有待进一步明确和量化;继续教育工作人员适应新形势的能力亟待快速加强。

三、工作展望

1. 全局统筹,协调发展

继续落实好学校对学院工作的开展定位,积极探索学院以工作转型和非学历继续教育为主体的办学新思路。围绕国家在工科相关领域的重要战略部署,积极发挥哈工大在国防、航天、新能源、新技术等方面的学科优势,打造以新兴产业发展、产业结构调整与转型跨越发展等为主要方向的继续教育。利用一校三区优势,实现跨校区开展培训;依托双平台,加快推进"干训"和"专训";紧跟政府和企业需求,量身打造独具特色的专业培训。同时,鼓励学历教育逐步向非学历教育转化、整合,继续推进学历教育有序、稳定地进行。

2. 优化架构,完善机制

形成以新发展理念为指导,以继续教育结构性调整为主线的工作体系,深入探究继续教育结构模式,优化培训运行机制,加强培训内涵建设,拓展培训领域和培训方向,提升培训工作的管理能力。根据绩效管理,适当调整分配机制,做到责权统一,多劳多得,不劳无获。拟定业绩导向的激励制度,按照业绩标准不断完善职工考核评价体系,进一步形成"用一贤人、群贤毕至"的良性循环。

3. 保障有力,破立并举

继续严格、规范地完成好成人、远程、自考的招生、教学、学籍工作,保障学历教育教学质量。注重过程监管,加强学习支持服务,严守质量关。完善培养模式,推进新一轮专业培养方案修订工作,围绕培养目标,形成多样化培养路径。学历教育招生工作的最后一年,要保质保量地站好最后一班岗,做好规划,合理缩减过渡,按规定完成招生任务指标,并协助妥善处理停招善后事宜。

4. 基础建设,不断推进

持续推进和改善学院人事和财务管理制度;严格执行国家有关文件规定,做好资产采购审批、比价等事务性工作,合理规避财务风险;加强学院办公、办学资源统一管理,根据业务需求,明确空间的细分和使用;改善学院网站主页,维护网络系统日常运行,将网站、哈工大新闻、学院微信号、展示系统、标识系统纳入学院文化建设统一管理范畴。

(学院办公室供稿)

第九节　继续教育学院工作总结节选（2018）

2018年,学院全面贯彻党的十九大精神和习近平新时代中国特色社会主义思想,坚守哈工大规格、传承哈工大功夫,自觉对标"服务社会发展需求,提升个体综合素质,突出高校文化引领,助力一流大学建设"的基本定位,以"调结构、提质量、促发展"为主线,面对极具挑战性的转型发展形势,在各方面均取得了新的成绩。

1. 围绕中心开展工作,助力学校"双一流"建设,不断促进学校声誉提升

紧紧围绕中心工作,主动承担学校核心业务。积极承办学校师德师风建设（延安）、基层党支部书记、中层领导人员学习贯彻党的十九大精神、七级职员等专题培训任务,承接10门校内MOOC课程录制工作。召开一校三区继续教育工作交流会,积极发挥一校三区的优势,实现区域互补、错位发展、资源共享、协调联动。

学习贯彻党的十九大精神中层领导人员培训

哈尔滨工业大学七级职员培训

一校三区继续教育工作研讨会

校内老师MOOC录制现场

充分展示学校优势资源,不断提升哈工大声誉。尽可能地多安排参观学校博物馆环节,让所有参训者充分了解学校。主动将学校的先进实验室用于教学实践,促进行业交流,推广科研成果。邀请知名专家、学者上讲台,传播大学文化和知识,扩大优质师资的社会影响。发挥学校在长三角、珠三角研究机构的作用,积极拓展培训市场,助力提升"哈工大指数"。

2. 构建省、市、校良性互动的产学研生态,服务地方发展,助力龙江振兴

继承和发扬东北老工业基地建设、大庆精神、铁人精神、北大荒精神和东北抗联精神,发挥中组部全国干部教育培训高校基地和人社部国家级专业技术人员继续教育基地的作用,开发爱国主义教育、龙江风采、哈工大特色、振兴东北等培训实践教学基地60个,承接全国各地方培训班次209个,总数达14 088人次。扩大为本省、本市的服务力度,其中承办黑龙江省内的培训班次共73个,培训8 101人次。承担黑龙江省委组织部、省委统战部、省教育厅、省科协、省国资委、哈尔滨市人社局、七台河市等单位的培训任务,并与佳木斯、大庆、齐齐哈尔、牡丹江等多个地市达成合作意向。与省委组织部干训处、平房区、海林、宾县等单位就区县级党校建设模式、党性教育基地建设等开展合作探索。学校与建行黑龙江省分行签署产教融合办学协议,加强在员工培训、学生实习和就业、研究和智库建设、建行大学建设等方面的合作。

哈工大与中国建设银行股份有限公司黑龙江省分行签署产教融合办学框架协议

中山大学东北红色教育专题研讨班

七台河产业发展人才培训计划项目

3. 立足航天，面向国防，突出特色，服务各行业专业化发展

国家创新驱动发展战略与学校优势特色学科高度契合，凭借学校立足航天、服务国防、长于工程的办学优势，开展高层次、拔尖人才的培训。举办中央军委装备发展部国家军用标准质量管理体系内审员培训班4个，学员288人；为来自东北地区130家企事业单位的质量管理人员开展培训，助力军用装备的质量提升。举办人力资源和社会保障部批准的发展战略、绿色建筑与BIM、网络安全与信息对抗高级研修班，举办航天科工集团轨道飞行与发动机轨控、战支部队前沿新技术、中建八局桥梁技术、海关总署网络技术等培训班，培训新知识、新技术。同时承办国家机关事务管理局、环境保护部、中山大学、民革山西省委、宁夏地区高校工委、广西新闻系统等14个高水平培训班，为各行业发展提供新技能、新动能。

严寒和寒冷地区节约型公共机构示范单位节能管理培训班

中建八局桥梁技术提升专题培训班

2018年海关科技培训班

四川省高端装备制造业科技型企业家培训班

4. 提高个体综合素质，服务社会发展需求，承担大学社会责任

继续严格、规范、安全地完成好成人教育、远程教育及自学考试的教学工作，在学历教育收尾阶段更加注重过程监管，严把质量关，严守教育底线；加强与学习中心密切联系沟通，精细管理，加强指导和督导工作，妥善处理好收尾阶段的个性化问题，增强责任意

识、风险意识,加强工作流程管理,严控风险点,确保教学工作安全平稳进行。学历继续教育毕业人数3 277人,较上一年减少829人,453人获得学位,19名远程教育毕业生和21名成人教育毕业生获"优秀毕业生"。

积极推动各行业领域专业技术人员从业资格、职业能力培训。全年完成教育系统培训班次16个,总数1 421人次。为省内外1 557名专业技术人员知识更新提供学习培训服务,航空服务精英培训项目招收118人,外语语言类培训243人次。积极探索转职培训等新项目,延伸服务社会的功能。

远程教育试卷分拣

加拿大OSSD国际课程

西安大略大学PYP项目语言培训课程

5. 加强平台布局与建设,注重质量与规模,转型发展取得实质进展

新建培训平台5个。获批中央军委装备发展部"国家军用标准质量管理体系培训协作中心",是东北地区唯一的高校。参加国家教育行政学院"共建全国干部教育培训基地协作机制",做到资源共享。发起成立中国学位与研究生教育学会继续教育分会,开展研究生教育管理者、导师和辅导员培训。成为黑龙江省教育厅"(首批)黑龙江省中小学生研学实践教育营地",服务基础教育发展。学院成立"东北抗联"干部培训中心,以"东北抗联"事迹和遗迹为依托,打造党员干部教育培训的实践教学和党性教育基地。5个新建平台与原有的5个平台组成的10个培训平台,互为补充,不断扩大学校培训影响力。

学院发挥学校优势，突出学科特色，动员全校力量，推进核心专题和特色课程建设，拓展培训资源，培训质量不断提高，赢得受训单位的一致好评。全年共开发培训专题37个，课程1 476门，聘请校内外专职教师651人，建立使用实践教学基地60个。总计运行265个培训班次，总人数20 161人次，班次较去年增加115个，增幅77%，人数增长8 362人次，增幅71%。组织国际标准化考试25场，总数达到5 051人次。通过扩大非学历继续教育规模，在学历继续教育大规模缩减的情况下，学院全年总收入与去年基本持平。

2018年继续教育培训人数分类汇总表

领域	专业技术人员	党政干部培训	企业培训	其他项目	外语培训	雅思考试
人数	6 539	8 978	4 057	344	243	5 051
合计	25 212					

6. 调结构、强业务、促学习，学院氛围更加和谐

落实《哈尔滨工业大学教育综合改革方案》要求，制订学院部门改革方案，完成学院机构调整。坚持优化结构，扩大队伍规模，组织招聘会5场，成功签约12人。坚持双周集体学习，不断加强业务研究，召开院务会19次、专题讨论会12次，职工外出培训学习43人次，申报国家级、省级课题立项8个，获批4个，学院课题立项6个，公开发表论文3篇。积极参加协会交流研讨，协助黑龙江省内21所高校加入中国高等教育学会继续教育分会。通过研究多个省、市级政府工作报告，统计分析全国31个省区的培训市场和14所干部培训高校基地的网站，跟踪梳理近千条数据，加强对各地区的培训需求分析，提高培训方案的针对性，拓展培训市场。

学院双周学习

2018年秋季学期工作会议

持续加强学院文化建设，落实党支部年度活动计划，策划"弘扬爱国奋斗精神、建功立业新时代"活动,组织学习"反腐倡廉每季一课",落实集中整治形式主义、官僚主义工作,紧密结合学院实际工作,加强党风廉政建设,营造学院风清气正环境。落实2018年教职工基层工会组织健康小家建设年的相关要求,主动参与学校扶贫工作,为拜泉县同乐村爱心超市捐赠197件物品,参与"拜泉县同乐村功夫小园校园集市"活动等;参与学校教代会工会各项集体活动14次,按学院工会工作整体方案,开展丰富多彩、健康向上的集体活动6次。学院1人荣获校"五好家庭",1人荣获2017年度校"安全先进个人",党政干部培训部荣获校"三八红旗集体",羽毛球俱乐部荣获2018年第二届校部机关羽毛球团体赛冠军。

集体活动合影

哈尔滨工业大学三八红旗集体

离退休活动

此外,学院在安全管理、财务审计、资产管理与采购、培训管理平台建设、远程教育自检自查、离退休工作等方面都取得了新的成绩。

(学院办公室供稿)

第十节　哈尔滨工业大学网络教育办学情况自查自评报告

一、学校自查自评工作开展情况

哈尔滨工业大学于2001年获批全国68家现代远程教育试点高校之一,由继续教育学院负责网络教育的具体工作。学校高度重视网络教育转型提质升级,依托自身优势学科,努力建设与"双一流"大学相匹配的高水平网络教育。学校对标新时代"办好继续教育"的总体要求,认真贯彻落实党的十九大精神,不断深入学习全国教育大会精神,努力推进网络教育现代化。

按教育部要求,学校开展网络教育办学情况的自查自评工作,由继续教育学院具体负责。学院组成了自查自评工作小组,由常务副院长任组长,主管网络教育副院长任副组长,参与网络教育的五个部门负责人任组员,全面客观地开展了自查自评,结合十多年的办学经验,不断思考总结,以问题和目标为导向,提出新时代网络教育转型提质升级的发展策略。

哈尔滨工业大学根据国家继续教育发展的形势和政策变化,结合自身发展实际和继续教育"十三五"规划,决定自2018年起,暂停学历继续教育招生,大力发展非学历继续教育(培训)。所以,本次汇报材料为学校开展试点工作以来到2017年底的总体办学自查自评情况。

二、学校现代远程教育试点工作总结

(一)基本情况

哈尔滨工业大学始建于1920年,目前隶属于工业和信息化部,同时有威海校区和深圳校区,形成了"一校三区"的办学格局,是一所以理工为主,理、工、管、文、经、法等多学科协调发展的国家重点大学。学校是我国较早创办成人高等教育的学校之一,1955年创办夜大学,1988年成立成人教育学院,1999年成立了继续教育学院,2000年成立远程教育学院,2001年获批全国68家现代远程教育试点高校之一,2008年成人、远程、继续教育学院统称为继续教育学院。

学校网络教育坚持社会主义办学方向。以培养人才、服务社会为目标,面向在职从业人员,针对社会需求,培养实用型、技能型人才,构建终身学习的教育服务体系为办学定位。分管学校教育工作的副校长兼任继续教育学院院长,由常务副院长主持学院全面工作,重要事项由院务会研究决定,学院财务由学校统一领导和管理。网络教育的运行由学院办公室、技术中心、招生办公室、教学管理办公室、学籍与学生管理办公室专职人员组成。学校网络继续教育注重办学特色和质量,先后出台与修订了《监考人员工作规程》《教务工作流程汇编》等规章制度。学校网络教育共设置专业(方向)20 个,其中依托国家、省部级重点学科和重点专业的有 8 个,师资配备有教授(或教学带头人)、副教授、讲师、助教,其中 75% 是本校教师,25% 是校外聘请的优秀专业教师。自开展试点工作以来,学校在资源建设方面投入建设经费 3 000 余万元用于基础设施建设和网络资源建设。学校严格执行教育行政部门相关规定,规范招生管理,坚持在培养能力范围之内,依据现有师资力量及专业水平合理招收学生,不盲目扩大规模。试点以来学籍注册总人数 53 066 人,2018 年停招后,在籍学生有 8 194 人。招生规模完全匹配学校办学条件和能力。学校现有校外学习中心 39 个,对校外学习中心的管理实行常务副院长总负责,分管副院长和相关办公室对口监控、管理、服务。学校视办学质量为生命线,完整落实各教学环节、保障学习行为发生的监管与学习支持,严格控制学生毕业关;高度重视网络教育的办学质量和人才培养的社会信誉,建立了教学督导、教学(站)协管、考务巡视相结合的教学质量保障机制。为航天、国防、公务员系统等输送了大量优秀的人才,得到社会的广泛认可,赢得了较好的声誉。

(二)试点成绩和经验

哈尔滨工业大学拥有优秀的教学资源和学科优势,有良好的办学学风和办学经验,师资力量雄厚,学校的网络教育伴随整个国家的网络教育事业一起成长。为更好地服务社会、适应需求,学校及时调整专业设置、开辟新的专业,为满足学生的个性需要、提高办学质量,不断修订、优化培养方案,建成了 300 多门高质量课件资源体系。自开展试点工作以来,网络教育招收 53 066 人,毕业总计 39 824 人,获得学位总计 5 301 人。哈尔滨工业大学秉承"规格严格,功夫到家"的校训,在网络教育上一贯注重质量标准和办学过程,经过多年不断摸索,总结出网络教育务必要严把"三关",即招生关、培养关和毕业关。

1. 严把第一关——招生关

我国的网络教育是宽进严出的培养模式,"宽进"依然要按照要求招生入学,不是谁都能进。哈尔滨工业大学严格要求各学习中心统一口径,使用学校统一印制的招生简章等宣传品。站点自行加印宣传材料或在各种媒体发布广告,需将发布内容样本提交学校,经审查合格后方可使用。学校要求各中心定期自查本地区出现的虚假、冒用我校名义开展招生的行为(包括网络、当地报纸、媒体广告),同时设立专门技术人员定期进行网上排查,发现问题及时反馈处理。严格审查入学资格,消除隐患,学校在学生报名的时候,就要求各学习中心认真核查学生的入学资格,坚决杜绝套读、脱产、前置学历不符等情况。学院招生部门对所有报名学生还要进行二次复核,坚决剔除不合格学生。学校坚持在培养能力之内依据师资力量及专业水平合理招收学生,不盲目扩大规模。经过坚持不懈的严格把关、及时处理,净化了学校网络教育招生宣传的市场环境,从招生宣传入口关保证了学校网络远程教育的健康、可持续发展。

2. 严把第二关——培养关

加强网络教育考务监督、规范考试管理。评估学生的学习特点,建立科学的评价指标和灵活多样的累加式考核办法,注重对学生知识面的宽窄、通过自己的学习获得了多少知识、平时学习(包括实践)的情况、自学的能力、是否具有自己的独立见解等多方面学业完成状态进行综合考察。制定了严格的考务工作流程和制度。每次考试学校派出大量巡考人员直接参与学习中心考务工作并给予规范指导,共同完成考务工作。为提高学生支持服务水平,学校设立教学协管员及学习中心协管员机制。教学协管员是学生与教师联系的纽带,学习中心协管员负责联络监督各个校外学习中心,业务部门管理人员亦可将问题任务递交给学习中心协管员及教学协管员,分散执行,提高执行效率。这样,各业务部门、教学协管员、学习中心协管员可以形成交叉服务网络,全面提升服务能力。

学校所有的考试不提供所谓的复习范围,坚持考试过程不放水,同时也从授课模式和教学方法上与教师进行沟通探讨,做到在平时授课中突出重点难点,导学助学到位,加强应用型教育。加强实践教学,开展校际学分互认,学校参加了教育部"理工类课程互选、学分互认及学分积累的研究与实践"课题研究项目,该项目是教育部"高等学校继续教育课程学分标准及质量内涵和学分转移制度与机制的研究及应用"教学改革项目的子项目。开展此项目立项研究,旨在进一步加强对远程教育试点工作中的重点、难点和热点等问题的研究,形成远程教育理论研究与实践紧密结合的高质量成果,对于增强远程教育试点工作的科学性、示范性具有十分重要的意义。

3. 严把第三关——毕业关

坚守学业标准,杜绝"包过"现象。多年以来,在社会大学生中形成了这样一个观点:在哈工大读网络教育不好毕业。这是因为哈工大坚守着高等学历教育的培养规格,底线、红线坚决不能跨。任何人不满足学业标准,没达到修业年限,坚决不予毕业。假使有学生蒙混过关,也会坚决予以追缴,收回证件。学校注重学籍管理和制度建设,不断完善学籍管理工作制度,先后三次修订《远程教育学生手册》,及时修订和增补学籍管理各项制度。严格执行教育部、黑龙江省教育厅相关规定,按时在"中国高等教育学生信息网"做好学籍学历电子注册工作。严格做好招收学生的前置学历的清查工作,设有严格的毕业资格逐级审查制度,谨防毕业生出现信息错误。

此外,还实行严格的收费管理制度,学费全部由学生自己在网上利用支付宝方式直接交纳,在平台上学生可以随时查阅自己学费的使用情况。这样就从根本上杜绝了学习中心乱收费、高收费现象,也避免出现学习中心挪用学费现象的发生。

(三)存在的问题

我国开展现代远程教育试点以来,经过十多年的发展,在新的形势下,面临着如下方面的问题。

1. 网络教育面临的形势

高等教育录取率连年提高,网络教育生源人数下滑;学生质量参差不齐,成人学生年龄普遍偏大,接受能力差别大,又存在着工学矛盾;相关政策带来影响,国家和教育部门相继出台了政策,这些变化一方面降低了网络教育的门槛,另一方面也收窄了学校的生源层次;存在办学风险,社会机构或服务体系盲目追求生源数量进行招生,产生负面影响;异地办学,校外学习中心监管难度较大,信息技术的发展及不良社会风气影响,教学过程存在风险。

2. 继续教育的发展趋势

我国经济社会发展,也为继续教育提供了新的发展机遇。干部培训政策界限清晰,技术创新促进企业培训发展,社会转型需要个体提升职业能力,小康社会民众不断需要提高生活质量,信息化、智能化手段日新月异,国际交流日趋旺盛。这些变化,都促使继续教育不断创新,以适应社会的需要。

3. 学习内涵的创新方式

从学习的内涵上,也要求继续教育不断审视自身的建设。成人的教育培训从"以学员为中心"到"满足社会企业需求为中心"再到"以学习成效为本"的转变。特别重视课程体系规划和知识更新,确保教学内容如何更好地跟社会企业实际需求相结合,同时提供超出课堂之外的学习支持,如移动学习、MOOC 等各种新的学习技术和移动学习技术。

(四)推进网络教育转型提质升级的思路和举措(略)

哈尔滨工业大学网络教育自查自评情况汇总

1. 学校概况

哈尔滨工业大学隶属于工业和信息化部。学校始建于 1920 年,坐落于哈尔滨市,占地面积 347.49 公顷,同时有威海校区和深圳校区,形成了"一校三区"的办学格局,是一所以理工为主,理、工、管、文、经、法等多学科协调发展的国家重点大学。学校是首批进入国家"211 工程"和"985 工程"的大学之一,现有 19 个学院、86 个本科专业、17 个国家重点学科、24 个博士后科研流动站、7 个国家级重点实验室、2 个国家工程实验室、2 个国家工程研究中心,有教职工 5 297 人、在校学生 46 138 人。学校以"规格严格,功夫到家"为校训,坚持"面向国家重大需求,面向国际科技前沿",为工业化、信息化和国防现代化服务,为地方经济社会发展服务,突出国防、航天优势,紧密结合国民经济和社会发展的重大国家需求,不断提高学术研究水平、科研创新能力,为国家和地方的经济社会发展做出了积极的贡献。

哈尔滨工业大学是我国较早创办成人高等教育的学校之一,1955年创办夜大学,1988年成立成人教育学院,1999年成立继续教育学院,2000年成立远程教育学院,2001年获批全国68家现代远程教育试点高校之一。2008年成人、远程、继续教育学院统称为继续教育学院。学校是中组部全国干部教育培训高校基地、人社部国家级专业技术人员继续教育基地、教育部高等学校教师教学发展示范中心,是黑龙江省国家公务员培训基地、黑龙江省专业技术人员继续教育基地等。学校是继续教育学会副理事长单位、中国成人教育学会常务理事单位、中国继续工程教育协会理事单位等。

2. 办学方向和办学定位

学校网络教育深入学习贯彻习近平新时代中国特色社会主义思想和党的十九大精神,坚持社会主义办学方向,坚决贯彻落实党的教育方针,牢固树立"四个意识"、自觉坚定"四个自信"、忠诚履行"四个服务",依托学校优势学科开展网络教育,以培养人才,服务社会为目标,面向在职从业人员,针对社会需求,培养实用型、技能型人才,努力构建终身学习的教育服务体系为办学定位。学校重视网络教育结构,合理控制办学规模,以学生培养质量为生命线。

3. 管理体制与运行机制

继续教育学院负责学校的成人教育、网络教育和继续教育,分管学校教育工作的副校长兼任继续教育学院院长,学院由常务副院长主持全面工作,副院长分管专项工作,重要事项由院务会研究决定,学院财务由学校统一领导和管理。

网络教育的运行由学院办公室、技术中心、招生办公室、教学管理办公室、学籍与学生管理办公室专职人员组成。学院办公室负责网络教育综合事务、财务管理、发展研究等。技术中心负责学院网络建设与维护、技术保障、信息安全等相关工作及课件资源建设相关工作。招生办公室负责网络教育招生、校外学习中心的建站及管理工作。教学管理办公室负责网络教学改革与发展、教学各环节的组织、实施与管理工作以及网络课件建设规划工作。

4. 制度建设与规范管理

学校网络继续教育注重办学特色和质量,先后出台与修订了《监考人员工作规程》《教务工作流程汇编》等规章制度,建立了教学督导、协管、巡视等教学质量保障机制。严格执行教育行政部门相关规定,规范招生、教学管理,经过不断实践,形成"服务+管理"的模式,制定了《哈尔滨工业大学继续教育学院远程教育教学管理暂行办法》等规章制度,注重考试过程组织和管理,成立考试领导小组,监督、巡视考务工作,实施累加式考核管理。为提高学习支持服务水平,学校建立了教学协管及学习中心协管制度,各业务部门、教学协管员、学习中心协管员共同组成交叉管理服务网络,全面提升了管理与服务能力。

5. 专业建设与人才培养

学校网络教育坚持以提高教学质量为核心,依托学校的专业办学总体优势,紧密结合社会各方面不同的学习需求,适时调整和优化的专业结构,形成了以工学为主、工管文结合的专业布局;并依靠各院系的师资力量,不断加强专业建设,保证了所办专业的教学条件和教学质量。学校网络教育共设置专业(方向)20个,其中依托国家、省部级重点学科和重点专业的有8个,具体情况及各专业(方向)分布情况见下列表格。

网络教育专业设置一览表

序号	专业名称	层次	学制/年
1	机械设计制造及其自动化	高中起点本科	5
		高中起点专科	2.5
		专科起点本科	2.5
2	焊接技术与工程	高中起点专科	2.5
3	电气工程及其自动化	高中起点本科	5
		高中起点专科	2.5
		专科起点本科	2.5
4	电气工程及其自动化(电力系统方向)	专科起点本科	2.5
5	工程管理	高中起点本科	5
		高中起点专科	2.5
		专科起点本科	2.5
6	工程管理(工程造价管理方向)	高中起点本科	5
		高中起点专科	2.5
		专科起点本科	2.5
7	工程管理(燃气方向)	专科起点本科	2.5
8	工程管理(给排水方向)	高中起点专科	2.5
9	工商管理	高中起点本科	5
		高中起点专科	2.5
		专科起点本科	2.5

续表

序号	专业名称	层次	学制/年
10	公共事业管理	高中起点本科	5
		高中起点专科	2.5
		专科起点本科	2.5
11	行政管理	高中起点专科	2.5
		专科起点本科	2.5
12	管理科学与工程（项目管理方向）	高中起点本科	5
		高中起点专科	2.5
		专科起点本科	2.5
13	会计学	高中起点本科	5
		高中起点专科	2.5
		专科起点本科	2.5
14	金融学	高中起点本科	5
		高中起点专科	2.5
		专科起点本科	2.5
15	法学	高中起点本科	5
		高中起点专科	2.5
		专科起点本科	2.5
16	计算机科学与技术	高中起点本科	5
		高中起点专科	2.5
		专科起点本科	2.5
17	建筑工程技术	高中起点专科	2.5
18	土木工程	专科起点本科	2.5
19	道路桥梁与渡河工程	专科起点本科	2.5

续表

序号	专业名称	层次	学制/年
20	行政管理	专科起点本科	2.5
		专科起点本科	2.5

依托国家、省部级重点(专业)设置的专业

序号	专业名称	专业类	依托的重点学科
1	机械设计制造及其自动化	工学	机械制造及其自动化(国家)
			机械电子工程(国家)
			机械设计及理论(省部级)
2	焊接技术与工程		材料物理与化学(省部级)
3	电气工程及其自动化		测试计量技术及仪器(省部级)
4	工程管理	管理类	管理科学与工程(国家)
5	土木工程	工学	结构工程(国家)
6	道路桥梁与渡河工程		
7	建筑环境与设备工程		市政工程(国家)
8	计算机科学与技术		计算机应用技术(国家)

各办学类别的专业(方向)分布情况表

类别	工科专业	管理类专业	合计
网络教育	11	9	20

各办学层次的专业(方向)分布情况表

类别	高起本	高起专	专升本
网络教育	11	16	16

6.师资配备与资源建设

学校历来高度重视师资队伍建设,担任网络教育教学的教师主要选自于校内各院系。以2017年为例,网络教育聘用教师156人左右,教师职称有教授(或教学带头人)、副教授、讲师、助教。其中75%是本校教师,25%是校外聘请的优秀专业教师。

学校开展试点工作以来,根据网络教育发展趋势,分别于2008年、2012年、2014年修订教学计划,注重以学生专业知识学习与职业能力培养相结合为主线,优化课程体系,精选教学内容,使用优质教材,编制教学大纲,通过规范的教学实施为学生的职业发展需求奠定了扎实的基础。

网络教育培养方案的修订增强了针对性和实用性。针对在职从业人员网络教育的特点和培养应用型人才的目标,坚持以更新知识和提高技能为重点,以工作需求为导向,在课程设置和教学设计中强调实用的原则,使理论和实践紧密结合。网络教育学生可以不受地域和时间的限制,根据学校制订的开课计划,自主选课学习,解决学生的工学矛盾。在提高教学水平、保证教学质量的基础上,积极推行改革新举措,如录制小型课件,时间30分钟,方便学生学习;实施虚拟实验平台建设计划;等等,助力学校网络教育的创新发展。

自开展试点工作以来,学校在资源建设方面投入建设经费3 000余万元用于基础设施建设和网络资源建设。目前,学校运行的服务器有14台,租赁阿里云服务器3台,交换机13台,运行的各类网站、系统共计27个,使用联通、电信专用光纤网络,实现全平台系统化管理。

学校网络教育配备性能强劲、稳定安全的网络服务器等设备,包括:网站服务器1台,用于门户网站、电邮系统、课程讨论区、课件演示等;课件点播服务器3台,可提供1 000人同时访问和5 000人非实时在线学习;教学教务管理平台、网上支付接口服务器、数据库服务器、域名解析服务器、数据备份服务器、统考练习系统服务器6台;为了保证用户具有更快的访问速度,学校将课程课件点播服务器分别托管于中国联通哈尔滨IDC机房、广州亚太信息引擎数据中心BGP机房,同时租用北京阿里云服务器,从而使身处全国各地不同网络环境的用户都能比较顺利地在网上实时学习。

学校网络教学资源主要包括:网络课程录播系统、网络课程软件库、课件管理和点播系统、教学教务管理平台、统考练习系统等。网络课程生成系统可以将教师授课现场的音频、视频和课堂展示实时合成情景化课件。多种流媒体同步合成的模式有:Teaching Cast CSF(College Soft Stream Format)专用流媒体实时合成系统,能够将视频、音频、多层活动屏幕展示、鼠标运动轨迹等实时合成网络课程;MPEG – 4视频压缩技术,它比MPEG – 1的画面质量更高,压缩比更高,但是媒体形式比较单一。课堂展示格式主要是:PowerPoint和Word等MS Office系列工具软件制成的演示文稿;HTML的超文本网页制作格式;Author ware、Flash、BMP、JPG等制成的动画或图片格式。

学校网络课程的建设标准,遵循教育部现代远程教育资源建设委员会2000年5月制定的《现代远程教育资源建设技术规范(试行)》相关规定。截至2017年,学校已有远程(网络)课件315套,其中2014年以来新建课程122套。在网络课件建设中,学校按照精品课程建设要求,制定了网络课件建设规范,从课件建设立项、教师审批、脚本制作、过程审查、最后验收等多方面把关,保证课件质量。

学校有计划地对早期录制的课件进行审查,通过教师自查、网上调查、专家审查等环节查找问题,修正错误,重新按新的标准录制课件,目前课件的整体质量比早期有很大提高。

学校自开展远程教育以来就十分重视网络教育平台的建设工作。2001年,学校开发了现代远程教育第一版门户网站,招生简章、专业设置、培养方案、配套教材、课程表、各类重要通知等信息全部上网发布;还设置网上课件点播系统及"七星阁"课程讨论区等学习模块,为学生在线学习提供了极大便利。2006年9月,学校新版远程教育网站正式上线服务。2016年,门户网站再次改版,新版网站的栏目划分更加科学,导航更为清晰,内容编排更加合理。目前,门户网站中远程教育模块已成为学生、教师、管理人员相互联系的重要纽带。

2005年,学校教学教务管理平台投入使用。该平台分为学生界面、教师界面、管理员界面以及校外学习中心界面,从入学考试、新生注册、选课、预约考试、录入成绩到审查毕业资格、打印毕业证书,都可以在平台内完成。经过几年的运行和不断修改完善,教学教务管理平台在实际工作中发挥着越来越大的作用。2010年底,为了适应国家政策调整及学院办学思路、实际工作流程的变化,学校决定针对现代远程教育专门开发新教学管理平台及学生学习平台。2012年初,学校与北京经华智业教育科技有限公司联合研发的新教学管理平台及学生学习平台正式上线运行。2012年春季学期以后入学的新生全部在新平台中管理。同时,学校还开发了管理平台与第三方支付平台——"支付宝"的技术接口,远程教育学生实现网上即时交纳学费。

2012年5月,学校通过公开招标采购了"网梯远程教育多媒体课件制作系统""多媒体教学资源管理系统"及"实时多媒体交互系统",并在秋季学期投入使用。采用新的课件制作系统生成的课件,具有良好的兼容性,不再需要安装任何独立的播放器即可观看;课件更易于扩展,可以通过移动设备进行学习。

学校多年的资源建设打造了教育科研网1 000 Mbps光纤、中国联通100 Mbps光纤和中国电信100 Mbps光纤接入设备间,保证了网络教育信息发布、课件传输、文件共享、远程答疑答辩、视频会议的畅通无阻。2017年,学校再次对课件录播室进行改造升级,建成5间现代化课件录播室,各类专用计算机14台,配有84寸、100寸大屏触控一体机4台、电视机5台、专业摄像机8套、切换台1套、专业提词器3套、液晶数位屏5台、NAS网络存储服务器1台、录制设备虚拟蓝箱1套、互动绿屏1套,设施一流,并配有专业的制作团队,位于行业前列。同时,全面采用新的多媒体课件制作系统软件,使学校网络教育课件制作条件和信息化水平得到明显提高。目前,学校网络教育软、硬件条件能够满足教学需求。学校将继续遵循稳定规模、保证质量的基本思想,使办学条件、办学规模、办学质量三者得到协调发展。

为引导和促进学生学习,调动学生学习的积极性,踊跃参与课程学习讨论,学院助教老师每天在线浏览新平台互动交流区,与学生交流讨论,回复本专业学生提出的问题。同学们课程学习过程中如有问题,可进入互动交流相关课程讨论区,随时向助教老师发帖请教。学院在新平台启用了课程辅导功能,学生和平时登录管理平台学习一样,在我的课程列表下,点击该课程"进入"集中答疑。授课老师在线进行课程辅导。上述学习支持措施的实施,对于促进学生的学习起到了良好的作用。

7. 办学规模与招生管理

学校严格执行教育行政部门相关规定,规范招生管理,坚持在培养能力范围之内,依据现有师资力量及专业水平合理招收学生,不盲目扩大规模。目前,校外学习中心共有39个,试点以来学籍注册总人数53 066人,2018年停招后,在籍学生还有8 194人。招生规模完全匹配学校办学条件和能力。

哈尔滨工业大学严把学习中心招生入学关。要求统一宣传口径,保证招生规范化。学校的招生宣传严格要求各学习中心统一口径,使用学校统一印制的招生简章等宣传品。各站点若需自行加印宣传材料或在各种媒体发布广告,需将发布内容样本先提交学校,经审查合格后方可使用。学校要求各中心定期自查本地区出现的虚假、冒用哈工大名义开展招生的行为(包括网络、当地报纸、媒体广告),发现问题及时反馈处理。学校设立专门技术人员负责进行网上排查,对出现冒用哈工大名义的招生网页,如能查到具体单位,则问责该单位;如无具体单位,则依据不实广告的所在区域,联系学习中心,要求其自查并协助追查,同时向出现冒名违规招生地区的教育局及省教育厅发函声明。

8. 校外学习中心管理服务

设立的校外学习中心普遍采取对方申请、地域考察、学院专程现场评估、院务会集体讨论确定的步骤。对设立校外学习中心的单位进行审查有如下方面:申请单位的资格、具备的社会支持、具备的管理力量和组织保障、具备的技术条件等,实行一票否决制。学校现有校外学习中心39个;其中黑龙江省内1个,外省38个;直属学习中心1个,依托公办单位设置的校外学习中心38个。主要分布在黑龙江、辽宁、北京、天津、河南、河北、山西、山东、江苏、上海、浙江、福建、广西、云南、广东、陕西等地。

学校对校外学习中心的管理实行常务副院长总负责,分管副院长和专门办公室对口监控、管理、服务。日常性工作均由专门办公室具体布置,并及时了解、掌握、收集落实情况;对带有政策性的问题由院务会讨论决定,专门办公室布置落实,分管副院长检查,常务副院长监督。对校外学习中心提出的建设性或合理的意见、建议、要求和问题基本都能及时解决或给予说明和解释,使校外学习中心能在第一时间掌握了解各级教育行政部门、学校、学院对网络教育的方针、政策和要求。自开展试点工作以来,学院和校外学习中心本着诚心为本、友好合作、各负其责、相互监督的原则,在监控、管理、服务过程中双方都基本满意。

学院采取多种形式对学习中心工作进行检查,定期或不定期到校外学习中心进行实地考察和调研。学院各个部门通过网络管理平台对学习中心完成工作的质量进行检查,围绕学院中心工作和热点问题进行专项检查,派出巡考人员对学习中心考务工作进行检查等,通过以上检查,保证学院及时了解学习中心的工作情况。特别针对教学管理、学习年限等问题,同学习中心的学生和老师交流,发现问题及时提出解决方案。积极收集学习中心信息反馈,对教学质量、教学教务管理的执行情况进行检查和监控,对实施的教学环节、教学过程进行指导。

在教学管理和学籍管理方面,分别设有教学调度和学籍管理人员对校外学习中心实施专人管理,教学调度通过管理平台监督各学习中心教学计划的执行,公布考试成绩;学籍管理人员负责学生成绩管理,学籍信息的校对,审核毕业生和授予学位学生的资格,所有人员的联系方式均在学院网站上公布,便于学习中心的学生和老师与学院及时沟通和反馈问题,发现问题并及时处理,从而加强对学习中心的管理,以免造成不良后果。

对学习中心的评估主要采取与当地教育主管部门集中评估相结合、平时工作评价与每年学习中心工作会议集中讲评相结合来进行。对学习中心人员的培训,采取每年召开一次学习中心工作会议,以会代训,使学习中心的负责人员了解学校办学思想及各项规章制度,起到学习政策、沟通情况、统一思想、解决问题的作用。另外还就有关工作进行专题培训,例如在网络管理平台投入使用时,专门对相关人员进行技能培训;在实行网上收费后,专门对相关人员进行培训;每次入学考试时都由学院派出的巡考人员对学习中心监考人员进行培训等。

学院设立的校外学习中心为学生提供的支持服务种类,包括入学前的支持与服务、课程学习的支持与服务、学习能力的支持与服务、辅导答疑的支持与服务,以及作业、测验与考试的支持与服务。学生在学习的同时,能够浏览学院网站上发布的信息,利用答疑区、讨论区,能够更好地学习,并养成好的习惯。保证师生有效的交互,是促进学生加深理解知识的重要措施。为此,哈工大积极开发多种具有双向交互功能的网络软件,以实现网上作业、教师答疑、非实时课程辅导、实时课程辅导、课程学习交流论坛管理人员和学生交互等功能,为了减轻校外学习中心在学习支持管理方面的压力,提高办事效率。学院通过学院网站和教学管理平台,提供优质网络教学资源、考试考场安排、各种有关教学管理的规章制度、教学表格的下载,提供沟通反馈信息平台,及时处理和解决校外学习中心反映的问题;每年定期举行学习中心工作会议,并加强管理人员的培训等,使校外学习中心、学生真正体会到学校学习支持服务的效果,提高了学生的满意度。

9. 教学实施与考风考纪

教学环节包括授课、辅导、答疑、作业、自学、考试、论文、实验和实践环节等的设计与实施,完整落实教学环节、保证学习行为发生的保障与监管是网络教育的核心。学院聘请优秀教师针对网络教育学生的实际水平及学习能力,依据学生培养目标,精心进行课程的准备,并在专业课程录制间进行课程讲授的录制,授课的音频、视频、教学演示等信息进行编辑后形成完整课件,通过网络进行远程传输和共享利用,各地学生从网络上享受优质的教学资源。课件内容中不仅包含知识讲授、习题讲解,还包括重点难点解析,课程答疑库、习题库等的建设,将学生在学习过程中容易提出的问题进行集中整理、集中解答。并建立专门的课程讨论区,按照不同的专业科目进行分区,学生可将学习过程中的问题在课程讨论区与同学及教师进行交流。针对学生对学习情况的反应,学院对课程难度较大的科目进行教师值机答疑,以远程视频方式与外地学习中心学生进行互动式疑问解答。严格要求同一专业不同层次的课程教学设计,针对不同授课对象,严格区别教学内容,深度不同,注重应用性。

学生通过以上的课件学习及辅导答疑,并完成不同科目的相应作业,掌握了课程的相关知识。在课程考试方面,学院征求授课教师的意见,依据课程类型、性质的不同,以闭卷考试、开卷考试、提交学习报告三种形式完成学习考核。

实验及实践教学环节,不便于通过网络进行,授课教师在课程课件中对其进行一定的讲解或演示,并提供相应的文字指导和具体实施要求,校外学习中心负责在本中心或本地区有实践教学条件的实验室或实习基地内,组织学生进行实验或实践环节操作,督促学生按时完成报告,并进行考核。确定学院虚拟实验建设思路,支持有条件的院系开发,选择公共课(大学物理)、专业基础课(电工及电子基础)和专业课(机械制造技术基础)三门课程为学院首批建设虚拟实验项目,这几门虚拟实验于 2013 年初上线使用,同时,为加快虚拟实验建设进程,慎重选择已经成熟开发且在大多学校使用稳定的课程,经过改造为网络教育学生使用。

毕业设计(论文)是教学计划的重要组成部分,是培养学生理论联系实际和综合运用所学知识、提高分析问题和解决问题能力的有效手段,是对学生掌握和运用所学理论与知识效果的综合考核办法。学院坚持在毕业论文的写作、指导、评阅方面严把质量关,全部安排正式受聘于我学院的教师进行指导。制定严谨的毕业论文撰写阶段时间进度安排表,对开题、初稿、复稿、终稿提交及审阅修改做出明确时间要求,学生依据学院的《毕业设计(论文)撰写规范》和指导教师通过论文指导平台进行思路的交流及论文的上传修订,学习中心负责教师及学院工作人员对该平台进行实时监督,达到及时督促学生保质保量完成论文的目的。终稿确定后进行论文打印装订,统一邮至学院,由学院组织专门评审答辩小组对论文进行评阅。论文答辩采取远程视频互动方式,学生对论文进行 15~20 分钟陈述,答辩组进行提问,给出成绩。论文组织既注重环节控制又掌握适宜的考核,收到了较好的效果。落实《哈尔滨工业大学继续教育本科生毕业设计(论文)撰写规范(2012.6 修订版)》《哈尔滨工业大学继续教育专科生毕业综合报告撰写规范(试行)》。根据学生实际情况,合理调整了本科毕业设计的工作量,专科生不再做毕业论文,只需按要求撰写 5 000 字左右的毕业综合报告。

考试过程不放水。学院所有的考试不提供所谓的复习范围,学生不能考前背几道题就通过考试。有的工科科目比较难,学生的课程通过率比较低,学生乃至学习中心都多次提出能否给出 60% 的复习范围。学院坚持考试过程不放水,同时也从授课模式和教学方法上与教师进行沟通探讨,做到在平时授课中突出重点难点,导学助学到位,加强应用型教育。坚持课程学习质量评定标准,补考试卷试题难度与正考相当,杜绝学生正考不参加而通过参加相对简单的补考轻易获取学分的做法。

另一方面,增大开卷考试范围,注重对学生解决问题方法掌握程度的考核。学生在学习备考开卷半开卷考试时要对课程有全面的了解,而不能临时抱佛脚,临考前突击背题。存在开卷考试复习范围比较宽泛,相对闭卷考试难度较大的情况。教学实践表明,开卷考试对于督促学生认真学习具有很好的作用。网络教育学生要学会怎么去寻找、组合出海量未知问题的解决思路,而不是死记硬背少数已知问题的答案。

加强实践教学,开展校际学分互认。学院参加了教育部"理工类课程互选、学分互认及学分积累的研究与实践"课题研究项目,该项目是教育部"高等学校继续教育课程学分标准及质量内涵和学分转移制度与机制的研究及应用"教学改革项目的子项目。开展此项目立项研究,旨在进一步加强对远程教育试点工作中的重点、难点和热点等问题的研究,形成远程教育理论研究与实践紧密结合的高质量成果,对于增强远程教育试点工作的科学性、示范性具有十分重要的意义。通过参与研究项目,学院参加体验的学生可以选修其他网院(项目组高校有华东理工大学、哈尔滨工业大学、山东大学、大连理工大学、江南大学)课程,从而实现在学院读书的同时,可以体验其他网院课程并获取学院承认的学分。

10. 过程监管与质量保证

在招生方面,严格审查入学资格,消除隐患。学校在学生报名的时候,就要求各学习中心认真核查学生的入学资格,坚决杜绝套读、脱产、前置学历不符等情况。学校对所有报名学生还要进行二次复核,坚决剔除不合格学生。

学校高度重视网络教育的办学质量和人才培养的社会信誉,建立了教学督导、教学(站)协管、考务巡视相结合的教学质量保障机制,取得很好的实施效果。

学院的教学督导组始建于2003年,聘请学校有丰富教学经验的专家进行教学督导。多年来的教学督导工作增强了教师的质量意识和责任心,提升了青年教师的教学水平,推进了适应网络教育需求的专业建设和课程建设,收到了明显成效。其主要工作包括:使用阅审网络课件等方式进行课堂教学质量检查,抽查毕业论文,不定期抽查实验课,利用课前、课后或在网络上与学生交流,了解学生对学院教学工作的意见、建议等。2008年以后,学院进一步加强了有针对性地对专业课教师的教学能力进行督导。2010年后的督导工作重点对申报成人、远程教育优秀教学奖及教学组织者奖的授课教师进行教学质量评价。2012年,教学督导工作被纳入学院新成立的专业建设委员会职责范畴,不仅对保证成人教学质量,而且对学院发展规划、专业设置等战略性决策都具有重要作用。

建立协管员制度,提高支持服务水平。为提高学生支持服务水平,学院设立教学协管员及学习中心协管员,由所有在职职工担任。教学协管员是学生与教师联系的又一个纽带,负责查阅、收集学生疑问,传递到辅导教师,并及时反馈答复,同时监督教师对学生的指导过程。学习中心协管员分头负责联络监督各个校外学习中心,发现问题及时反映给教学协管员及相关业务部门管理人员。业务部门管理人员亦可将问题任务递交给学习中心协管员及教学协管员,分散执行,提高执行效率。各业务部门、教学协管员、学习中心协管员可以形成交叉服务网络,全面提升服务能力。

加强考务监督,规范考试管理。关注网络教育学生的学习特点,建立科学的评价指标和灵活多样的累加式考核办法,注重对学生知识面的宽窄、通过自己的学习获得了多少知识、平时学习(包括实践)的情况、自学的能力、是否具有自己的独立见解等多方面学业完成状态进行综合考查。为规范远程课程考试,学院制定了严格的考务工作流程、制度。每次考试学院派出大量巡考人员直接参与学习中心考务工作并给予规范指导,共同完成考务工作。要求巡考人员认真履行职责和要求,检查学习中心的考场安排是否规范、监考教师是否认真负责;重点防范考场出现替考、雷同卷等严重违纪现象发生。

哈工大一贯重视网络教育毕业设计环节的教学质量,不断强化毕业设计教学过程管理,建立健全了毕业设计的质量保障体系。哈工大多次修订了关于远程教育毕业设计的若干规定。现行的《哈尔滨工业大学继续教育本科毕业设计的若干规定》和《哈尔滨工业大学继续教育专科生毕业综合报告撰写规范》,明确了专业和教师在毕业设计(报告)教学工作中的职责,对毕业设计(报告)选题、指导、撰写、答辩(专科无此项)与成绩评定等环节提出了具体要求。学院教学督导专家组对开题、中期检查、答辩资格审定及答辩过程进行检查督导。这一系列措施,形成了对毕业设计(报告)教学环节的全过程监控,保证了毕业设计(报告)的质量。

学校规定,具有远程教育学籍的学生,在规定的学习年限内,学完教学计划要求的全部课程,完成各教学环节,考核成绩合格,修满规定的学分,德、智、体达到毕业要求,准予毕业,颁发哈尔滨工业大学毕业证书(注明学习形式)。毕业资格的审查程序:学籍管理人员根据毕业条件提出名单,远程教育部主任审核,主管远程的副院长复审,常务副院长签字提交学校,校长审批,上报省教委。本科学生取得毕业文凭及完成电子注册严格按照国家的统考政策执行,没有未取得统考合格成绩而为其进行学历文凭电子注册的事情发生。根据《中华人民共和国学位条例》和国务院学位委员会"关于授予成人高等教育本科毕业生学士学位暂行规定",哈尔滨工业大学对成人(远程)教育本科毕业生授予学士学位的具体条件是思想道德品质和政治表现合格;在校期间通过省级统一组织的学士学位外国语考试;各科成绩达到毕业要求,毕业设计(论文)成绩合格,补答辩成绩中等以上;在校期间没有纪律处分。凡本科毕业生(含专科升本科)同时具备以上条件者可申请学士学位。

11. 社会评价与品牌声誉

远程教育毕业生经过在学期间系统的学习,掌握了基础理论知识和专业知识,自身学习能力得到提高,对工作的适应性得以加强,特别是经过严格管理、严肃的考场要求,对认真工作、诚实做人都有帮助。在毕业生中有的考取研究生,有的考取公务员,岗位工作能力得到提升,在单位和社会得到广泛认可。学校继续教育为航天科技、科工集团等航天国防单位输出优秀毕业生,很多学生参与了"神舟"系列及载人航天等重大工程,为我国的航天事业做出了贡献;为国家公务员系统培养了万余名高素质毕业生;为上海宝冶等大型企业培养优秀毕业生,在我国的现代钢铁工业、装备制造业等国民经济支柱产业中发挥着应有的作用。

自开展试点工作以来学校获得较好的社会声誉,对人才培养、社会发展做出了自己应有的贡献,荣获"中国高等教育学会继续教育分会副理事长单位""中国扶贫开发协会高校教育扶贫委员会副理事长单位""2014年度高校MOOC微课实验单位""全国高校现代远程教育优秀校外学习中心""2007—2008年度试点高校网络教育统考工作优秀单位"等称号,并获得"最具社会满意度网络教育学院(2012、2015、2016)""现代远程教育十年贡献奖""中国现代远程教育(1998—2016)终身教育特别贡献奖""十大热门现代远程教育试点高校(2011、2013、2015)"等奖项。

(学院办公室供稿)

第十一节　首批全国干部教育培训高校基地　哈尔滨工业大学实施方案

二〇〇九年十二月三十日

根据中组发〔2009〕9号文件《关于印发〈关于建立和规范高校干部培训基地的意见〉的通知》、组通字〔2009〕47号文件《关于印发首批全国干部教育培训高校基地名单的通知》和有关会议精神,为满足全国干部教育培训的需要,充分发挥学校的优势,更好地为科学发展和干部成长服务,特制订本实施方案。

一、总体要求

坚持中国特色社会主义方向,坚持为党和国家中心工作服务、为干部工作需求和干部成长服务。以党政干部、企业经营管理人员和专业技术人员为主要对象,以其履行岗位职责所急需的新知识、新技能、新信息等为内容,开阔眼界、拓宽思路、增长知识、提高本领,发挥自身优势,开展短期培训,不以赢利为目的。

二、原则

1. 区域性原则。哈尔滨工业大学隶属于工业和信息化部,地处东北,坐落于黑龙江省哈尔滨市,1954年被确定为全国首批六所重点院校之一,1984年被国家列为重点建设的15所院校之一,1996年首批进入国家"211工程"建设,1999年跻身于国家重点建设的9所大学。在近90年的发展中,尤其是改革开放以来,为国家、行业和地方发展做出了自己的贡献。在干部培训中,学校充分利用为东北地区、黑龙江省、工业和信息化部等服务积累的丰富经验,发挥自身的区位优势。

2. 学科优势原则。目前,学校共有9个一级学科国家重点学科,6个二级学科国家重点学科。学校工程学、材料科学和化学已进入全球前1%的研究机构行列,在航天学科、信息学科做出了突出贡献。尤其是管理学科,是我国首批建立管理学院的4个院校之一,拥有管理科学与工程一级重点学科,2个博士后科研流动站,3个博士点,9个硕士学位授予点,3个专业硕士学位(MPA、MBA、EMBA)。在新知识、新技能、新信息等方面站在世界的前沿,对于知识的更新、技能的提高和信息的传递具有很强的针对性和实效性。

3. 行业特色原则。学校一直以立足航天、服务国防、面向国民经济主战场为特色。学校科研实力雄厚,在4年内发射了两颗自主研制的小卫星,参与研制攻克"神舟"号系列飞船的多项技术难题,在国家中长期科技发展规划16个重大专项中,承担和参与了其中的11项。在科学研究、学科建设和人才培养的过程中,形成了具有鲜明特色的分析问题、解决问题的思路和方法,同时,学校以"规格严格,功夫到家"为核心的大学精神和其对学生的科学思想和工程意识的训练,可以有效促进干部的成长。

4. 突出对俄合作原则。学校始终坚持国际化办学思路,已与24个国家和地区的123所大学和科研机构建立起校际友好关系,尤其是利用自身优势开展的与俄罗斯和东欧国家的交流与合作,取得良好效果。国外知名高校的优秀教材、优秀师资、优秀课程的引入,教师访问学者的出访和培训交流,学生的校际互换,极大地促进了教师和学生的国际交流和发展机会,增强了国际化视野和国际话语权,可以有效提高干部的国际竞争能力。

三、培训方式

以专题培训、短期培训为主要方式,面授和网络培训相结合,推行"菜单式"选课和"模块化"组课,以问题为导向,综合运用讲授式、研究式、案例式、模拟式、体验式等教学方法,整合校内外优势资源进行授课和管理,开展干部培训理论研究,编写特色教材、开发精品课程。

1. 课程设置。根据基地建设要求和学校实际,面向培训对象,开设两类课程:一类是有明确培训对象的课程,针对对象特点,进行课程准备,前期进行充分调研,听取培训部门、单位以及个人的培训要求,针对要解决的实际问题,设定个性化的课程安排;另一类是结合学校优势,设立相应的"菜单"和"模块",学员根据自身的需要,有选择地进行学习培训。

2. 课堂讲授。学校有两院院士25人,长江学者34人,国家杰出青年基金获得者19人,兼职教授、合约教授、外聘专家近600人。充分利用现有优势,结合干部培训的可利用资源,开展课堂教学活动,是十分有效的途径。

3. 现代教学手段。结合课程需要,针对不同对象,利用干部培训网站的时间、空间和资源优势,对课堂进行有益的补充。开展课堂的视频录像和其他辅助教学,尤其是涉及国内外最新的技术和知识,拓展视野。

4. 决策剧场。决策剧场是一种辅助决策者面对复杂问题进行群决策的新技术,通过专家团队对复杂问题建立数学模型,并运用计算机进行可视化模拟,呈现不同决策所产生的结果,提高决策质量,增强抽象理论的亲和力。

5. 严肃游戏仿真。根据课程需要设定游戏场景,通过真人游戏和计算机游戏辅助教学,可活跃课堂气氛、加深学员对理论的理解,使教学上升到一个更高的层次。

6. 案例分析。通过对课程的案例分析和研究,向学员提供一些分析技术、技巧和解决问题的体验,从而理解理论知识,掌握分析问题、解决问题的能力。

7. 调研论文。进行培训的学员,根据课程安排和自身工作,结合教学体会、学习心得,进行相关调查研究,撰写论文。学校配备专门人员进行指导,设立培训班主任进行协调。调研论文也是学员培训的主要内容之一。

8. 参与式教学互动。结合理论内容选择现实问题进行讨论,结合教师的引导使学员增强利用理论分析现实问题的兴趣和能力。

9. 课程建设。在培训之前,对进入培训的主讲教师进行充分的考核,进行试讲,严格把关。建立精品课制度,对于知识新、业务精、效果好的教师在聘请上给予相应的政策支持和保证。要利用好现有教材,并制订长远规划,组织优秀教师编写相关特色教材。

四、组织保障

1. 领导小组。成立学校培训管理的领导小组。书记、校长为组长,主管领导为副组长,组织部、学校办公室、科学与工业技术研究院、研究生院、外事处、管理学院、继续教育学院等为成员单位,组织部为秘书单位。下设办公室,负责日常的运转和培训的组织(略)。

2. 管理制度。实行项目化管理,针对不同班次,有针对性地制定相应管理机制。完善培训师资管理办法、学员管理办法、教学管理办法、考核办法等规章制度。

3. 硬件建设。充分运用学校和哈尔滨市现有的软硬件资源,利用基地建设的有关政策和有关投入,切实保障培训的效果和质量。学校现有三星级宾馆(两座)和现代化的国际会议中心,可以举办十几人、几十人至数百人的培训班次。学校正在筹建黑龙江工业技术研究院科技创新大厦和学生素质拓展训练基地,建成后将极大地改善培训的硬件条件,提供更加良好的学习生活环境。

4. 相关费用。突出服务性原则,坚持公益性和非营利性,按培训发生的实际成本进行核算。其中讲课费约5 000元/天,外请专家约15 000元/人,学员实地考察调研200元/人,资料费150～240元/人,学员食宿由学校进行安排,费用自理,境外费用按实际发生额计算,教学资源使用费和管理费为以上相关费用总额的20%。

五、培训理念、内容、结构

1. 培训理念。以提高工作能力为目标,以理论学习为核心,以现实问题为导向。培训突出中组部提出的"四个围绕",实施以现实问题为导向的理论学习,通过开拓理论视野、更新知识结构、提高理论素养、拓宽世界眼光,实现进一步提升工作能力的目标。我们面对的培训群体具有丰富的工作经历和实践经验,同时也因为繁忙的事务影响了其理论的积累和提升。在知识经济时代,特别是知识的爆炸性增长,使这一领导群体的理论能力面临更为突出的挑战。因此,培训内容将围绕社会热点问题的理论前沿,着重提高培训对象的理论素养和国际视野。我国正处于快速变革时期,社会经济发展日新月异,新问题层出不穷,对党政领导干部、企业负责人和技术人员的能力提出了更高的新要求。不仅需要他们具备相关理论和实践知识,还需要具备运用理论知识解决现实问题的能力。

2. 培训内容。分为专题讲座、公共政策与管理、企业管理、新技术新知识、行业区域政策、国际化发展、调研与考察等方面,涵盖自主创新、环境保护、城乡规划、宏观调控、市场机制、国际金融、民主法治、社会管理、危机处理、传媒应对等内容。

3. 培训结构。本着提高学员政策分析能力、战略性思维能力、行政管理能力的目的,依托哈工大教学资源,广泛开展国内外的教学交流与合作,创造高起点、高标准和开放式的教育环境,使培训对象能不断适应社会经济迅速发展的要求。培训过程包括讲座、案例讨论、实地考察、拓展训练等。

六、培训项目

（一）"产业结构调整与升级"高级研修班（略）

（二）"政府管理创新"高级研修班（略）

（三）"企业卓越领导力与战略"高级研修班（略）

（四）领导干部公共政策高级研修班（略）

（五）赴俄罗斯技术（核、航天、IT等）进修项目（以航天工业为例）（略）

（六）"航天工程领域技术骨干"高级研修班（略）

（七）"城乡建设科学化发展"高级研修班（略）

（八）"低碳经济与工业化发展"高级研修班（略）

（九）"装备制造企业技术领军人才"高级研修班（略）

（十）"技术骨干"高级研修班（略）

第十二节 哈尔滨工业大学关于国家级专业技术人员继续教育基地申报报告

党和国家历来高度重视人才工作，进入新世纪新阶段，党中央、国务院做出了实施人才强国战略的重大决策。专业技术人才是我国人才队伍的重要组成部分，《国家中长期人才发展规划纲要（2010—2020年）》明确提出："适应社会主义现代化建设的需要，以提高专业水平和创新能力为核心，以高层次人才和紧缺人才为重点，打造一支宏大的高素质专业技术人才队伍。"《规划纲要》将"专业技术人才知识更新工程"列为12个"重大人才工程"之一，并提出"依托高等学校、科研院所和大型企业现有施教机构，建设一批国家级继续教育基地"。

哈尔滨工业大学（以下简称"哈工大"）作为国家"985工程""211工程"建设高校，始终把为国家培养高层次人才、服务国家和地方的经济社会发展作为重要的办学指导思想。面向国家建设人力资源强国的战略目标，利用学校的优质教育资源，发挥学校的学科优势和人才优势，参与国家级专业技术人员继续教育基地（以下简称"国家级继续教育基地"）建设，是哈工大应尽的责任和义务。

近年来，哈工大注重发挥研究型大学的作用，依托学校优势学科和高水平师资队伍，以对专业技术人员进行补充、更新知识,拓展知识结构,提高综合素质和创新能力为基本内容,积极面向专业技术人员开展继续教育。学校在黑龙江省专业技术人员继续教育知识更新培训中发挥了重要作用。同时,学校注重发挥航天、国防优势,在培训航天、国防专业技术人员方面积极开展工作。学校具备承担专业技术人员继续教育的条件和能力,特此提出申请,在哈工大设立国家级继续教育基地。

现就哈工大在国家级继续教育基地建设方面所具备的条件和基础汇报如下。

一、哈工大基本情况和发展现状

哈工大隶属于工业和信息化部,是由工信部、教育部、黑龙江省共建的国家重点大学,是首批进入国家"211 工程"和"985 工程"建设的若干所大学之一。经过多年的建设,哈工大已经发展成为一所特色鲜明、实力雄厚,居于国内一流水平,在国际上有较大影响的多学科、开放式、研究型的国家重点大学。

学校坚持面向国家重大需求,面向国际学术前沿,为工业化、信息化和国防现代化服务,为地方经济社会发展服务,在人才培养、科学研究、社会服务等方面为国家和地方的经济社会发展做出了积极的贡献。

(一)人才培养水平不断提高

哈工大在长期的办学过程中,形成了"规格严格,功夫到家"的校训,以朴实严谨的学风和追求卓越的精神为国家培养了大批优秀人才。"十二五"期间,学校向国家输送全日制合格毕业生 32 095 人,其中博士、硕士研究生 13 615 人,本科生 18 480 人;为工业、通信业培养输送优秀毕业生两万余人,为国防系统培养、输送毕业生 6 598 人。

"十二五"以来,学校建成 30 个高水平教学实验中心、43 个开放式新型实验室,5 个国家级教学和人才培养基地,8 个国家实验教学示范中心,8 个国家人才培养模式试验区,4 个工信部实验教学示范中心,3 个省级教学示范中心;建成国家精品课程 27 门、国家精品视频公开课 1 门;编写出版教材 112 种;获省级教学成果奖 37 项。

(二)学科专业持续协调发展

哈工大以"211 工程""985 工程"建设等国家重大专项建设支持为契机,坚持"明确层次、突出重点、分类指导、全面提高"的建设原则和"做优工管、做强理科、做精文科"的建设思路,深化学科内涵建设,优化学科结构。经过建设,进一步夯实了 9 个国家重点一级学科的基础,工科优势进一步凸显,新兴交叉学科不断壮大。学校重点建设了宇航科学、材料科学、先进制造与能源动力、土木建筑交通安全与节能、信息科学、管理科学、环境化工、理学、生命与食品科学、哲学与人文社会科学 10 个学科群。

学校现有博士学位授权一级学科27个、硕士学位授权一级学科41个。获批工业和信息化部两化融合重点学科9个、支撑性基础学科5个、新兴交叉(重点)学科2个;获批黑龙江省"十二五"重点学科群2个、重点学科14个。在2012年全国一级学科水平评估中,学校有10个一级学科进入全国前五名,19个一级学科进入全国前十名。其中,力学学科位列全国第一,环境科学与工程、土木工程学科分别排名第二,材料科学与工程、控制科学与工程分别排名第三。EIS(基本科学指标数据库)统计结果显示,截至2013年9月,学校有材料学、工程学、化学、物理学、计算机、环境与生态、数学7个学科领域进入全球前1%的研究机构行列,其中材料学按论文被引用数量排名位列全球第6位,材料学与工程学2个学科进入全球前1‰的研究机构行列。

(三)科研实力显著增强

哈工大突出航天、国防优势,紧密结合工业、信息、机电、能源、材料、资源环境、土木建筑等领域国民经济和社会发展的重大国家需求,不断提高学术研究水平、科研创新能力和科研竞争力,解决了国内外相关领域内一系列创新性好、探索性强的前沿基础科学问题,取得了一批具有世界领先水平的原创性科研成果。

学校积极参与了国家16个重大科技专项中的14项,在航天、机器人、小卫星、装备制造、新能源、新材料等领域取得了一批重大标志性成果,为国家和地方的经济社会发展做出了积极的贡献。在载人航天与探月工程中,学校全面参与"神舟"系列飞船、空间站、月球车和月表采样系统研制;2011年,学校荣获"中国载人航天工程突出贡献集体"奖,是35个获奖单位中的唯一高校;2012年,哈工大"先进微小卫星平台技术"项目入选该年度中国高校十大科技进展;2013年,由哈工大牵头组建的"宇航科学与技术协同创新中心"成为国家"2011计划"首批启动的14个中心之一。

学校现有8个国家重点实验室,4个国家工程研究中心,47个省、部级重点实验室。同时,学校重点面向先进装备技术与系统、先进能源与节能技术、土木建筑交通安全与节能、先进计算与通信、水资源与水环境及节能减排等领域打造科技创新平台。"十二五"前两年,哈工大获得各类科研项目总经费39.52亿元;获得省部级以上科研奖励98项,其中国家级奖项13项,省部级奖励85项;获得国家专利授权1 610项;出版科学专著222项。

(四)科技成果转化成绩突出

哈工大面向国家重大需求,全面参与重大战略产品和关键共性技术开发,充分发挥工科齐全、优势均衡的特点,承担和参与国家科技重大专项、"863"计划、科技支撑(攻关)计划等一系列科研项目,加快培育具有自主知识产权的关键技术,推动企业提高自主创新能力,带动产业经济进一步发展。

学校面向区域经济发展,积极构建完善产学研用结合体系和技术研发与集成创新平台,加强与地方政府合作,全面深入参与地方创新体系建设。2009 年,黑龙江省与哈工大共建黑龙江省工业技术研究院。学校通过这一平台,从黑龙江省政府募集项目开发资金 1.08 亿元,吸引社会资本 30.7 亿元,培育和开发了一批符合国家和黑龙江产业发展规划和产业结构调整的项目。孵化产业化项目 48 个,促成 2 家高科技企业上市,创生 5 家高新技术企业,支撑相关产品为企业带来新增工业产值 240.1 亿元。

学校在哈尔滨科技创新城哈工大松北高新技术研发中心建设了"微小卫星总装测试平台"和"激光通信总装测试平台",同时结合高档数控机床重大科技专项建设,密切联系有关企业,全力筹建"超精密加工科技创新与总装测试平台",带动我国严重依赖进口的大型纺织机械、高端医疗机械和先进能源装备的快速发展。

二、哈工大申请设立国家级继续教育基地所具备的条件

(一) 面向国家重大需求和国际学术前沿的高水平师资队伍

哈工大在长期的办学过程中,以适应国家需要、服务国家建设为己任,坚持以人为本、爱惜人才、不拘一格培养和使用青年人才的历史传统,汇聚、培养了以两院院士为带头人,长江学者和国家杰出青年基金获得者、教育部新世纪优秀人才等中青年骨干为代表的锐意进取、业务精良、作风过硬的高水平师资队伍。学校实施了"首席国际学术顾问计划",聘请国际著名学者和管理专家,以世界一流大学的标准和发展经验为学校人才培养、学科建设、基础科研和管理服务等各方面的发展建设提供指导。同时,学校还广纳海内外贤才,聘请境外兼职博导、合约外国专家和海外留学人员来校工作,他们中 80% 的海外留学人员是在美、俄、英、法、德、日等国家的著名大学取得博士学位,具有丰富的教学经验和很高的学术水平。

哈工大现有专任教师 2 907 人,其中教授 916 人,副教授 1 098 人,在岗博士生指导教师 1 039 人。学校现有中国科学院、工程院院士 33 人,长江学者 44 人,国家杰出青年基金获得者 39 人,国家自然科学基金委创新群体 5 个,教育部科技创新团队 12 个。

学校坚持"面向国家重大需求,面向国际学术前沿",汇聚、培养了一支高水平师资队伍,为学校建设国家级继续教育基地打下了坚实基础。

(二) 健全的继续教育管理机构和管理制度

1. 组织健全的继续教育管理机构

哈工大适应国家经济社会发展需要,面向国家构建终身学习体系的战略目标,发挥研究型大学的优势和作用,大力发展高层次、高水平、高质量继续教育。学校把继续教育纳入学校整体发展规划,作为学校人才培养和社会服务的组成部分,充分发挥"全国干部

教育培训高校基地""黑龙江省专业技术人员继续教育基地"的辐射作用,面向专业技术人员、党政干部、企业经营管理人员积极开展继续教育。始建于1999年的继续教育学院,作为学校开展继续教育工作的管理部门,一直由校级领导兼任学院院长。

哈工大开展继续教育有着优良的办学传统和丰富的办学经验。学校是新中国成立初期我国学习苏联的办学经验,在高等学校开办成人学历教育的两所典范高校之一;是全国第一所对夜大学本科毕业生授予学士学位的学校;1988年成立成人教育学院;1999年成立继续教育学院;2000年成立远程教育学院。2008年,学校进一步整合资源,将成人教育学院、远程教育学院、继续教育学院统称为继续教育学院,负责统管、组织、协调学校的继续教育工作,全面促进学校继续教育工作的开展。

2. 规范严格的继续教育管理制度

为积极、规范发展继续教育,哈工大先后出台《关于加速发展我校继续教育工作的决定》和《关于下发〈哈尔滨工业大学继续教育发展规划〉的通知》等文件,促进学校继续教育工作健康发展。

学校在继续教育工作中注重制度建设,不断完善继续教育过程管理,针对各项工作制定相应的制度、规范。在教学组织管理和学员考核管理方面,制定了《继续教育培训项目管理细则》《继续教育兼职教师管理办法》《继续教育优秀学员评选办法》等管理制度;为加强教学科研管理,设置了继续教育教学研究岗位;实行培训学员登记制度并制定"继续教育学员登记表"和《继续教育学号编制方法》,形成信息全面的继续教育数据库;针对培训经费管理和后勤保障管理先后出台《继续教育培训项目财务运行机制及管理办法(暂行)》《继续教育培训项目购、领物,使用教室、车辆细则》等可操作性强的工作规范;在培训质量管理和培训效果评估与跟踪反馈方面,制定了"继续教育培训项目资料存档统计表""继续教育培训效果反馈表",建立学员单位回访制度。学校通过多年的继续教育工作实践,不断完善继续教育管理规章制度建设,推进继续教育的规范化、科学化管理。

(三)完善的基地建设条件保障

1. 良好的教学条件和服务设施

哈工大为保证继续教育的发展,不断加强基本建设和资源建设。学校先后将土木楼、成教楼、国际会议中心和学生活动中心的部分教室、报告厅确定为开展继续教育培训的主要教学场所,全部具备现代化多媒体授课条件,可同时接纳多个班次在校培训,培训规模可达到3 000人。"十二五"以来,学校先后投入数千万元完成公寓、教学楼、远程教育设备间、录播间、导播间、专用多媒体教室等改造工程,进一步改善办学条件。学校的两家宾馆与继续教育公寓为继续教育提供了良好的生活服务设施。

"十二五"期间,学校筹建科技创新大厦,拟新增建筑面积101 014平方米,计划总投资44 206万元,建成后将进一步改善继续教育培训的硬件条件,提供更加良好的学习生活环境。该项目预计2015年7月竣工并投入使用。

2. 优质开放的教育资源

学校的教育资源面向继续教育学员开放,为学员的学习提供便利的条件。学校拥有现代化的图书馆,"十二五"期间,采购中外文图书24.3万册、中外文电子图书15.3万册,中外文数据库增加到167个。分三期建成、覆盖校园的无线网络,已延伸到培训学员的学习生活场所,运行稳定、使用便捷,实时在线2 000余人。学员可以使用学校体育馆、游泳馆等体育设施,可以选学校内课程,参加校内讲座和学生活动。

3. 优良的实践教学与实习实训条件

哈工大现有力学、机械工程、电工电子、计算机科学与技术、材料科学与工程、化学、飞行器与控制和土建工程等8个国家级实验教学示范中心;市政环境、能源动力、大学物理和电气自动化与测控等4个部级实验教学示范中心;物理、媒体技术与艺术和市政环境等3个省级实验教学示范中心。现有实训场所面向专业技术人员继续教育开放,可以提供专业技术人员所需要的实训条件。

学校先后与哈尔滨电气集团、哈尔滨制药集团、哈尔滨科技创新城、大庆市经济技术开发区等单位合作共建了多个继续教育实践教学基地,学员可以根据学习的需要,有组织地前往参观学习。

(四)突出的现代远程教育技术优势

2001年6月,经教育部批准,哈工大成为全国68所现代远程教育试点学校之一。学校共有21个远程教育招生专业,已毕业学生24 480人,在读学生14 479人。为促进现代远程教育的发展,学校先后投入数千万元,进行现代远程教育基本建设、技术条件建设、学习和管理平台建设、课程资源建设等,构建理念创新、技术先进、资源优良、管理科学的现代远程教育体系。

2010年起,哈工大承担黑龙江省专业技术人员继续教育知识更新培训任务,学校利用现代远程教育技术手段,建设了专业技术人员网络学习和管理信息平台,每年培训专业技术人员超过30 000人次。

"十二五"期间,学校投入建设经费1 000余万元,用于远程教育平台与硬件环境建设及改造、更新网络课程录制、实验课程建设、国家网络教育精品课程、特色专业建设、工科虚拟实验建设等。目前学校现代远程教育骨干网络带宽已提升到千兆级别,拥有20余台高性能服务器,大幅度提高了远程教育数据传输和课程资源共享能力,可以满足2 000人同时在线学习。2012年,学校完成了远程教育课件录播条件的改造及硬件升级工程,同时完成了新课件录制系统、交互系统、资源平台等软件建设的部署,开发了新的远程教育教学和学生管理平台,使学校现代远程教育的教学管理与服务、课程资源建设以及技术保障水平得到明显提高,为学校开展大规模专业技术人员网络培训打下了良好基础。

（五）哈工大开展继续教育情况

哈工大充分发挥研究型大学的优势，依托学校优势学科和高水平师资队伍，积极发挥学校作为"中国高等学校继续教育学会副理事长单位"和"东北地区高校继续教育学会理事长单位"的作用，整合校内外优质教育资源，面向专业技术人员、党政干部、企业经营管理人员，开展高层次、高水平、高质量继续教育。

2010年起，哈工大承担黑龙江省人力资源和社会保障厅组织的黑龙江省专业技术人员继续教育知识更新培训任务，负责机械工程、材料科学与工程、电气工程、计算机网络与软件工程、通信工程、能源与动力工程、管理科学与工程、化工、建设工程、环保工程、建材工程、安全工程、地震工程、监督工程、交通工程、汽车工程等16个工科专业的专业技术人员知识更新培训。学校组织各相关学科专业具有丰富科研和教学经验的高水平教师，利用现代远程教育技术手段，以相关领域的新理论、新知识、新技术、新方法为知识更新培训内容，高质量完成专业技术人员继续教育知识更新培训工作。2010年至2013年，共开展专业技术人员知识更新培训143 000余人次，为黑龙江省专业技术人员增强学习能力、实践能力、创新能力、科研能力，以及地方社会经济发展和科技创新做出了积极贡献。

2007年1月，哈工大申报的"信息安全领域专业技术人才高级研修班"获批为"653工程"信息技术领域专业技术人才知识更新工程第二批项目；2008年1月，学校成为"653工程"现代制造领域专业技术人才知识更新工程首批施教机构，获批"新材料及先进成型技术""汽车制造新材料、新工艺、新技术""精密仪器培训"等3个项目。

2010年以来，哈工大积极参与国家新一轮的专业技术人才知识更新工程，每年至少承办一期专业技术人才知识更新工程培训项目，共举办"精密及超精密加工技术高级研修班"等四期专业技术人员高级研修班。

多年来，学校注重发挥航天、国防优势，积极为航天系统培养培训专业技术人员，曾先后举办过"航天科工集团第一研究院工艺师新技术培训班""动态信号处理研讨班""航天科技集团技术创新与继续教育管理研修班""航天科技集团先进制造技术高级研修班""航天五院数控技术培训班"等多个班次。2010年，学校参与航天科工集团第三研究院专业技术人员继续教育网站建设，提供15门工科专业继续教育网络课程。

哈工大积极通过继续教育为地方经济社会发展服务，为振兴东北老工业基地服务。学校先后为地方行业企业举办过"黑龙江省建设工程专业技术人员继续教育培训班""黑龙江省信息技术专业技术人员继续教育培训班""黑龙江省机电工程专业技术人员继续教育培训班""大庆钻探公司钻井研究院技术人员继续教育培训班""大庆油田测试分公司高级技术人员培训班""黑龙江省一线劳模先进制造技术培训班"等。

同时，哈工大积极发挥中组部"全国干部教育培训高校基地"的作用，近年来先后为来自山西、山东、广东、安徽、重庆、浙江、广西、福建、河南、云南、辽宁、内蒙古等地的党政干部、企业经营管理人员和专业技术人员开展过培训服务。2012年，吴少华教授主讲的远程视频课程"能源概论与国家能源战略"被中共中央组织部授予"中国干部网络学院精品课程"。

哈工大通过多年来为重点领域专业技术人员和高层次人才开展培训，不断提升师资队伍建设水平和教学质量，积累了丰富的教学组织、管理、服务经验，为进一步发展专业技术人员继续教育打下了良好基础。

三、哈工大国家级继续教育基地建设规划

（一）基地建设的指导思想

贯彻落实《国家中长期人才发展规划纲要（2010—2020年）》，根据《专业技术人才知识更新工程实施办法》和《国家级专业技术人员继续教育基地管理办法》，面向振兴东北老工业基地，面向工业化、信息化和国防现代化建设的战略需求，面向培养培训高层次、急需紧缺和骨干专业技术人才的需要，依托学校学科专业优势和人才优势，充分发挥学校工科齐全、优势均衡的特点，围绕装备制造、信息、生物技术、新材料、海洋、生态环境保护、能源资源、防灾减灾、现代交通运输等9个重点领域，紧跟世界科技发展前沿，为专业技术人员提供优质高效的继续教育服务，建设成为具有区域优势和哈工大特色的国家级继续教育基地。

（二）基地建设管理的组织保障机制

1. 组织领导

哈工大成立国家级继续教育基地建设工作领导小组。书记、校长为组长，主管领导为副组长，学校办公室、科学与工业技术研究院、教务处、研究生院、财务处、国际合作处、继续教育学院、后勤集团和相关专业院系为成员单位。下设办公室，负责基地的日常运行和培训组织工作。

2. 职能分工

学校办公室：负责整体协调校内外各部门；科学与工业技术研究院：负责产学研结合，与重点领域权威研究机构和领头企事业单位建立长期合作关系，及时引入最新科研成果、先进技术经验，充实培训课程，增强培训品牌内涵；教务处：负责协调各专业院系，加强师资队伍和课程体系建设，按照培训需求进行师资选调，合理调配教学资源，做好教学质量监督工作；研究生院：负责各领域高水平专家储备，并为专业技术人员参加专业学位硕士研究生学习提供必要的支持；财务处：负责基地建设经费保障和专项经费管理；国

际合作处:负责基地参与国际继续教育交流和利用境外优质资源等方面的工作;继续教育学院:负责基地办公室日常工作,重点做好专业技术人员继续教育项目的组织实施、学员管理、教学服务,做好专业技术人员远程教育软硬件建设、在线学习平台和特色专业网络学习中心建设、网络课程资源建设等;后勤集团:负责学员接待和学习、生活条件保障,配合做好学员管理和教学服务工作;相关专业院系:负责落实专业技术人员继续教育教学计划、师资配备和专业实习实训等工作,保证教学质量。

3. 制度保障

按照《国家级专业技术人员继续教育基地管理办法》的有关要求,建立学校各部门协调联动机制,不断推进基地制度建设,在学校原有关于继续教育工作规章制度的基础上,进一步完善关于教学组织管理、学员考核管理、教学科研管理、培训登记管理、培训经费管理、后勤保障管理、培训效果评估反馈等基地管理制度。

(三)基地建设的配套经费保障

"十二五"期间,哈工大获得"985工程""211工程"国家重点建设,工业和信息化部"十二五"固定资产投资建设,国防科工局特色学科专项建设、条件保障和技改专项建设等大力支持,并通过与地方政府共建等渠道,努力筹措建设经费,为学校的发展建设提供了资金保障。作为国家级继续教育基地的建设单位,哈工大将持续投入资金进行基地的基本建设和条件保障,三年内学校计划配套投入1 000万元,作为基地建设专项经费,切实保障基地建设的效果和质量。

(四)中央专项经费使用方向及绩效目标

哈工大将严格按照《国家级专业技术人员继续教育基地管理办法》中有关中央专项经费的使用要求,制定专项经费的使用办法和使用方案,主要用于开展专家授课、师资培训、教材课件开发、数据库开发、课题研究等工作,确保专款专用并取得最大效益。

建设100人左右的骨干专家授课团队,团队专家以学校优势学科专业为主,围绕国家和地方经济结构调整、高新技术产业发展和自主创新能力提高的战略需要,在装备制造、信息、生物技术、新材料、海洋、生态环境保护、能源资源、防灾减灾、现代交通运输等9个重点领域,开展专业技术人员知识更新继续教育。

开展专业技术人员继续教育师资培训,通过培训使授课教师了解专业技术人员学习需求,具备有针对性准备专业技术人员继续教育课程的能力,提高教师结合科研生产实际和学员知识层次授课、准确传达知识更新内容的能力,提高基于远程教育技术的课程策划、授课和课件制作能力。

建设并不断完善装备制造、信息、生物技术、新材料、海洋、生态环境保护、能源资源、防灾减灾、现代交通运输等9个重点领域的教学资源库,突出新理论、新知识、新技术、新方法,建设兼顾不同需求的教材、课件和参考资料。

建设专业技术人员继续教育数据库,积极利用现代远程教育技术手段推动专业技术人员继续教育,开发建设专门用于专业技术人员继续教育的学员管理、在线教学平台,逐步提升在线学习比例,提高网络平台在线学习负载能力。

积极开展关于专业技术人员继续教育的课题研究,充分发挥学校作为"中国高等学校继续教育学会副理事长单位"和"东北地区高校继续教育学会理事长单位"的作用,组织形式多样的理论研讨和学习交流活动,在国内外继续教育专业刊物和会议、论坛上发表高水平研究论文3~5篇。

围绕国家和地方经济社会发展的重点领域,面向振兴东北老工业基地,面向工业化、信息化和国防现代化建设的需要,以新理论、新知识、新技术、新方法为主要培训内容,以不断增强专业技术人员的学习能力、实践能力、创新能力和科研能力为目标,承办国家级专业技术人员继续教育重大专项工程项目,举办政府部门、行业协会、企事业单位委托的培训班、研修班或进修班。每年培训专业技术人才不低于2 000人次。

(五)基地培训的主要领域、地域和特色优势

1. 依托学校学科专业优势,面向重点领域开展专业技术人员继续教育

目前,哈工大共有9个国家一级重点学科,6个国家二级重点学科。学校材料学、工程学已进入全球前1‰的研究机构行列,并在航天、国防、工业化、信息化等领域形成了一系列优势学科。学校将在基地建设过程中,充分发挥优势学科作用,主要围绕装备制造、信息、生物技术、新材料、海洋、生态环境保护、能源资源、防灾减灾、现代交通运输等9个重点领域开展专业技术人员知识更新继续教育。

2. 服务东北老工业基地,面向地方发展需求开展专业技术人员培训

在专业技术人员继续教育基地建设中,哈工大将充分利用为东北地区、黑龙江省服务所积累的丰富经验,发挥自身的区位优势,面向地方经济结构调整、高新技术产业发展和自主创新能力提高的需要,面向振兴东北老工业基地的需要,结合校地产学研合作项目,以提升区域人才创新能力建设为核心,为推动地方经济社会发展提供人才支撑。

3. 突出为两化融合和国防现代化建设服务的特色优势

在专业技术人员继续教育基地建设中,哈工大将以工业化、信息化领域和国防现代化建设为主要服务对象,发挥学科专业优势,为促进国家新型工业化道路发展进程,加快国家工业化、信息化和国防现代化建设提供有力的人才保障和智力支持,逐步形成具有哈工大特色、服务两化融合、突出航天国防的特色优势。

当前正处于国家建设人力资源强国的重要时期,充分发挥研究型大学的优势和作用,利用高校教育资源为国家和地方培养培训重点领域专业技术人才是时代赋予哈工大的光荣任务,学校将在国家级继续教育基地的建设中继续弘扬哈工大精神,为大力提升

专业技术人才能力素质,建设创新型国家,推进国家工业化、信息化和国防现代化建设,推动经济社会发展做出新的更大贡献。

哈尔滨工业大学
2014 年 3 月 3 日

第十三节　中央军委装备发展部合同监管局"国家军用标准质量管理体系培训协作中心"申报报告

哈尔滨工业大学隶属于工业和信息化部,是首批进入国家"211 工程"和"985 工程"建设的若干所大学之一。经过 97 年的建设与发展,学校已经成为一所以理工为主,理、工、管、文、经、法等多学科协调发展的国家重点大学。2009 年 9 月 10 日,中组部、教育部《关于印发首批全国干部教育培训高校基地名单的通知》(组通字〔2009〕47 号)中确定哈尔滨工业大学为首批全国干部教育培训高校基地。2014 年 7 月,人力资源和社会保障部批复哈尔滨工业大学为"国家级专业技术人员继续教育基地"。哈工大一直以服务航天国防为己任,充分发挥学校在航天、国防领域的特色和优势,多次承担国家各部委、军队高级干部及航天系统培训任务,积累了相当丰富的经验。本次积极投入到承接装备承制单位质量管理体系内审员培训筹备工作中,希望以此为开端,加强军民融合培训新模式的探索,依托学校优秀的师资队伍、雄厚的科研教学实力,为培养高素质军工企业质量管理人员做出应有的贡献。

一、学校简介

(此部分内容书中已有体现,此处不再赘述。)

二、培训能力自我评估

1. 培训工作成果介绍

哈尔滨工业大学是中组部"全国干部培训高校基地"、人力资源和社会保障部"国家级专业技术人员继续教育基地"、教育部"高等学校教师教学发展示范中心"。

哈尔滨工业大学继续教育学院成立于1999年,是专门负责哈工大继续教育工作的直属机构,学院坚持服务社会发展需求、提升个体综合素质、突出高校文化引领、助力一流大学建设,坚持品牌化、标准化、国际化的特色发展路径。目前是"中国高等教育学会继续教育分会"副理事长单位、"黑龙江省国家公务员培训基地"、"国家建设部建设系统行政领导干部继续教育培训基地"、"黑龙江省专业技术人员继续教育基地"、"黑龙江省总工会教育培训基地"。十余年来,学院秉承哈工大"规格严格,功夫到家"的优良办学传统,以及"教育服务社会"的理念,依托学校高水平的学术成果和雄厚的师资力量,为政府、部队、学校、企事业单位的领导干部和专业人员开展培训服务。在干部培训中以提高领导干部工作能力为目标,以理论学习为核心,以现实问题为导向,围绕社会热点问题的理论前沿,着重提高培训对象的理论素养和国际视野,提高培训对象运用理论知识解决现实问题的能力。近年来,学院先后为黑龙江、内蒙古、新疆、山西、山东、四川、重庆、湖南、浙江、江苏、陕西、甘肃、安徽、河南、河北、云南、贵州、广东、广西、福建、海南等地的政府领导干部、企业管理人员和专业技术人员提供了优质的培训服务,受到了学员的一致好评。

2. 培训工作专业化优势

哈工大发挥"航天大校、国防强校、建筑名校"学科优势,依托学校优秀的师资队伍、雄厚的科研实力、广泛的社会影响力和合作关系,以党政干部、企业经营管理人员、专业技术人员为主要对象,以其履行岗位职责所急需的新知识、新技能、新信息等为内容,提供多层次、高质量的教学内容,助力学员坚定信念、开阔眼界、拓宽思路、增长知识、提高本领,服务社会转型发展需求。

坚持教学服务精细管理,不断推进培训工作各岗位职责、学员管理制度、项目洽谈流程、接待工作流程、课堂服务流程等标准化、规范化,开发干部教育培训信息化平台,编撰2万余字的《班主任标准化工作手册》,形成7套标准化工作流程和10余个操作文案。在严格执行中央"八项规定""六项禁令"基础上,完善住宿、餐饮、医疗、体育等资源保障,建设户外素质拓展基地,强化硬件建设。拓展大庆铁人纪念馆、731遗址、哈尔滨松北科技创新产业园区、黑龙江省廉政教育基地等现场教学基地50余个,增强教学实效性。整合资源,选聘院士、长江学者和著名教授上讲台。

2013年到2017年,共开展各类党政干部培训304期次,培训学员23 363人次;开展企业培训117期次,培训学员8 084人次。承担我省专业技术人员16个工科专业的继续教育知识更新,注重培训过程管理,制定了学员管理、作业批阅、成绩审核、证书发放等一系列规章制度,学校配备一定数量的教学管理人员,及时处理在线培训过程中的各种问题。2010年至2017年12月,累计为我省培训专业技术人员达25万人次。

"十二五"以来培训专题和课程建设

培训类型	专题数量	课程数量	学时数
党政领导干部培训	26	683	2 732
企业经营管理人员培训	18	63	252
专业技术人员培训	22	142	6 688
合计	66	888	9 672

培训活动照

3. 师资队伍力量雄厚

学校坚持以人为本、爱惜人才、不拘一格培养和使用青年人才的历史传统,汇聚、培养了以两院院士为带头人、长江学者和国家杰出青年基金获得者、教育部新世纪优秀人才等中青年骨干为代表的锐意进取、业务精良、作风过硬的高水平师资队伍,为学校创建世界一流大学奠定了良好的人才基础。

继续教育学院现有专职培训管理职工50余人,配有培训开发部门3个,培训运行、协调及技术保障专门人员18人,多年培训经验积累,形成了包含34个专题方向700余门高水平培训课程的丰富课程库,及含有300余名国家级、省级教学名师的高层次培训师资库。

同时,我校设有军民融合创新研究院,具有专有师资力量进行军民融合领域研究。

4. 专题课程库储备丰富(相关专题列示)

(1)军事国防专题。

沙场阅兵:强军托起中国梦

弘扬抗战精神　筑牢钢铁长城
从教路上的探索与体会
钓鱼岛是中国的
坚定不移走中国特色强军之路
维护海洋权益建设海洋强国
重视四反斗争　筑牢钢铁防线
中国周边安全环境
军事航天技术
二战简析
中国国防
中国军事思想
空间攻防技术前沿及应用
国防与科技

（2）军民融合专题。

军工三证在市场的准入
加快推进军民融合深度发展
2018年军民融合最新政策解读
军民融合发展创新型高端装备制造业
工业机器人技术发展与产业应用
信息技术发展与信息产业升级
材料科学最新发展与产业化趋势

（3）航天国防领域专题。

地球近地空间轨道飞行技术模块
火箭弹道学（飞行力学）
再入制导、控制
飞行器轨道机动与控制
轨道优化问题
气动外形、稀薄气体下轨道动力学（气动辅助变轨等）
先进轻质结构材料技术、先进防热隔热材料技术模块
先进航天防隔热材料
金属基复合材料研究所
树脂基复合材料
镁合金与镁基复合材料
钛合金与钛基复合材料

轻质陶瓷及其复合材料

先进成形技术（含塑性成形和铸造成形）模块

先进塑性成形技术及应用

高速率成形技术研究与应用

黏性介质压力成形技术与装备现状及发展趋势

塑性加工新技术

液态模锻与半固态技术与应用

轻质耐热钛基合金熔模精密铸造技术

粉末冶金技术与材料成形领域最新技术发展

精密铸造技术的发展

铸造技术的模拟仿真

（4）管理领域学科。

应用经济学

金融专业

管理科学与工程

工商管理

质量管理

会计专业

行政管理

教育经济与管理

土地资源管理

（5）实践教学专题。

"爱国主义教育专题"：

731侵华日军罪证陈列馆

东北烈士纪念馆

北大荒博物馆

大庆1205钻井队

大庆博物馆

大庆铁人纪念馆

黑龙江省廉政教育基地

洪润浩志愿者服务队

哈工大特色专题

哈工大博物馆

哈工大航天馆

哈工大机器人集团

哈工大重点实验室（先进焊接与连接国家重点实验室、精密热加工国防重点实验室）等

地面微重力模拟台

激光制导导弹干扰对抗半实物仿真系统技术

红外/激光/射频复合制导半实物仿真技术

空间绕飞/伴飞半实物仿真系统及技术

红外/激光导引头位标器全自动测试系统技术

先进陶瓷材料研究所

"东北振兴专题"：

哈尔滨松北科技创新产业园区

哈尔滨电气集团公司

哈药集团三精制药股份有限公司

哈尔滨哈南工业新城

哈尔滨九洲电器股份有限公司

哈尔滨博实自动化有限公司

哈尔滨宾西经济技术开发区

哈飞航空工业股份有限公司

城市建设与规划专题

辰能集团绿色建筑

哈尔滨市群力新区规划建设

哈尔滨城市规划馆

大庆市规划馆

哈尔滨大剧院

中国云谷——哈尔滨国际数据城

哈工大燃烧工程研究所（燃煤污染物减排国家工程实验室）

哈南工业新城——百年秋林

尚志市革命烈士陵园

哈工大空间机器人研究所

哈尔滨市行政服务中心

焊接国家重点实验室

复合材料研究所

5. 一校三区地缘优势

哈工大坐落于冰城夏都哈尔滨市，同时在山东省威海市和广东省深圳市分别设有哈

尔滨工业大学威海校区和哈尔滨工业大学深圳校区,形成了"一校三区"的办学格局。三个校区均有继续教育学院机构设置,可满足本项目培训工作中就近就便原则,发挥一校三区的优势,均可作为培训开展地点,三区进行区域互补、错位发展、资源共享、协调联动。

校园景色

三、存在的问题和困难

哈工大在"装备承制单位质量管理体系内审员"培训领域尚属空白,希望尽快与需方单位接洽,去有相关经验单位调研,形成一手资料,进行工作系统性筹备。

四、对培训工作的设想和考虑

1. **组织保障**

   学校高度重视该培训项目,专门成立培训项目工作组,由丁雪梅副校长担任组长,继续教育学院常务副院长王宏担任副组长,继续教育学院作为哈工大培训工作专职部门,负责牵头协调全校资源,配备专职人员6人,为该项目保质保量开展做好组织保障工作。

2. **组建专项教师团队**

   安排符合该项目领域要求,具有丰富理论基础、扎实教学功底的教师形成专项教师团队,设立教研主任一名,主抓该项目教学研讨及教师备课、上课组织及管理工作。

3. **进行细致需求调研**

   参访相关企业及受训学员,了解以往培训内容要点及今后培训需求,做到有的放矢、精准对接、发挥实效。

4. **深入进行教学研究**

   教师团队对培训需求及教材进行深入分析,制定课程大纲和教学设计,进行课程试讲试培,细化教学环节,设计以知识讲授、案例研讨、实践实训多方式结合的教学手段,注重过程培养的知识吸收及能力提升。

5. **严谨严肃教学环节**

   建立学员信息库,规范考勤考评制度,严肃考试纪律,各项资料规范建档,教学节点有据可查。

6. **完善监督机制**

   该项目报我校教学督导备案,严格过程管理,接受管控部门督导,有利于该项目进入良性运作。

7. **做好实施保障**

   提供条件优越的教学、实践场所及先进的教学设备,便利的食宿安排,保障培训的优质硬件条件。

   综上,哈工大将举全校之资源实力,为该项目顺利开展及长期稳定发展提供相关保障,力求通过培训达到内审员工作能力水平及综合素质有明显提高的实效性,为国家的质量强军贡献应有的力量。

哈尔滨工业大学

2018年4月13日

第二篇 继教苑

【媒体报道】

第一节 《光明日报》报道"哈工大首次授予夜大毕业生学士学位"

1983 年 8 月 13 日

本报讯 哈尔滨工业大学八三届夜大学的 78 名学员,最近经答辩委员会审查和学位评定委员会通过,有 67 名毕业生获得工科学士学位,这是该校作为接受教育部委托的试点单位,首次授给夜大学毕业生以学士学位。

哈尔滨工业大学的夜大学创办于 1955 年,截至目前,已为国家培养了 1 435 名毕业生。哈工大领导非常重视夜大学的工作,把夜大学的教学工作列入议事日程,统一考虑,全面安排,使夜大学的教学质量不断提高。这届毕业的工业企业自动化、无线电技术和机械热加工 3 个专业的 78 名学员都是 20 世纪 70 年代正式招考的第一届学生。年龄最大的 41 岁,最小的 26 岁,平均 34 岁。经过 5 年的刻苦努力,他们学完了 20 多门基础理论课、技术基础课和专业课,完成了毕业设计,写出了相应的论文,经答辩和学位评定两个委员会的严格考核,认为这届毕业生基础理论知识学得比较扎实,独立分析和解决问题的能力较强,有些毕业设计创造性地解决了生产和科研中亟待解决的问题。连续四年被评为三好学生的风华机械厂助理工程师孙忠珠,品学兼优,又红又专,最近被提拔为厂长助理。他在毕业设计中进行的天线移相放大器的研制,是一项难度较大的科研课题的组成部分,他出色地完成了设计任务。化工二厂学员张大锋结合工厂生产亟待解决的问题,在毕业设计中研制的三三氯化磷加磷测量控制仪,为工厂解决了技术难题。

(常玉礼)

第二节 抗击疫情,"继续"行动——继续教育学院防控疫情在行动

(中国教育在线 http://sodo.eol.cn 2020年3月17日报道)

新型冠状病毒感染的肺炎疫情暴发以来,哈工大继续教育学院深入贯彻落实习近平总书记对新型冠状病毒感染肺炎疫情做出的系列重要指示精神,积极响应国家号召,坚决贯彻教育部、工信部和黑龙江省关于新型冠状病毒感染的肺炎疫情防控工作要求,根据学校统一部署,结合学院实际,制定疫情防控各项举措,不断将工作落实到位。

一、及时分析、迅速行动,加强防疫工作统一部署

学院第一时间成立了应急处理领导小组,由常务副院长任组长,副院长任副组长,各部门负责人为成员,制定《继续教育学院疫情防控预案》。学院党支部委员、党员和领导人员切实承担起责任,全面贯彻落实上级和学校的各项部署,同心协力,共同打好疫情防控这场硬仗。寒假期间,利用网上办公制定研讨今年工作安排,合理安排工作,调整工作节奏。寒假结束后,坚持现场值班与居家办公结合,制订今年学院工作计划,各部门结合工作计划开展工作;制订"双周"工作计划,按时汇报工作,坚持防疫与工作"两不误";根据工作需求,不定期召开网络视频办公会议。

二、认真落实、毫不懈怠,将各项工作抓实抓细

1.加强防疫管理工作

学院防疫值班岗位每天4人次,应急处理小组对全院95名职工(在职、退休、工勤)逐一进行摸底排查,建立台账,及时掌握职工近况,所在小区情况等;关心退休职工,关注空巢家庭,保持密切联系,关心到位,每日按时向上级部门0报告。结合疫情形势,号召职工寒假期间就地隔离,减少外出,减少移动,为学校和社会减少传染的可能性;在各自驻地合理膳食,注意休息,学习培训知识,研究相关政策,为开学后工作做好积累,加强与

培训对象建立良好的沟通。

学院职工管理数据及上报的工作材料

2. 加强业务管理工作

结合网络教育特点,开展网络资源(网络课程、录播设备、专业工作人员)应用于学校教育教学的准备,提供必要的服务和保障。疫情发生以来,学院取消正在进行面授的日喀则培训班一个(77人),日喀则援藏服务中心和学院制定了《2019年黑龙江省专招日喀则籍毕业生新型冠状病毒疫情防控应急预案》,要求学员没有特殊情况不得外出,每日实行体温监测和0报告。外语培训改为网络教学,二月份拟举办班次推迟举办,取消二月份雅思考试三场(700~800人)。完成学院职工的校园卡信息核对、补录等,并上报学校。假期工程施工暂停,与施工单位保持联系,做好准备可以随时施工,确保进度安排。

3. 加强楼宇管理工作

学院每日到岗工作人员按要求进行了网上审批,除进出校门测温、登记,学院也进行测温、登记,并掌握其家庭成员防疫情况,坚持每日0报告。哈尔滨桂嘉科技发展有限公司向学院捐赠9桶(25升/桶)消毒酒精,学院专人负责,妥善保管,用于办公楼宇的消毒。

哈尔滨桂嘉科技发展有限公司向学院捐赠的防疫物资

三、积极引导、交流互动,做好防疫宣传教育工作

加强宣传与沟通,通过学院网站、微信公众号、QQ工作群、微信群、电话、邮件等多渠道、多方式引导师生正确认识新型冠状病毒肺炎,从思想意识上提高师生对疫情防控形势的认知。坚持全院工作一盘棋,及时向全院职工传达学校文件安排,宣传防疫知识和纪律要求,督促指导校外学习中心工作平稳进行,配合当地政府做好学生的防疫宣传教育工作。确保学习中心全体师生的生命安全和身体健康。

继续教育学院疫情防控工作及适当调整远程教学工作

四、提前筹划、主动出击,保障远程教学工作有效运行

按照"停课不停教、不停学"的要求,学院20余个专业,近400门网络课程全部向已注册的学生开放;适当修改执行月历中的教学和学习的节点与时间,维护学生平台、教师平台、管理平台稳定运行;为学生提供便捷、高效的数字化学习环境,确保学生顺畅便捷使用数字化学习资源;保障防疫期间教学、学籍、学习支持等。积极做好春季学期课程考

试及布置毕业设计（论文）工作，根据疫情防控的进展情况，认真研究可行性方案，保证解决学生工学矛盾，合理安排考试时间。保证毕业设计（论文）指导老师和学生的沟通交流平台畅通。认真及时解答学生关于课程学习、考试、论文等相关问题。

哈尔滨工业大学继续教育学院将继续以积极认真的态度和高度的责任心，秉持"规格严格，功夫到家"的严谨校训，保证远程教育的质量，为国家取得防疫战役的全面胜利做出最大努力！

第三节　继续教育学院常务副院长王宏：三年完成向非学历继教转型

（在线学习 http://zxxx.net.cn 2017年5月17日报道）

1月15日，哈尔滨工业大学宣布，从2018年起，暂停学历继续教育招生。成为继今年年初北京大学决定停招后的又一所现代远程教育试点院校。日前，本刊记者就相关问题采访了哈工大继续教育学院常务副院长王宏。

资料显示，哈工大继续教育自1955年创办夜大学开始，累计培养了12万余名毕业生，开展培训33万人次，并于1983年颁发了我国第一批成人学位证书，很多校友已经走向国家和社会建设的重要岗位。目前有成人、远程、自考等44个专业和方向，在校生1.5万人。

学历继续教育业绩如此骄人，为何要暂停呢？王宏表示，哈工大暂停学历继续教育招生，"已经酝酿了四年左右，并经过了不断论证和研讨。事实上，这几年，我们一直在主动缩减招生数量。之所以迟迟没有下决心，是因为从历史上看，哈工大成人教育一直是走在发展前列的，是哈工大多年锻造的一大品牌"。

随着社会的变化和经济的发展，社会对高校继续教育的需求已经发生了变化，生源数量也在减少。王宏认为，在这种形势下，成人教育的学历补偿功能已经实现了其历史价值，或者说已经完成历史使命。另一方面，在学习型社会中，各类培训有很大的需求，比如在万众创业的大形势下，企业管理人员需要不断提升；在社区学习中，很多老同志需要学习古玩鉴赏、书法、插花等来丰富退休生活；在职人员原有的知识结构不适应创新要求，需要学习其他专业技术知识；在干部培训方面，由于中央有明确要求，制度有相应保障，更有着非常大的空间。高校继续教育必须适应这种变化，加快转型。

哈工大将从干部、专业技术、企业管理、社区、职业能力、留学、网络等多个方面，大力发展非学历继续教育培训。而在非学历继续教育上,哈工大也有着自身的优势。

第一,雄厚的基础。哈工大在全国继续教育领域内多个社会团体任职,是中组部干部教育培训高校基地和人社部国家级专业技术人员继续教育基地。前些年,学校每年通过现代远程教育方式培训专业技术人员超过3万人次。

第二,学科优势。哈工大是隶属于国家工业和信息化部的全国重点大学,很多学科在全国排在前列。每一个专业都对应一个大行业,每个行业的知识更新、技术需求、人员素质提升都有着巨大需求。

第三,区位优势。哈工大有一校三区(哈尔滨、威海、深圳)的办学格局,有着对俄合作的条件,这为各类培训提供了适宜的办学地点和办学环境。

第四,国防航天优势。哈工大一直保持航天特色,坚持自主创新,不断主动承接国家高、精、尖大型科技项目,科研实力始终位居全国高校前列。非学历继续教育将坚持发挥这一特色。

那么,转型之后,各个学习中心怎么办?王宏表示,通过和学习中心充分协商,学习中心可直接转为哈工大的培训基地,也可成为其他学校的学习中心。事实上,有些学习中心对培训非常感兴趣,也表达了进一步合作的意愿。

"从学历继续教育到非学历继续教育,与我们坚持大学服务社会的方向是一脉相承的。"王宏表示,哈工大非学历继续教育的目标已经确定,即发挥自身优势,服务学习型社会和终身学习体系建设,坚持高校文化引领,从2018年到2020年,用三年时间完成向非学历继续教育的转型。

第四节 继续教育学院远程教育获一项国家级教学成果奖

(学习港新闻 http://news.xuexigang.com 2014年12月25日报道)

第七届高等教育国家级教学成果奖获奖名单日前公布,哈尔滨工业大学继续教育学院榜上有名。由华东理工大学应卫勇教授负责主持,大连理工梅雨、山东大学沈翔、哈工大王永志、江南大学孙力等老师参与的"远程教育工科专业在线实验教学模式的研究与实践"项目获二等奖。高等教育国家级教学成果奖评选活动每4年举办一次,代表了我国高等教育教学工作成果的最高水平。国家级教学成果奖是根据国务院有关条例设立的国家级奖项,国家级教学成果奖与国家自然科学奖、技术发明奖、科学技术进步奖并称为我国四大国家级奖励。这是学院远程教育首次获得国家级教学成果奖,也体现了学院在进行教学研究与改革方面所取得的进展和成就。

第五节　彰显"哈工大担当"　精准扶贫项目实施：走进大瑶山

（中教全媒体 http://www.cedumedia.com 2018年3月1日报道）

党的十八大以来，党中央对脱贫攻坚做出新的部署，确立到2020年贫困人口全部脱贫的目标，是人类历史上的壮举，是我们党对人民做出的庄严承诺，也是对世界减贫事业的巨大贡献，意义十分重大。习近平总书记坚持把脱贫攻坚摆到治国理政突出位置，带头把贫困人口脱贫作为最关注的工作之一，每到一个地方调研，都要到贫困村和贫困户了解情况，有时还专门到贫困县调研，走遍了全国11个山区集中连片特困地区，主持召开了4次跨省区的脱贫攻坚座谈会，发表了一系列重要讲话，打响了脱贫攻坚战。

为积极响应党中央号召，贯彻落实习近平总书记重要指示，根据中央有关精神、工业和信息化部党组和黑龙江省委有关要求，哈尔滨工业大学被确定为广西金秀县定点帮扶单位。

哈尔滨工业大学党委高度重视，对定点帮扶工作进行了认真规划，成立了工作领导小组、工作办公室，制订了定点扶贫工作方案。于2016年1月选派了李东、李峰两名干部到金秀县任职。

哈尔滨工业大学校党委书记王树权，校党委副书记、副校长兼工会主席张洪涛于2016年10月13日至14日带队到金秀县与金秀县政府签署校地合作协议，推动人才帮扶、科技帮扶、教育帮扶、支教帮扶、爱心帮扶"五大帮扶工程"落细落实落深，助力金秀县打赢脱贫攻坚战。继续教育学院常务副院长王宏同志参会。

哈工大与金秀县政府签署校地合作协议

哈尔滨工业大学继续教育学院落实哈工大"五大帮扶工程"中的"教育帮扶"工程。

继续教育学院具体帮扶项目：

（1）干部领导能力提升培训班帮扶。

2016年6月19日至24日，金秀县新时期领导能力构建与提升培训班在哈工大继续教育学院成功举办。在为期5天的学习培训中，金秀县委、县政府、县直各部门、各乡（镇）主要领导40名学员学习了《新时期领导能力构建与提升》《大众创业万众创新的探索与实践》《提升领导干部新形势下群众工作的能力》《十八届五中全会最新解读》等内容，还开展了大庆资源型城市参访、感受哈工大精神等参观实践活动。

金秀县新时期领导能力构建与提升培训班开班

课后，学员纷纷感谢哈工大继续教育学院提供精心设计的课程、周到的服务，真切体会哈工大"规格严格，功夫到家"的校训精神，表示回到岗位后继续带领群众一起建设美丽的金秀。

（2）学历继续教育帮扶，设立"哈工大金秀县教育帮扶直属班"。

继续教育学院响应学校号召，为金秀县提供若干报读哈工大现代远程学历教育免报名费、免学费名额（要求报名者工作突出、家庭困难、成绩优秀）。

招生办详细准备了开设专业培养方案、就业方向等材料，让报名学员真正了解所报专业的主干课程等内容，详细解释哈工大现代远程教育特色专业及学习过程中需要注意的问题，介绍哈工大校训"规格严格，功夫到家"的精神内涵，学习也要一步一个脚印，真正通过学历教育教学过程提升自己的专业水平。让大家明确招生政策，不要有侥幸心理，学校也会不折不扣地提供优质服务为学生创造好的学习条件。

2017年4月21日，哈工大继续教育学院副院长王永志同志及招生办公室工作人员赴金秀县巡视现代远程学历教育入学测试工作。入学测试在金秀县民族高中举行。

前期在哈工大挂职金秀副县长的李东协调下，金秀县委组织部积极配合，从报名宣传、信息采集到安排入学测试做了大量工作。

通过哈尔滨工业大学现代远程教育在线入学测试系统的有21人（专升本20人、专科1人），其中瑶族11人、壮族5人、汉族5人，来自金秀县各行各业。报读的专业有法学、公共事业管理（行政管理方向）、工商管理、会计学、计算机科学与技术专业。

哈尔滨工业大学继续教育学院文件

院字[2017]第 5 号

关于落实哈尔滨工业大学对金秀瑶族自治县"五大帮扶工程"中"教育帮扶"工程的说明

哈尔滨工业大学党委深入贯彻中央扶贫开发工作会议精神，高度重视广西金秀定点帮扶工作，成立了工作领导小组、工作办公室，制定了定点扶贫工作方案，落细落实落深人才帮扶、科技帮扶、教育帮扶、支教帮扶、爱心帮扶"五大帮扶工程"，助力金秀县打赢脱贫攻坚战。

哈尔滨工业大学继续教育学院响应学校号召，落实"五大帮扶工程"中的"教育帮扶"工程，为金秀县提供 20 个现代远程高等学历继续教育免费名额（要求报名考生工作突出、家庭困难、成绩优秀），通过哈尔滨工业大学继续教育学院现代远程教育入学测试后，结合考生工作及家庭情况择优于 1703 批次录取。

哈尔滨工业大学继续教育学院

2017 年 3 月 28 日

学院教育扶贫文件

入学测试

报名学员表示,他们都非常珍惜这次学习的机会,感谢哈工大能走进大瑶山,为大山深处的学员提供一流的课程,他们也会加倍努力,按照学校的要求完成自己的学业,将来在工作岗位做出更好的成绩!

继续教育学院领导高度重视该批次录取的金秀县学员教学工作,协调学院招生、教学、学籍等多部门做好学员录取及后期相关工作。

为了保证学员能够真正掌握专业知识,学院特建立专门QQ群,设立专职班主任,及时传达学院各类通知,认真督促学生组课、选课、选考及在预约考试前完成平时作业。

跟进学生服务,安排大学英语课程统考面授辅导:

2017年8月26日,周玉校长带队的哈尔滨工业大学考察团到广西金秀瑶族自治县开展定点扶贫工作调研。在金秀县人民政府会议室召开座谈会,了解金秀近年来扶贫、教育、工业发展等领域的具体情况。

同日,继续教育学院请大学英语授课教师马骏老师随考察团一道为已录取的学生进行大学英语课程答疑,也为参加专升本层次(国家统考大学英语B)的考生做了面授辅导。马老师特意为每位学生精心准备了学习材料,辅导在金秀县委组织部会议室进行。

英语统考辅导

哈工大副校长张洪涛表示:"哈工大对金秀的定点帮扶,既是在积极完成一项庄严的政治任务,也是在服务国民经济主战场、全面建成小康社会和实现中华民族伟大复兴中国梦的进程中彰显哈工大人的责任与担当。"

从东北到西南,哈工大与金秀共同携手,在定点帮扶的道路上越走越远,精准脱贫的梦想却越来越近。把扶贫工作做到点上、根上、人民的心上,想方设法帮扶金秀县解决实际困难,为打赢脱贫攻坚战做出哈工大应有的贡献!继续教育学院将继续发挥积极的作用!

第六节 哈工大继教院:依托哈工大学科优势构建校企产学研结合的继续教育模式

(中教全媒体 http://www.cedumedia.com 2018年1月3日报道)

一、哈尔滨工业大学学科优势

哈工大现有9个国家重点学科一级学科,6个国家重点学科二级学科。在教育部第三轮学科评估中,学校有10个一级学科排名位居全国前五位,其中力学学科排名全国第一。

学校始终坚持面向国家重大战略需求、面向国际学术前沿,结合学校优势巩固了10个国家重点方向:新一代信息技术产业、高档数控机床和机器人、航空航天装备、海洋工程装备及高技术船舶、先进轨道交通装备、节能与新能源汽车、电力装备、农机装备、新材料、生物医药及高性能医疗器械等的课程研发和储备,为校企产学研结合开展继续教育奠定了雄厚基础。

二、校企产学研结合的继续教育模式构建

1. 以校企合作攻关重大科研项目为纽带,有针对性地开展多种类型的科技培训

以学校重大科研项目为纽带,不断增强继续教育的针对性和实效性,同企业科技创新的实际需求紧密结合,有利于调动各方面的积极性和责任感,而且可以推进企业科技创新团队建设。企业的科技创新和生产过程涉及专业、工种、岗位等,对职工进行新知识和新技术的培训是必需的。围绕重大科研项目的联合攻关,学校组织科研人员和教师等到企业对职工进行面对面的科技培训和专业知识讲授,或者邀请企业所选定的部分骨干

直接进入高等学校,进行强化培训和学习。

2. 深化校企合作,实现校企良性互动的产学研创新联盟发展

学校加强科研攻关,并积极促进科研成果向企业的转化,以提高企业的自主创新能力以及核心竞争力。充分发挥学校的智力优势、学术优势、多学科综合优势和人才培养优势,将学校的科研成果优先向产学研合作单位转让,并发挥学校在企业、科技攻关、技术改造、职工继续教育和培训等方面所具有的独特优势;通过科技项目的合作攻关,促进学校师生进入企业科技创新和生产实践领域,参加科研和工程项目的研究,拓宽教学科研的视野,有利于形成成果转化、基础研究、培育新成果、成果再转化的良好局面。

3. 推进教学科研组织改革,把学校办成生产力的促进中心和创新人才的培养高地

学校面向不同行业、面向企业集群、面向地方经济发展,突出科技创新服务,深化教学科研组织改革,积极建立不同专业和学科应用方向的科技创新服务平台,设置科技创新服务中心、研究院所、研究中心等,实现教学科研组织的扁平化、虚拟化、柔性化,提升适应能力和竞争能力,促进教学科研资源的优化配置,构筑科学研究团队,激活大学组织的运行效率,积极与不同行业、企业、科研机构在科技创新和人才培养等方面进行深度合作,建立"科技创新服务型"产学研结合的继续教育模式。把学校办成生产力的促进中心和企业创新人才的培养高地。

4. 紧密结合企业科技创新的需要,推进继续教育教学改革

校企联合开展继续教育与企业改革、结构调整、技术改造、科技攻关等结合起来。第一,以市场需求为导向、以职业岗位为依据、以科技含量为参数、以创新能力培养为目标、以学科专业的交叉复合来综合研究,合理制订人才培养方案和专业教学计划。第二,以提高科技创新能力为核心精选教学内容,构建课程结构,形成有专业和职业特色的课程体系。既加深学员对操作技能知识的理解和提高分析解决问题的能力,又着眼于企业的发展和新技术、新工艺的推广使用。学员通过企业的生产实践和工程项目完成毕业设计的选题和研究,为企业解决生产、经营、管理等方面的技术难题。第三,加强考核、注重实效。考核要与出勤、课堂表现、作业情况相结合,尤其与解决企业实际问题相结合,切实为企业培养合格人才。

5. 围绕企业发展战略,加强产学研规划,推进继续教育的持续发展

在激烈的市场竞争中,企业不仅组织职工学习新知识、新方法,以提高整体创新能力,还要集中培训企业紧缺的专业技术人才,以适应实际工作的需要。因此,企业制定自身的发展战略,加强产学研规划,明确科技创新的方向、重点和步骤,高校和企业要将重大技术攻关项目、改造项目等作为继续教育的重点课题,推进继续教育的持续发展,使继续教育直接为企业的生产经营和技术开发服务。产学研结合开展继续教育要注重培训一代、储备一代和构思一代,形成继续教育培训项目寿命周期系列,从而为企业的发展战略服务。

三、哈尔滨工业大学校企产学研结合的继续教育培训案例(部分)

2013年5月,由中共济南市委组织部主办的"济南市工业企业经营管理者研修班"开班,济南市委常委、组织部部长陈勇同志和哈尔滨工业大学党委副书记、副校长张洪涛教授参加了开班式。以济南二机床集团有限公司、九阳股份有限公司为代表的一批市属大中型企业董事长、总经理参加了培训。培训期间,企业家与哈工大各相关专业签订合作协议或达成合作意向七项,成为济南市委托高校基地开展的干部培训中首次达成实际合作的班次,济南市委组织部将此次培训的成果向济南市委做了专题汇报。

2013年6月,广东省恩平市企业家经营管理研修班暨产学研对接会成功举办,与哈工大各相关专业签订合作协议或达成合作意向两项。

2013年7月,南安市装备制造业领军人才技能提升专题研修班暨产学研对接会成功举办,与哈工大各相关专业签订合作协议或达成合作意向三项。

2015年5月,哈工大承办了由广东佛山组织部、工信委联合组织的"佛山大型骨干企业做强做大暨装备制造业发展专题培训班",由温州市经信委、工研院联合组织的"温州装备制造业与智能制造技术专题研修班"。培训期间,企业家与哈工大相关专业签订合作协议或达成合作意向若干,成为培训过程中产学研对接的典型范例。

2015年7月,哈工大与无锡惠山区经济开发区玉祁配套区管理委员会签署战略合作协议,共同为二代企业家设计了"凤阜英才——菁英领航总裁研修班"(学期一年)。学校整合各方资源、主动"送课上门",进行有效的产学研对接,得到了当地政府和企业界的欢迎和肯定。

第七节　全方位立体培训,助力哈局健康稳定发展

(中教全媒体 http://www.cedumedia.com 2017年9月12日报道)

哈尔滨铁路局,是中国铁路总公司管理的大型铁路运输企业的18个铁路局之一,简称"哈局",于1994年1月6日成立。经营范围包括铁路客货运输、铁路运输设施的修理与制造、物资采购与供销、生活服务、承办陆运进出口业务、货物运输代理业务等。哈局全局有职工233 000余人,其中干部55 000余人,各类专业技术人员39 000余人。全局管辖线路覆盖黑龙江省全境和内蒙古自治区呼伦贝尔市,营业里程6 854千米。

2006年3月,哈尔滨铁路局人事处刘海波副处长一行到访我院,对我院培训能力及

教学设施给予了充分肯定,双方就哈铁路局系统干部和员工的培训工作进行了洽谈,达成了系统培训意向。同年,哈工大继续教育学院被哈尔滨铁路局人事处设为哈尔滨铁路局继续教育基地。

哈尔滨铁路局下设4个直属站(哈尔滨站、齐齐哈尔站、牡丹江站、佳木斯站),56个直属单位,41个附属单位,5个房产建筑段。针对哈局是国企、职工数量大、业务面广的特点,我院对哈局系统开展了一系列专项培训。

1. 辅业系统系列培训

哈尔滨铁路局辅业系统是一个大型企业,拥有总资产50亿元,员工近3万人,年收入68亿元,实现利润2.5亿元,经营领域涉及14个行业。

针对哈铁辅业系统经营性强的特点,我院首先以职业经理人为切入点,在2007年连续开展三期研修班。针对职业经理人队伍的现状,培训课程内容从企业发展的宏观战略到治理企业的具体方略;从领导科学、行为科学到企业绩效考核、团队建设;从资本运营、相关法律到财务管理、纳税筹划等。研修班的教师水平、课程设置及教育服务都得到了铁路局领导和参加学习的各位经理的高度评价。

通过职业经理人专题研修班的学习,使各项工作融入了新理念,注入了新动力。一是经营管理理念有了新提高,参加培训的企业负责人,普遍建立了科学的理论行动导向和发展观。二是学以致用,以理论指导实践,提高决策能力。三是切实培育经理人的创新意识。参加学习的人员返回工作岗位后围绕辅业投资集团实施的绩效考核、成本预算管理及创建质量效益型、节约管理型、安全和谐型、科技创新型企业工作,迎接挑战、破解难题,结合各企业的实际不断推陈出新,创造性地开展了工作。

职业经理人研修班的成功,促使双方在培训上进一步加大了合作,之后针对辅业系统先后开展的培训有:2008年哈铁辅业企业创新管理培训班(三期)、2010年哈铁辅业系统现代物流与供应链管理专题培训班、2010年哈铁辅业系统企业成本控制高级研修班、2010年哈铁辅业系统现代物流培训班。

2. 干部培训

作为中组部确定的全国干部教育培训高校基地之一,干部培训是哈工大的优势项目。对哈局开展的系列培训有2009年哈铁领导干部培训班、2014年哈尔滨铁路局人事处管理经济学培训班、2015年牡丹江机务段领导能力构建与提升培训班。

3. 专业技术人员培训

专业技术人员是企业的中流砥柱,企业要有所发展,必须依靠专业技术人员发挥他们的知识专长和技术能力。专业技术人员的知识更新与业务能力提高对企业发展具有举足轻重的作用。面向哈局专业技术人员,我院开展的系列培训有2007年哈局新型机车检测人员计算机知识培训班、2010年哈尔滨铁路局房产建设人员研修班、2014年哈尔滨铁路局人事处管理经济学培训班、2014年哈铁外经绥芬河公司国际贸易基础知识及实务培训班、2014年"团队凝聚你我、共创哈东未来"哈东站生产骨干拓展训练培训班、2015年桥梁工程培训班、2015年铁路货场混凝土硬化路面工艺培训班。

4. 执法培训

依法行政是发展社会主义民主政治和完善社会主义市场经济体制的必然要求,在贯彻落实依法治国基本方略过程中具有特别重要的意义。依法行政是中国铁路总公司这个特殊国企所必须具备的要素。对此,我院开展的系列培训有 2010 年哈尔滨铁路局企业法律顾问培训班、2010 年哈铁路局行政执法培训班(二期)、2011 年哈尔滨铁路局企业法律顾问培训班。

5.养老

我国已逐渐步入老年社会,作为大型国有企业,哈尔滨铁路局同样面临养老问题。为此,我院有针对性地提供了系列相关培训:2013 年哈尔滨铁路局基本养老业务培训班、2015 年哈铁路局养老保险业务培训班、2015 年哈铁企业年金和独生子女父母补充养老保险业务培训班。

2006 年至今,我们根据铁路局的需求设计出有针对性、实效性、创新性的培训方案。针对不同的铁路培训班,优化整合培训模式,使学员将所学的理论知识和实践应用充分融合,在提高学员发现问题、分析问题、解决问题能力的同时,激发他们的学习兴趣,真正达到培训目的和效果,也能够帮助企业解决很多问题。截至目前,我院面向哈局共开设了 25 个培训班,培训学员达 1 652 人次。

第八节　立足航天国防服务社会需求——时任常务副院长张桂芬接受采访(节选)

访谈嘉宾:哈尔滨工业大学继续教育学院常务副院长　张桂芬
访谈人:《中国远程教育》(资讯)执行主编　夏巍峰
专访时间:2009 年 6 月

夏巍峰:哈工大是我国首批现代远程教育试点学校之一,哈工大开展现代远程教育的定位和任务是什么?围绕这样的定位,几年来哈工大的远程教育学院取得了哪些成绩?

时任常务副院长张桂芬接受《中国远程教育》采访

张桂芬:我们的办学定位和任务是适应社会需求,服务航天国防,面向国民经济主战场,培养实用型、技能型人才,努力构建终身学习的教育服务体系。

哈工大远程教育学院成立于2000年9月,也就是说,哈工大开展远程高等教育已有10年的历史。10年中,远程教育学院随着整个国家的远程教育事业一起成长。为更好地服务社会、适应需求,我们调整专业设置、开辟新的专业;为满足学生的个性需要、提高办学质量,我们在"因材施教、学有所用"的思想指导下,修订、优化培养方案,建成了由300余门课件组成的高质量课件资源体系。

现代远程教育作为知识经济和信息时代的新型教育方式,必然要以先进的技术手段为依托,这也促使我们对技术的要求不断提高,始终保持在先进水平。随着远程教育的发展,我们管理队伍的服务意识和管理能力不断增强,已经从传统教育中的管理主导角色过渡到了现代远程教育中的以学生为本的支持服务角色。

开办远程教育以来,应广大公务员学历素质亟待提高的市场需求,我院及时开办"公共管理"专业,已经为国家公务员系统培养了近万名高素质毕业生;依托哈工大的航天特色,我们在航天系统设立学习中心,为航天一线培养了大量实用型人才,学生遍布航天科技、科工集团的一院、二院、三院、五院等,很多学员参与了"神舟"系列及载人航天等重大工程,为我国的航天事业做出了贡献;国有大型企业是我国经济建设的支柱,我们为上海宝冶等大型企业培养了数千名学生,他们在我国的现代钢铁工业、装备制造业等国民经济支柱产业中发挥着应有的作用。

夏巍峰:以市场经济的理念发展继续教育,使继续教育成为学校经费来源的产业之一,成为许多著名高校的共识。哈工大已经走出了一条"以市场经济的经营理念,创稳定经济效益"的良性循环之路。在这方面,哈工大具体是如何运作的?

张桂芬:继续教育学院成立于1999年,是学校开展继续教育的专门机构。2003年3月,经学校校长办公会议研究决定,对继续教育学院的培训工作实行企业化管理,并制定了《哈尔滨工业大学继续教育企业化管理实施方案》。2006年以后,学院进一步建立健全了与之相配套的运行机制和各项规章制度,特别是2007年制定了与事业单位财务管理办法不尽相同的《培训项目财务运行机制及管理办法》,哈工大的继续教育进一步走上了规范化、市场化的道路。

为实行企业化管理,我们在学院内部划出一块"特区",设立若干个项目部,对项目部首先进行"三定":定管理制度、定任务额度、定奖惩办法,然后在院内外公开招聘项目部主任,实行聘期制。

具体地说,以项目部为基本单位相对独立地开展工作并进行核算,实行项目部主任负责制,其社会效益和经济效益状况直接与个人的考核结果相关联,但同时学院又不乏要求、指导、帮助及过程管理,如:培训工作实行立项审批制度;与其他单位合作开展的培训项目,须经院长办公会讨论批准;项目部的所有收支由学院进行管理;等等。

夏巍峰:哈工大开展远程教育10年来取得了令人瞩目的成绩。那么,远程教育的开展对学校本部产生了什么样的影响?

张桂芬:我校远程教育开办之初,学校对其要求之一就是要将其发展成为哈工大本科教育的一种支持和补充,经过多年探索,应该说,我们达到了既定的目标。

第一,与本部在教学上互相促进。我们学院起源于哈工大,发展于哈工大,学校为我们授课的教师已有近300人,我们还建立了由院系资深教授组成的教学督导组,其中许多人是校级教学督导专家,对我院的建设发展起到了重要作用。同时,他们也把我院的办学经验传递到了学校,我院在多年办学中的理念和要求影响着校内为本科生、研究生上课的教师;我们的课件素材之一PPT的规范标准促进授课教师提高课堂授课水平;我们"因材施教"的理念改变着多年来形成的"统一培养"的教学思想;我们"拓展学习"的做法改变着"单一传授"的教学方式;我们的学习支持和服务意识也在影响着教师加强与学生的沟通;等等。许多教师将我们的课件拷贝回去用于本科教学的补充,也有许多本科学生把我们的课件用作考研的备考学习。总之,远程教育与普通高等教育在我校已呈现出互相促进、共同提高的态势。

第二,技术设备资源对学校的贡献和支持。2003年,哈工大引进海外人才的北美留学人员网上招聘会就是在我院用我们的远程设备进行的,当时学校的28个学科、88个研究方向面向海外招聘人才,有17个国家和地区的5 400多人次的留学人员参加了招聘,在线人数最高峰达2 700人,我院的远程教育网络及设备有力支持了巨大的网络流量,确保了招聘会顺利完成。再比如,我校的一位教授,他带领的科研组要与法国进行科研合作的洽谈,为节省时间和开支,我们为其提供了网上视频条件,从而很顺畅地完成了网上的合作谈判。

第三,丰富了校本部教学资源。为推动远程的教学资源能在普通高等教育中发挥更大的作用,我们与学校教务处长探讨将我们的远程教学课件为校内普招学生的选修课所用,也可辅助校内普招学生进行必修课的自主学习。

第四,创造经济效益为学校的发展建设服务,这是对学校的最直接的支持。

夏巍峰:有一种观点认为,随着网络教育的发展,网络教育将成为传统大学各专业学院主体的教学组织形式,随之而来的是网络教育学院的消亡。您同意这个观点吗?

张桂芬:我不同意这一观点。无论网络教育多么发达,成为传统大学各专业学院主体的教学组织形式,我认为不太可能。远程教育有远程教育的明显优势,但传统大学通过面授所达到的教育教学效果也是远程教育所不能比拟的;同时传统大学具有全日制培养、可以全国招生住校学习等有利条件,我认为其主体的教学组织形式仍然应是面授,国外的大学也是如此。但远程教育以往单一的学历教育,正在被学历教育与非学历教育并存的形式所取代;远程教育手段也将由当前单一的用以成人在职从业人员的教育,被成人教育与普通高等教育共用的形式所取代。传统大学各专业学院的教学组织形式,会呈现面授为主、远程为辅的态势。

由此可以说,网络教育形式有着很强的生命力,不但不会消亡,而且还会延伸、拓展和更加完善。至于网络教育学院是否消亡,这并不重要,因为网院仅仅是一个办学的组织机构。

夏巍峰：远程教育无疑将有很好的发展前景，请您对哈工大远程教育的未来做一个展望。

张桂芬：哈工大是我国高等教育的排头兵，国家之所以选择在哈工大开展远程教育试点工作，正是希望我们能够将哈工大的优质教育资源有效地辐射到全国各地。我们会不辱使命，在远程教育的办学中，办出特色、办出水平，为我国高等教育的普及和国民素质的提高做出应有的贡献，努力成为远程教育的办学典范。在过去的这些年中，我们不断地细致摸索远程教育规律，探索适合的管理方式，致力于规范有序的基础工作。现在，我们可以自信地说，我们已经在思想理念、教师资源、规章制度、管理队伍及与之相适应的校外学习中心建设等方面，为今后的发展奠定了较为坚实的基础。

以质量赢得数量，靠水平谋求发展。未来学院将继续加强自身内涵建设，加强教师队伍、管理人员队伍和校外学习中心队伍建设，处理好规范、质量、规模之间的关系。以正确的办学理念为指导，以扎实的办学基础做铺垫，以有效的管理模式为依托，以优良的服务做推动，不断地学习其他网院所长，办出一流的远程教育。我们相信，在不久的将来，哈工大远程教育必将迎来自己的辉煌！为国家建设终身学习的学习型社会做出贡献！

第九节　哈工大教师蔡中威捐献骨髓造血干细胞救重患

据《黑龙江日报》（2007年3月20日／商艳凯　高天赋）报道：日前，哈尔滨工业大学教师蔡中威、学生张璐华分别捐献了自己的骨髓造血干细胞。目前，他们的造血干细胞正在江苏和天津，挽救着两名白血病患者的生命。蔡中威和张璐华也分别成为我省第14位和第15位骨髓造血干细胞捐献者。谈到为什么要行此义举，"对己无害、对人有益的事，为什么不做呢？"蔡中威老师如此回答。

哈工大报讯（成文冯健／图）成教学院技术中心主任蔡中威老师自愿捐献造血干细胞的举动，得到了学校领导的关怀。2007年1月20日下午，学校党委副书记崔国兰、校工会常务副主席王彩琴、校医院院长孙雪梅在成教学院常务副院长张桂芬、党总支书记张丽霞的陪同下，到医院看望了蔡中威。

在医院里，崔国兰副书记代表学校党委、行政，对蔡中威表示慰问，对他关爱他人、奉献社会的精神表示赞扬。她说："你是我们学校教职工中第一个捐献造血干细胞的人，体现了哈工大精神,展示了哈工大风采。这种奉献、责任、精神值得全校教职工学习。在黑龙江省目前捐献造血干细胞的 14 人中,我校已有 3 人参加了捐献活动,向社会展现了哈工大人强烈的社会责任感。今天你又一次为哈工大增了光。"

崔国兰副书记还亲切地询问了蔡中威各方面的情况,嘱咐成教学院对蔡中威的身体和生活给予关心及照顾。

蔡中威感谢学校领导的关心。他说:"我有信心捐献成功,为救助一条生命,即使对自己有点小影响也无所谓。"蔡中威朴实的话语,使在场的人都很感动。

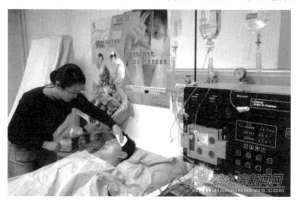

蔡中威捐献骨髓造血干细胞救重患

时任哈工大党委副书记崔国兰探望蔡中威

【工作研究】

第十节　关于促进继续教育转型发展的思考

王宏

继续教育是高等教育和终身学习体系的重要组成部分，是高校实现人才培养、科学研究、社会服务、文化传承和国际交流合作职能的重要途径。《国家中长期教育改革和发展规划纲要（2010—2020年）》提出"构建灵活开放的终身教育体系""鼓励学校、科研院所、企业等相关组织开展继续教育""促进各级各类教育纵向衔接、横向沟通，提供多次选择机会，满足个人多样化的学习和发展需要"。党的十八大指出要"积极发展继续教育，完善终身教育体系，建设学习型社会"，党的十九大指出要"办好继续教育，加快建设学习型社会，大力提高国民素质"。中央全面深化改革领导小组提出"深化教育体制机制改革，全面落实立德树人根本任务"。对高校继续教育发展均提出了更高要求，继续教育已经成为"教育兴国、人才强国"国家战略的重要组成部分。

一、继续教育的内涵

继续教育是面向学校教育之后所有社会成员特别是成人的教育活动，是已经脱离正规教育、已参加工作和负有成人责任的人所接受的各种各样的教育；是对专业技术人员进行知识更新、补充、拓展和能力提高的一种高层次的追加教育；是终身学习体系的重要组成部分。

继续教育是一种特殊形式的教育，可以进一步完善学习者知识结构，提高创造力和专业技术水平；是人才资源开发的主要途径和基本手段，开发人才的潜在能力、提高队伍整体素质，是专业技术队伍建设的重要内容。由于经济社会对继续教育提出了更高的要求，继续教育实践领域不断发展，在社会发展过程中所起到的推动作用，特别是在形成全民学习、终身学习的学习型社会方面，越来越显现出来。

继续教育包含学历教育和非学历教育,受教育者在学历上和专业技术上已达到了一定的层次和水平,继续教育的内容是新知识、新技术、新理论、新方法、新信息、新技能,学习的目的是为了更新补充知识,扩大视野、改善知识结构、提高创新能力,以适应科技发展、社会进步和本职工作的需要。

二、面临的形势与任务

经过新中国成立后六十余年的发展,高等继续教育面临着新的形势和任务。

在学历教育上,生源人数下滑,高等教育录取率连年提高;学生质量参差不齐,成人学生年龄普遍偏大,接受能力差别大,又存在着工学矛盾;相关政策带来影响,国家和教育部门相继出台了政策,这些变化一方面降低了远程教育的门槛,另一方面也收窄了学校的生源层次;存在办学风险,社会机构或服务体系,盲目追求生源数量进行招生,产生负面影响;异地办学,校外学习中心监管难度较大,信息技术的发展及不良社会风气影响,教学过程存在风险。

同时,经济社会发展,也为继续教育提供了新的发展机遇。干部培训政策界限清晰,技术创新促进企业培训发展,社会转型需要个体提升职业能力,小康社会民众不断需要提高生活质量,信息化、智能化手段日新月异,国际交流日趋旺盛。这些变化,都促使继续教育不断创新,以适应社会的需要。

从学习的内涵上,也要求继续教育不断审视自身的建设。成人的教育培训从"以学员为中心"到"满足社会企业需求为中心"再到"以学习成效为本"来转变。特别重视课程体系规划和知识更新,确保教学内容如何更好地跟社会企业实际需求相结合,同时提供超出课堂之外的学习支持,如移动学习、MOOC等各种新的学习技术和移动学习技术。

三、转型发展的定位与思路

哈工大继续教育开始于1955年创办的夜大学,包括夜大学、函授教育、自学考试、远程教育、国际合作教育、非学历教育(培训)等教育形式。1983年,颁发了第一张成人学士学位证书,培养了一大批社会杰出人才,积累了鲜活的办学经验。

根据国家继续教育发展的形势和政策变化,结合学校发展实际和继续教育"十三五"规划,2018年起,暂停学历继续教育招生,大力发展非学历继续教育(培训)。

继续教育要服务社会发展需求、提升个体综合素质、突出高校文化引领、助力一流大学建设,坚持品牌化、标准化、国际化的特色发展路径。继续教育要不断提高大学的声誉、扩大优质师资的社会影响、以强势学科突出培训特色、提供鲜活的继续教育经验、输出高质量的课程和知识、服务社会发展需求,建立与世界一流大学发展相适应的高等继续教育。

四、工作内容与业务范围

党政干部培训,依托"中组部全国干部教育培训高校基地"和中央军委装备发展部"国家军用标准质量管理体系培训协作中心",在全国范围内,面向各部委、地方政府、部队、事业单位提供全方位培训服务。专业技术人员培训,依托人社部"国家级专业技术人员继续教育基地"和教育部"高等学校教师教学发展示范中心",发挥哈工大工科背景优势,为全国各行业领域专业技术人员能力和知识更新提供培训服务。企业经营管理人员培训,按照市场需求和企业发展愿景,提供中高级管理人员等全方位的培训服务。社区教育培训,深入学习者身边,在提高社区人员生活品质、再就业教育、创新创业教育等领域提供培训服务,履行高校服务社会的职能。职业能力提升和认证培训,围绕职业资格认证、行业企业认证、个体职业能力提升等提供培训服务。开展国际教育培训,借助"一带一路"倡议等,加强与国际知名大学和企业合作,开展留学培训、语言培训和国际合作项目培训等。网络资源开发与运营,依托现有课程资源和技术优势,为社会提供网络资源建设与运营的整体解决方案,发展网络培训。

五、管理与运行

继续教育是学校教育的组成部分,按照校院两级进行管理,遵循"谁主办、谁负责"的原则。

继续教育学院负责全校继续教育统筹工作,承担学校非学历继续教育的管理和运行工作,负责规划、开发、拓展继续教育工作,负责项目的立项标准、政策规定制定、项目档案备案、效果的评价与反馈、证书印制等工作。学校相关部门负责制定相应的师资评价、财务运行、资源保障、公共服务等政策,确保运行的高效、规范、健康。各学院、校区结合自身学科和地域优势,举办各专业领域的教育培训项目。

培训项目(包括与外单位合作培训项目)的全部收入纳入学校财务管理,使用学校规定的收费票据,各办学单位不得收取项目外费用。经费收入和支出按学校财务政策执行,实行"收支两条线"管理。培训项目收费和支出标准严格按照国家、省、市和学校有关规定执行。

举办各类继续教育项目,不得与各层次学历教育混淆;建立师资准入制度,授课教师以学校教师为主。在开展合作培训项目时,须坚持学校的办学主体地位,不得擅自与校外单位以联合办学的形式设置校外教育培训基地,不得与个人、非法人单位和不具备办学条件的机构合作办学。

六、支持与保障

多级联动,促进继续教育工作全面开展。建立良性运行机制,调动部门、院系、教师开展继续教育工作的积极性,立足行业和领域,突出专业和学科特色,展示发展成就和教师风采。发挥一校三区的优势,区域互补、错位发展、资源共享、协调联动,不断推进继续教育工作的转型升级。

加强队伍建设,探索相应的激励机制。根据继续教育发展特点,多渠道选人用人,调整人员结构,建立有影响的讲师队伍和管理队伍,健全用人保障制度,实行目标管理和绩效考核,建立适应业务发展的评价激励机制。

制定政策,促进可持续发展。学习借鉴继续教育的成功经验,构建内容资源体系、培训运营体系、质量评估体系,坚持成本和质量意识,在资源使用、条件保障和运行管理等方面给予相应政策支持,促进健康可持续发展。

加强培训基地建设,充分发挥辐射带动作用。不断加强已有的国家、省部级基地建设,积极争取新的国家、省部级资源平台,充分发挥中组部"全国干部教育培训高校基地"、教育部"国家级教师教学发展示范中心"、人社部"国家级专业技术人员继续教育基地"、黑龙江省"国家公务员培训基地"等作用,认真落实中组部、工信部、人社部、教育部、黑龙江省等上级部门的政策要求,不断扩大基地的影响。

第十一节 哈工大远程教育质量保障体系的构建与实践

王永志,李旦

(高等教育学会继续教育分会2015年学术交流年会优秀论文二等奖)

1999年,我国的高考扩招开始,也是这一年前后,我国的现代远程教育开始试点。试点初期,远程教育的教育对象是面向全社会及应届高中毕业生开展全日制脱产学习,生源供大于求,生源质量普遍较高,各试点院校都培养出不少精英型人才。随着高考扩招的深化,应届学生逐渐减少,同时教育部下发通知停止远程教育脱产招生,招生对象仅限在职成人。由此,远程教育逐步进入买方市场,也由此开始了招生的竞争,生源质量不断走低,学生中急功近利、只为拿证者不在少数。面对这样的生源状况及市场环境,哈尔滨工业大学继续教育学院一方面坚持高等教育的职业操守,另一方面也积极应对,构建并实践自己的远程教育质量保障体系。

一、严格掌控办学主导权

远程教育主办高校作为办学主体,为保证教育的质量以及公平公正,必须掌握办学主导权。哈工大对远程教育的办学主导权掌控体现在两个方面:一是所有学习中心都是学院自有自建的中心,即使是三方乃至四方合作,学习中心都归属学院直接管理,学院直接监管学习中心的各项教育活动;二是体现在分成比例上,作为具有办学主导权的高校方,我校始终坚持在总体分成中占最高比例,坚决抵制比例倒挂导致出让办学主导权的状况。

在考务方面,所有课程考试试卷均由我校印制封装,并由学院派专人送达学习中心,在考试时当场开封考试。考试结束后,由我校巡考人员监督封装,通过快递或巡考携带回学院批阅。每年两次课程考试,每次都向各个学习中心派出1~2名巡考人员,虽然投入巨大,但却杜绝了高校只管成绩、不管考务过程的现象,从而将所有课程的教与考都掌控在学院手中,确保考核的公平真实。

二、建立适合当前成人学生特点的课程标准

哈尔滨工业大学的校训是"规格严格,功夫到家",学院也一直秉承这样的理念开展教育教学活动,从培养方案上看,与很多高校区别明显的是课程量大、课程学时数多;从课程大纲上看,课程内容更重视理论。这些对于培养精英型人才的全日制教育来说无可厚非,但用于在职成人教育上就显得要求过高,与社会实际脱节。现在的在职成人学生更加注重应用能力,希望通过学习课程能够短平快地解决工作中的现实问题。因此,根据成人的学习特点及实际的社会需求。我们着重从以下三个方面设计教学计划与课程:

一是注重"双证"培养。每个专业的教学计划课程设置首先考虑该专业是否有相关的资格证书相对应,如果有,那么该资格证书需要考哪些课程,我们就将相应的课程纳入教学计划课程体系中,同时课程内容也对应引入课程大纲。这样,学生在相应课程学习后,既可以拿到毕业所需学分,也可以直接去参加社会考试,获取相应的资格证书。

二是修订课程大纲。全面修订调整课程大纲,注重实际应用知识内容,理论知识够用即可。同时,我们多次组织授课教师研讨,针对成人学生的特点及其学习能力,探索更加适合的授课方式及考核标准。

三是坚持让学生做毕业论文。查询百度百科:"毕业论文,泛指专科毕业论文、本科毕业论文(学士学位毕业论文)、硕士研究生毕业论文(硕士学位论文)、博士研究生毕业论文(博士学位论文)等,即需要在学业完成前写作并提交的论文,是教学或科研活动的重要组成部分之一。""撰写毕业论文是检验学生在校学习成果的重要措施,也是提高教学质量的重要环节。"当然,论文的要求不能等同于全日制本科学生,毕竟成人学生毕业拿到的只是成人教育学历。为此我们调整了毕业论文要求,本科做毕业论文,专科做毕业报告,选题可以是直接根据自己的实际工作进行概括总结提炼。这样既让论文的写作难度适合了成人特点,又能贴合实际。另一方面,教师对毕业设计的指导过程,也就是对学生现实工作的指导帮助,既保障培养质量,又提高学生工作水平,一举多得,实现双赢。

三、多种方式建立虚拟实验系统

我校是以理工科见长的高校,面向远程教育开设了电气工程及其自动化、机械设计及其自动化、计算机科学与技术、建筑工程技术、土木工程等专业及方向。对于全日制的大学生来说,很多工科课程是需要到实验室或生产车间做大量的实验实践、认识实习等

才能通过的。但是远程的学生很难具备这样的条件,尤其是有大量的专升本学生,其第一学历根本不是工科,对仪器设备一点概念都没有,学习起来会非常吃力。为此,我校在提供各种录像资料的基础上,加大了研发网上虚拟实验的力度,先后配置了电工及电子技术虚拟实验系统、机械制造技术基础虚拟实验系统、大学物理虚拟实验系统、大跨空间结构虚拟实验系统等,极大满足了学生的学习需求,开拓了学生视野。

同时,为了拓展虚拟实验覆盖面,引进优质实验资源,我校积极参加了由华东理工大学牵头的五校合作的教育部"理工类课程互选、学分互认及学分积累的研究与实践"课题研究项目,衍生申报的"远程教育工科专业在线实验教学模式的研究与实践"项目获得2014年国家级教学成果奖二等奖。之后,五校商定共同实施"全面工程能力培养"实践教育E计划,建设和企业、社会接轨的工程实践教学体系,培养具有全面工程能力的人才。由此,学生将可以享受到更加丰富多彩的虚拟实验实践系统,从而能够以具备较强动手能力的工科毕业生身份真正合格毕业。

四、成人教育远程化

这里的"成人教育"特指传统的夜大、函授教育,现称成人业余教育、成人函授教育。这样的传统教育一般需要学生到校上课,要达到一定的出勤率才能通过课程考核。而在实际教学过程中,由于在职学生的工作任务压力大,再有出差、开会等杂事,导致学生的工学矛盾非常突出,出勤率低成了成人业余、函授课堂的常态。

为了缓解工学矛盾,同时也充分利用网上课程资源,拓展学生学习渠道,我们首先贯通了成人业余、函授与远程教育,将几种教育方式的教学计划与课程大纲统一起来。然后,将远程课程向成人业余、函授学生开放,这样学生在无法到校上课时可以选择网上自学。现在,我们正开始试行不再只将成人教育远程化作为成人业余、函授学习的一种补充,而是将部分专业或课程完全远程化。对这些试点专业或课程采取网上自学结合少量面授辅导的教学模式,既让学生能够有跟教师面对面学习沟通的机会,又能够很好地避免工学矛盾。从初期试点反映看,学生还是比较接受并喜欢这样的学习方式的。随着学生接受程度的提高,以及试点运行的成熟,我们将逐步把所有成人业余、函授的教育模式转向远程课件自学辅以面授总结辅导的教学模式。

五、加强三助,建立两个协管员制度

哈工大远程教育对待学生的态度与目标是,通过"助学、助考、助成(三助)",校站协力提升学生学业成功率。"助学",是帮助学生有收获地学习,将课程重点、难点突出,与学生更多地进行交流,辅导到位,避免课程内容零散,学习过程"放羊",最终目的是使学生"乐学";"助考",是要对课程采取累加式考试、进程性评价,预防学生作弊,坚决不在考试中放水,最终目的是让学生"易学";"助成",学院探索修订更加适合当前成人学生特点及学习能力的教学质量标准,并严格执行,注重让学生通过学习能有所收获、有所提高,但绝不"包过",最终目的是让学生能够"学成"。

为了实现"三助"以及更好地为学生及学习中心提供学习支持与服务,我们设立了两个协管员:"教学协管员"与"学习中心协管员"。

教学协管员是学院与各院系专业师生之间联系的纽带,协助完成学院各类成人教育的教学建设、教研教改以及助学工作。每名员工根据自己所学专业的不同,分别承担相应专业的教学协管任务,主要工作职责有:参加相关课程听课,了解教师授课情况;查阅专业课程远程课件,了解课件内容,对课件质量及内容更新提出意见和建议;主动联系学生及各合作单位相关人员,深入了解教学情况,广泛收集学生疑问、意见和建议;参与各类课程讨论区建设,活跃讨论区学习氛围;监督检查教师、助教网上辅导、答疑情况;等等。

教学协管员的工作在毕业设计指导过程监控中作用特别突出。每个学期都有大量学生进入毕业设计,每名学生也都分配了指导教师,要知道教师指导得及不及时、到不到位,学生有没有按期提交论文提纲、初稿、复稿、终稿等,如果没有监督检查,那么很难保证毕业设计过程的质量。教学协管员的监督抽查,既可以作为学生与教师的"天眼"监控,也可以作为两者沟通交流的纽带与助手。教学协管员查缺补漏,严控过程,能有效地"助成"。

为加强与学习中心沟通,提高对学生的助学服务效果,我们设立了"学习中心协管员"。其主要工作职责是,检查学习中心对学院布置的各项工作的完成情况,对未完成的工作及时进行催促;对学习中心学生个人课程访问次数、课件访问次数、课件学习时长等进行查看,提醒学习中心对长时间不看课件的学生进行督促;积极参与对远程教育学习中心的各项管理活动,对与招生、教学、学籍、学生服务、资源建设等相关的重要事项及时反馈;等等。

学习中心协管员作用之一是学习中心与学院之间联系的纽带。我们为每个学习中心都分配了一名员工。学习中心在工作中出现的任何问题都可以联系该协管员解决,不用再考虑问题的性质分别联系各个部门了,在本中心分配的中心协管员这里一站式解决。学习中心协管员的第二个作用是学生的助手。他不时监控所负责中心学生的学习情况,发现问题就反馈给学习中心,让学习中心及时助学、促学。学习中心协管员的第三个作用是学习中心的监督员。学院与学习中心工作的共同目的是让学生"学成",需要双方紧密配合完成各项工作任务。学习中心工作中难免会出现疏漏与延误,这时学习中心协管员适时的提醒能够防患于未然。

两套协管员制度的建立,有效地提升了学习支持力度,学生和学习中心提出的问题能够很快得到反馈与答复,学生和学习中心满意;学院对学生学习过程监控与学习中心工作的监管得到加强,工作效率与教育质量提高,学院也满意,实现了双赢。

通过以上措施,哈工大远程教育正在探索建立一套行之有效的教育质量保障体系,我们将不断修正完善,不断践行,向着打造具有哈工大特色的成人远程教育优质品牌的目标前行。

第十二节　传统成人教育与远程教育融合的相关问题探析

常永吉,邵丽雁

(高等教育学会继续教育分会2016年学术交流年会优秀论文)

一、引言

当前,我国经济社会发展进入新常态,呈现出速度变化、方式转变、结构调整、动力转换的新特征。处于社会变革期的传统成人教育和远程教育在各自的发展过程中都遇到了一些新问题,这两种教育形式各自为政的状况已经不能适应我国经济社会转型发展的需要。作为继续教育的重要组成部分,传统成人教育和远程教育虽然在管理体制和办学方式上是彼此独立的,但在受教育对象、教学内容等方面又有很多共同之处。在新形势下,如何主动契合国家培养应用型人才的发展战略,实现传统成人教育与远程教育的融合,是继续教育工作者面临的重要课题。

二、传统成人教育与远程教育融合的必然性

传统成人教育始于20世纪50年代,函授和夜大是主要的办学模式,学生学习是以纸介质教材和集中面授为主。经过几十年的发展,形成了固定的教学方式,随着社会经济的快速发展,一些问题也逐渐显露出来:(1)随着工作节奏加快,在职学习者没有更多的时间与经历投入到学习中,课堂出勤率偏低,工学矛盾突出;(2)授课方式单一,授课内容与学生实际工作脱节,难以激发学生学习兴趣;(3)实践教学环节相对薄弱;(4)缺乏优质的师资;(5)教学资源难以共享。正因为如此,社会对成人教育文凭的认可度也逐渐下滑。

远程教育是伴随互联网的快速发展而形成的一种基于信息化、网络化、交互化的一种教育模式。2001年,教育部在远程教育工作试点总结会议上明确指出,我国远程教育是传统成人教育的一部分,其主要教育对象是成人,在教育方式上既可以实施学历教育,也可以实施非学历培训教育。可见,远程教育的适用范围是比较广泛的。远程教育可以不受地域限制,实现异地教师与学生、学生与学生间双向和多向互动,丰富的多媒体课件使得教学内容更形象、生动,能够实现优质教学资源共享,并且可以使学习者自由选择时间安排学习,满足其个性化学习需求。尽管远程教育有诸多优点,但正如有学者所言:"尽管通过现代网络技术已极大地实现了教学双方的异地交流和互动,但它仍然代替不了现场直观教学的情绪传输和切身感悟。"而且,远程教育对学习过程的监督效果也一直受人质疑。

基于传统成人教育和远程教育的发展现状,融合二者各自的优势,可有效提高学习者的学习效率和参与积极性,从而提升人才培养质量,有利于国家终身教育体系的构建。因此,传统成人教育和远程教育的融合是社会发展的必然选择。

三、影响传统成人教育与远程教育融合的因素

(一)部分办学者缺乏正确的办学理念

有些高校举办传统成人教育和远程教育以赢利为第一目的,例如:采取给学生60%考试原题等不良手段来保证学生课程考试通过,以此来吸引生源,此种做法忽视了对学

生整个学习过程的教育,干扰了学生对学习过程的重视,严重危害了正常的办学秩序,降低了教学质量。这种不重视教学过程的错误做法,会成为传统成人教育与远程教育融合的绊脚石。

(二)社会上传统观念的影响

由于传统成人教育从20世纪50年代至今,已有几十年的发展历程。截至目前,我国开办传统成人教育的高校有一千几百所之多,以传统面授为主的函授和夜大两种教育形式在人们的心里已根深蒂固;而远程教育发展至今,只有十多年,而且主办远程教育的高校只有68所,如在黑龙江省只有两所试点高校主办远程教育,这种状况导致人们对远程教育认识不足,尤其是社会上部分用人单位甚至因此而不用远程教育毕业生。众多的非试点高校因之前未开办过远程教育,缺乏对远程教育的深刻了解和认识,客观上影响了传统成人教育和远程教育的融合。

(三)受教育者自身的不正确想法影响

因传统成人教育与远程教育的教学内容多与实际相脱节,培养方案缺乏实效性,难以引起这些在职从业人员的积极性;加之许多单位以学历作为衡量人才的唯一标准,使得很多学习者滋生了"混文凭"的不正确想法。为了获取文凭,不择手段,甚至靠违纪作弊等行为蒙混过关。这种消极的想法从一定程度上也会阻碍传统成人教育和远程教育融合的健康发展。

(四)传统成人教育与远程教育有诸多不同和相似之处,会妨碍二者融合

1. 二者的入学方式不同,函授和夜大的学生入学需要参加成人高考,而远程教育的学生则是参加试点高校自己组织的入学测试。
2. 传统成人教育采用学年制管理,而远程教育则多采取学分制管理。
3. 传统成人教育各科目的授课教材多是一本指定教材,而远程教育很多科目多是以课件为主,多本参考教材为辅。
4. 传统成人教育修完培养方案的规定课程即可毕业,而远程教育中的本科(含专升本)学生尚需通过国家的统考课程才能毕业。

与此同时,传统成人教育与远程教育的师资队伍基本都来自普通高校,专职的很少,基本是兼职,这些老师对传统成人教育与远程教育的重视度不够,投入的精力也有限。此外,无论是传统成人教育还是远程教育,多偏重理论知识的讲述,而轻视实践环节,背离了国家培养应用型人才的目标。

传统成人教育与远程教育上述的异同点,也是二者融合过程中不得不面对的问题。

四、对传统成人教育与远程教育融合的思考和建议

如前所述,推进传统成人教育与远程教育有效融合,是继续教育发展的必然趋势。在国家具体的方针政策尚未出台的情况下,我国一些高校已经认识到这一点,并自发地对二者的教学内容、教学过程、教学资源等方面的融合进行了积极的探索。尽管如此,面对影响二者融合的诸多因素,我们还应注意做好以下几方面工作:

(一)为传统成人教育与远程教育融合创造良好的环境

1. 从国家和各省教育行政主管部门的层面,应建立有效的监督机制,不断完善各种规章制度和政策,对实际办学过程进行指导和规范,对忽视教学过程,影响教学质量的行为要坚决予以严厉处置,要长抓不懈。

2. 从高校自身而言,应树立正确的办学理念,摒弃经济利益为第一位的不正确的办学指导思想,从服务国家终身教育的全局出发,采取有效手段,开展成人教育与远程教育的融合,以满足知识经济时代对人才培养的需要。

3. 全社会应当加强宣传力度,树立接受继续教育既是权利又是义务的观念,使受教育者自觉和主动参加学习,同时,要建立诚信机制,使受教育者抛弃"混文凭"和轻视学习过程的不正确思想,形成良好的社会氛围。

(二)融合应从实际出发

1. 在国家具体政策尚未出台前,试点高校应率先从自己开办的传统成人教育和远程教育入手,在二者之间寻找融合切入点,有针对性地进行融合实践和探索。非试点高校应主动寻求加入到高校共享联盟,充分利用目前的网络共享资源,积极吸收自身成人教育发展所需的远程教育资源,避免重复建设,节约成本,提高资源建设的利用率。同时,非试点高校还应主动向试点高校学习远程教育的办学经验,探索远程教育与成人教育有效融合的途径。

2. 随着信息化技术的快速发展,MOOC、SPOC、微课、翻转课堂接踵而至,面对这些教学资源和教学形式,我们既不要盲目跟从,也不应排斥,而应加以研究,借鉴其优势,坚持以教与学的质量为根本出发点,融合和改造现有传统成人教育与远程教育教与学的方式和手段,使受教育者能真正学以致用,充分调动其参与学习的积极性,真正提高受教育者的工作技能和知识水平。

3. 需要加强网上教学资源与面授教学资源的分类与权重研究。不能为了融合而不

顾客观实际,而应以能提高人才培养质量作为最终目的。比如建筑学专业,设计类课程较多,比较适合于面授教学,而不太适合于制作课件,对这类专业可以因地制宜,对设计类课程的面授学时多些,而将非设计类的课程制作成网上课件。

(三)注重师资队伍建设

教学改革管理的根本经验之一,是我们必须获得教师的支持。否则,任何新的教学创新都注定以失败告终。对于传统成人教育与远程教育的融合而言,其主要的实践任务是由教师来承担的,因此师资队伍建设显得尤为重要,在二者融合的背景下,教师必须熟悉线上和线下教育,能组织有效的线上和线下课堂教学活动,采取有效手段激发学生学习兴趣,培养其自主学习的能力,这就对教师的素质提出了更高的要求。为此,各高校应提高教师参与传统成人教育与远程教育融合的积极性,并采取培训和学习等有效措施来提升教师的素质能力。

(四)应有效解决实践教学环节

在传统成人教育与远程教育融合过程中,高校应特别加强对实践环节的重视程度。尽管目前有些试点高校已经开发了部分课程的虚拟实验,但仍存在着使用覆盖范围小的局限性,仅仅是一小部分受教育者在使用。为此,一方面,有虚拟实验的试点高校可以采取有偿收费等手段扩大已有的课程虚拟实验的使用范围和利用率;另一方面,各高校还应重视校外实验、实习基地的建设,与校外实验、实习基地加强合作,高校之间的实验、实习基地尽量做到有条件地共享、共用。此外,无论国家还是各省级教育行政主管部门在进行评估检查时,都要将是否有实践教学环节作为考核高校办学水平高低的一项关键指标。

五、结束语

当前我国传统成人教育与远程教育共同面临的突出问题之一,就是培养质量亟待提高,二者互补融合是提升人才培养质量的一个有效手段,是时代发展的必然趋势。我们应主动契合国家培养应用型人才的发展战略,从满足社会和学习者个性化学习需求出发,采取有效措施推动二者融合,使其在建设学习型社会、构建终身学习体系中更好地发挥作用。

第十三节 "互联网+"背景下传统自学考试何去何从

王永志

(《中国远程教育》2016年增刊)

截至2016年6月,我国网民规模已达7.10亿,全国普及率51.7%,远高于世界平均普及率的37.9%,我国已经发展成为网络大国。习近平总书记讲:要把我国从网络大国建设成为网络强国。

要建设网络强国,就要着力发展"互联网+"。2015年3月5日十二届全国人大三次会议上,李克强总理在政府工作报告中首次提出"互联网+"行动计划。什么是"互联网+"?简单地说就是"互联网+××传统行业=互联网××行业",虽然实际的效果绝不是简单的相加。

一、挑战

互联网+任何传统产业都有可能产生奇迹,导致传统产业转型升级。百度在创立15年之际称:每深耕一个传统行业就有机会再造一个百度。现今,"互联网+"已成为"创客"们"众创"的法宝:互联网+传统早市买菜,出现了安全生鲜农产品电商平台"15分绿色生活";互联网+传统打车,出现了"滴滴""神州专车"……

互联网+传统教育会产生什么呢?

第一,产生了MOOC。MOOC即大规模开放式在线课程。2012年,美国的顶尖大学陆续设立网络学习平台,在网上提供免费课程,Coursera、Udacity、edX三大课程提供商的兴起,给更多学生提供了系统学习的可能。国内的中文MOOC平台也从2012年起陆续上线,如网易的"中国大学MOOC"、过来人的"顶你学堂"、清华大学的"学堂在线"、北京大学的"华文慕课"等等。MOOC发展至今,MOOC课程数量也已经形成一定规模,笔者做了一下统计,截至2016年10月一些著名MOOC平台课程总数如下页表:

MOOC 平台	edX	Coursera	Udacity	中国大学MOOC	顶你学堂	学堂在线	华文慕课
课程数量	1 252	3 152	162	2 041	316	331	58

可以说,现在世界范围内的 MOOC 课程已经形成一定的规模。在 MOOC 平台上,学习者可以免费注册学习,在网上完成所有课程相关习题、测验、作业、讨论等平时环节,最终参加网上考试,通过可以获得课程证书。

第二,产生了学分银行及学习成果转换。我国要做人力资源强国,要建设学习型社会,就要做到人人随时可学、学习之后得到的不同类型的学习成果可被有效利用和承认。教育部职成司在 2014 年委托中央广播电视大学(国家开放大学)开展继续教育学习成果认证、积累与转换试点工作。"认证、积累"就是要做学分银行,"转换"就是要应用学分。

综合上面两条,设想一下,如果 MOOC 平台各专业课程足够多,如果学习者在 MOOC 平台上自学拿到了足够的学分,之后将学分认证转换是不是可以直接向高等教育机构申请获得相应学历?

若如此,现行成人高等教育体系中的自学考试还有存在的必要了吗?

这不是危言耸听。马云讲,很多人一生输就输在对新生事物的看法上:第一,看不见;第二,看不起;第三,看不懂;第四,来不及。可以说,如果传统自学考试安于现状,被"互联网+"了,那么迟早会被新的业态取代。

二、现状

(一)普通高等教育来势汹汹

我国高等教育的毛入学率从 1998 年起连年攀升,2015 年全国高等教育毛入学率已达 40.0%。北京、上海、天津、浙江、江苏、辽宁等省市高等教育毛入学率已经达到或超过 50%,实现了高等教育的普及化。下图是 1977—2014 年全国高考录取率,可以看到:总体录取率年年提高,到 2014 年已经达到 76.82%,几乎是每 5 个考生录取 4 人,高考早已不是千军万马过独木桥了。

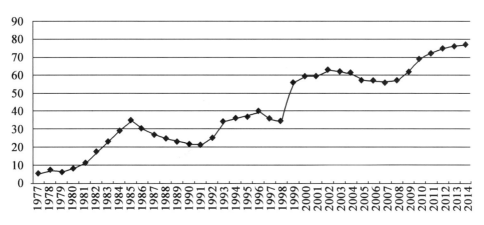

1977—2014年全国高考录取率

一方面是全国高考录取率节节攀升,另一方面却是适龄人口的逐年下滑。下图是2006—2025年全国高等教育适龄(18岁)人口数量。可以看出2008年是最高峰,有2 621万,到2017年达到"谷底",只有1 150万,2020年以后维持在1 600万左右。适龄人口少,录取率高,结果极有可能导致人人都是普通高等教育的大学生,成人高等学历教育的市场会更加萎缩。

(二)自学考试理论研究捉襟见肘

自考人的理论研究在减弱,以"自学考试"和"自考"为主题查询中国知网相关文献,可以知道:一个是自学考试理论研究数量太少,每年只有几百篇;另一个是近10年来,自考人在自学考试的理论研究上也在走"下坡路",文献数量下滑严重。相比较而言,如果相同条件查询2015年,"网络教育"相关文献有15 981篇,"继续教育"7 011篇,"成人教育"也有3 486篇。

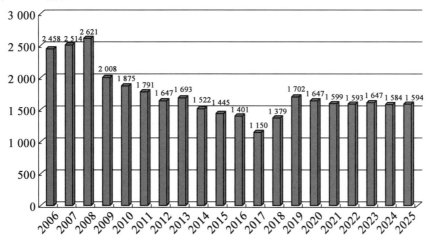

2006—2025年我国高等教育适龄(18岁)人口/万

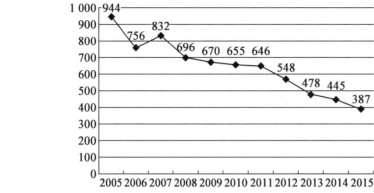

历年主题为"自学考试"和"自考"的文献数量

(三)自学考试执行过程乱象纷呈

早在2010年,著名教育家、武汉大学前校长刘道玉在《彻底整顿高等教育十意见书》中就谈道:自学考试仍然沿袭了普通学历教育,助长了唯学历论,……在具体的执行过程中,舞弊现象严重,文凭水分很大。有人甚至极而言之,自学考试是"通向大专学历文凭的走私通道"。

目前在百度上搜索"一年拿证",可以查询到9 610万个结果,其中绝大部分是自考的;还有长期存在的主考院校跨省借考和学生不辞辛苦坐长途大巴跨省赶考;考场上没上监控措施之前,考生舞弊、小抄遍布,考场周边"白色污染"泛滥;上监控措施之后,正规考点考生课程通过率急剧下降,考生流失……

(四)自考报名人次连续走低

根据教育部发布的全国教育事业发展统计公报,全国高等教育自学考试学历教育报考人次总体呈现下滑趋势。从顶峰2000年的1 369.13万人降到2014年的703.37万人,报考人次几乎下降了一半。此数据连同前面提到的自考乱象,引发了刘道玉提出"废除自学考试制度"提议。

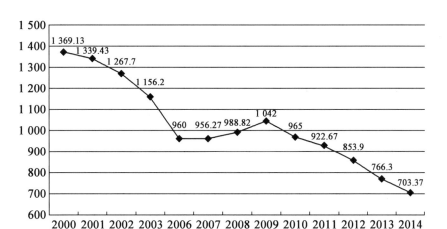

历年全国自考报名人次/万人

三、应对

形式如此严峻,自学考试该何去何从?在"互联网+"浪潮席卷之下,传统自学考试必须顺势而动,那么问题是,是"互联网+自学考试"还是"自学考试+互联网"呢?

如果是互联网+自学考试,自考是被动的,是被互联网巨头们"深耕"了,他们整合网络课程资源来侵蚀融合自学考试,或许用不了多长时间自考就迷失了。相反,如果自考人主动出击,自己"翻地深耕",按自考的特色去+互联网,建立自己的自考网上学习体系,自考会脱胎换骨,重获新生。

如何做"自学考试+互联网"?

(一)建平台,做学分互认

自考的组织架构体系很完整严密,完全可以集中力量办大事。全国考委要统一组织建立全国统一的自考网上学习平台。全国自学考试本专科专业及层次类别众多,达907个。如此众多的专业必须整合各个主考学校网络课程资源以及MOOC课程资源,才能初步建立起一个网上学习资源库。

目前网上课程资源的数量还不能满足所有自考专业的课程需求,一方面是要继续建设,另一方面要做学分互认。现在的自考免考要求很严格,要求是各类高校学生报考自学考试,可以适当免修学分相同、课程名称相同的自考科目。下页表是自考通信工程(独立本科）笔试课程和哈尔滨工业大学通信工程2012版本科计划课程的匹配对比,可以看出课程名称相同、学分也相同的课程基本是没有的。

自考课程名称	学分	哈工大可能对应课程	学分	匹配结果
毛泽东思想概论	2	毛泽东思想和中国特色社会主义理论体系概论	4	×
马克思主义政治经济学原理	3	马克思主义基本原理	3	?
高等数学（二）	9	工科数学分析	10	×
英语（二）	14	大学英语	6	×
计算机软件基础（一）	4	无		×
复变函数与积分变换	3	复变函数与积分变换	2.5	?
信号与系统	4	信号与系统 I	4.5	?
数字信号处理	5	数字信号处理 I	3	?
电磁场与微波技术	4	电磁场与电磁波 II	4	×
电子线路与PSPICE	5	电子线路基础 I	4	×
数字电路与FPGA	5	数字逻辑电路与系统 I	5	×
现代通信原理	4	通信原理 I	4	?
现代通信网	4	计算机通信网络	2	×
现代通信技术	4	无		×
数字移动通信	3	移动通信（双语）	2.5	×
微机接口技术	4	微机与微控制器原理 I	4	×

所以目前,一个是要调整自考培养计划,与时代同步;另一个是要建立学分认证及互认体系。实现考生在平台上提交课程认证申请,在平台上进行系统评估,最终给出课程认证结果。全国考委及各省考办可以先进行课程认证工作,将各MOOC平台、各网院的相关课程提前进行认证,建设课程认证目录,哪个平台或哪个网院的某某课程证书可以免考自学考试某某课程。这个工作量会很大,但势在必行。

(二) 抓特色，加强实践环节

自学考试制度是中国社会主义教育事业的一项创举，它创造了以国家考试为主导、以个人自学为基础、辅之以社会助学或自学辅导的教育形式。

随着时代的发展，一个是MOOC出现，学生网上自学，课程通过可以拿学分；二是高等学历继续教育体系也在走向宽进严出，提倡线上自学，线下翻转讨论，集中考试拿学分的思路，都是在"自学"＋"考试"。

自学考试要维持发展，要在"＋互联网"的基础上，抓住自己的特色，有两个特色要善加利用。

其一，自考规定：中华人民共和国公民，不受性别、年龄、民族、种族和已受教育程度的限制，均可参加高等教育自学考试。而高等学历继续教育报考条件要求报考专科生要有高中学历，报考专升本要有专科学历。可以说，自学考试是真正让考生靠能力说话的学习方式：即使你没有上过学，只要你想学就可以报名自学，学专科、学本科都行。当然一些地方为了保证质量，对报考本科层次做了额外一些限制，比如黑龙江规定没有学历的考生报考本科层次要求是本省自考专科五科以上合格成绩的在籍考生，等等。

其二，高等教育自学考试的专业都有数量可观的实践环节考核，这是优越于我国现有网络教育或远程教育的一大法宝。我们知道实习实践环节是高校教学中的一个重要组成部分，它在很大程度上决定了高校教学质量的好与坏和毕业生能否适应社会的需求。自学考试依托各主考院校，要求考生必须到各主考院校参加大纲中规定的实习实践环节考核，这些考核都是要考生本人现场动手做，自考毕业生的动手能力是纯粹网络教育毕业生所不可比拟的。

自考的实践环节也要因时因势而动，实践环节设计要更加注重应用层面，多多结合当前工厂企业实际。工厂企业用的是什么，我们的实践环节就做什么。让实践环节不能完全依赖主考院校，不少主考院校的实习实验内容都比较陈旧、跟不上时代，可以适当考虑跟研究所，甚至工厂企业联合进行。这样考生毕业进入工厂企业不用再培训就直接能上手，成为"好使"的人。

(三) 走高端，做"含金量"

无论从前述提到的普通高等教育逐渐步入普及化，还是现在自考报考人次的持续萎缩，以及高等学历继续教育的普遍网络化，都预示着低端生源市场竞争会更激烈，报考人次会更加低迷。自学考试必须转变观念，走高端路线，主打自考"含金量"。

其一，净化自考市场。清理违规办学机构及违规学校，清查网上虚假宣传，还自考一片洁净的天空。一些自考助学机构规模特别大，通过率又非常高，难说没有问题，需要调查整顿。

其二，壮士断腕，取消专科。如果要为这么多专科层次培养计划配齐网上课程资源，无疑投入是巨大的,必须集中力量与资源做好高层次人才培养。2014年全国高考本科的录取率是38.7%,其余61.3%是专科生,自学考试要瞄准这些学生,为他们学历提升做准备。

其三,转变助学班职能,重点做翻转课堂,以少量的课程辅导为主,引导学生自学提高。

其四,做高端市场,打造自考的"金字招牌"。与高等学历继续教育争夺低端生源市场是没有出路的,再者降低自考标准,一味迎合低端市场需求,只会导致自学考试"含金量"缩水,直至相融、消失。自学考试要转变目标人群,重点面向真正要学习提高的考生,抓质量,抓品牌,任何真正努力学习的考生都可以通过自学考试拿到"985""211"院校毕业证。要强调自考就是要"难","难"是必须的,因为参加自考你要付出百倍努力,能真正学到东西,自考学到的东西真正能用,自考毕业证书"含金量"高,会被社会普遍重视认可。

其五,寻找突破,争取实现研究生层次的自学考试,进一步提高自学考试的"高端价值"。

四、展望

随着"互联网+"的持续发展,高等学历继续教育中成人函授、夜大、远程教育融合,自学考试+互联网,还有MOOC的完善及学分互认成熟,或许用不了多久就不存在现在传统意义上的"自学考试"了:因为考生都是在线上自学,根据需要参加线下辅导,然后通过考试获得学分,最后整合学分后申请相应学历。从另一个角度讲,全民参与"自学"+"考试",自考也是真正发扬光大了。

第十四节　我国高校继续教育非学历培训发展中存在的问题与应对策略浅析

马欣,韩冬江

(2016年高等教育学会继续教育分会论文一等奖)

近年来,我国很多高校在继续教育非学历培训领域,拓展培训思路,改进培训手段,取得了较好的社会效益和经济效益,提高了学校办学声誉的同时也积极推动了学校服务于社会的重要职能。但高校在继续教育非学历培训师资队伍建设、管理模式等方面存在诸多不足,下面对一些典型的问题进行梳理和汇总,进而提出高校继续教育培训改革发展的思路对策。

一、高校继续教育非学历培训发展中存在的问题

1. 师资力量不足

继续教育学院最大的问题与压力就是"师资"。这里的"师资"即指在面对具有丰富工作经验及较高学历背景的学员时,依然能够游刃有余,针对学员面临的实际问题提供有效的解决思路和方案的师资。

高校特别是一流高校作为高端人才的集散地,师资力量代表了全社会最高的智力水平,然而,受社会对教师职称评定和评价机制的制约,高校教师将多数精力投放在教学和科研上,主要体现在专业领域的前沿理论知识层面,而社会实践经验的缺乏和不足使得理论再精深的教师在面对高端培训课堂上的专业学员时,多少有些力不从心,难免会出现"纸上谈兵"的情况。

师资质量直接影响培训质量,直接影响高校培训品牌和声誉,因此,如何培养一批理论与实践紧密结合的师资成为高校继续教育非学历培训面临的主要问题之一。

2. 管理权责不明晰

目前很多高校继续教育的管理模式主要是管办合一、管办分离两种,所谓"分离""合一"的主体便是继续教育学院和学校本身。继续教育学院作为举办继续教育的传统主体,自成立之初便兼具办学和管理的双重功能。如今,随着社会的发展,各专业学院也纷纷开办继续教育非学历的培训,这也使得学校内部教育培训的管理变得更加错综复杂,包括专业学院同继续教育学院之间的管理关系、专业学院同学校及继续教育学院同学校之间的管理关系等。面对此种情况,部分高校开始进行管理模式的改革创新,剥离继续教育学院的管理功能,将其作为一个专门的办学实体,全校的继续教育统一接受学校的管理和监督。以清华、浙大为代表的高校通过成立继续教育管理处作为学校层面的继续教育非学历管理部门,统一管理学校教育培训事务,实现了学校继续教育非学历培训事业的有序管理和规范运行,成为学校继续教育事业发展的有力保障。而对其他很多高校来讲,不管是否采取管办分离,还是继续由继续教育学院承担管理功能,学校范围内的权责不清晰,专业学院与继续教育学院自成体系的情况仍然存在,各自的责任主体尚不明晰,学校层面也缺乏统一的管理规章制度以及统一的管理机构。这种无序的管理情况势必会影响到学校继续教育整体的可持续发展。

3. 同质化竞争严重

同质化竞争目前已成为很多高校继续教育非学历培训面临的重要挑战。

很多高校提到"现在的主要矛盾是继教院内部各中心之间的同质化竞争""学校内部

继教院同二级学院之间也存在很激烈的同质化竞争"。随着教育培训的发展需求,学校内各专业学院也逐渐成为举办教育培训的主要力量,与此同时,社会培训机构也如雨后春笋般呈现蓬勃发展之势。高校同社会培训机构之间、继续教育学院同二级学院之间甚至继续教育学院下各培训中心之间都存在着严重的同质化竞争现象。社会培训机构凭借市场化优势,借助市场招生;专业学院则依托优越的专业优势,大力发展行业内部的高精尖人士;继续教育学院则凭借丰富的继续教育管理组织经验,培训领域覆盖更加全面。在市场的刺激下,各个机构各显神通,在面对一些例如工商管理、战略管理、人力资源、金融类等热门项目时,纷纷开设同类培训项目,师资与课程雷同,为了抢夺生源不惜以降低学费标准为代价,大打价格战,难免出现恶性竞争、违规办学的不良现象。这势必会影响到教育培训的教学质量,影响社会对高校品牌的信任,影响学校的可持续发展。

同质化竞争的出现也是学校管理不善的"直接产品",如何从管理入手,正确处理学校内部、学校与社会之间的竞争关系,将竞争转化为促进高校和社会教育培训事业协同发展的促进剂也是高校需要着重考虑的问题。

4. 办学体制不灵活

传统的高校继续教育一直充当着成人学历补充的重要角色,在学历引导以及指标的庇护下,学历继续教育在招生、教学、师资培养等方面已经形成了一套完整而又成熟的办学模式。继续教育非学历培训对传统的学历办学模式是巨大的冲击和挑战,传统学历继续教育办学体制的禁锢与现代继续教育非学历市场导向性之间的矛盾日益凸显。作为一个更具活力的办学形式,在快速发展的社会条件下,继续教育非学历培训的短周期、市场性、经济性要求它在各个环节都应更具效率。然而,很多学校在财务上不具有相对独立性,使项目在审批、实施等环节资金不能实时到位,无形中延长了整个项目周期,这也势必影响到了项目管理的连续性、有效性。

在人员管理中,随着教育非学历培训规模的进一步扩大,越来越多的从业者投入到继续教育非学历培训事业中来,但传统的学校人事体制内不能承受如此多的体制编制,因此,在经费管理和用人制度等方面,如何突破原有的体制机制,给予教育培训以灵活的管理制度,如何在学校发展的整体框架下给予继续教育非学历培训充分的办学自主权,也是国内高校应该共同探讨的问题。

5. 从业队伍专业性有待加强

随着高校继续教育非学历培训从业者队伍的不断壮大,从业者自身的专业建设问题也逐渐引起学校关注。据调查,从事继续教育非学历培训的工作人员来自社会各行各业,学科背景涵盖理工科、管理学、经济学、心理学等学科,具有相关教育学背景的人员不足10%。如何加强市场拓展人员、课程设计人员、教学管理人员专业性,如何打造一支专业的教育培训从业者队伍也是高校急需解决的问题之一。

二、我国高校继续教育非学历培训发展的应对策略

高校继续教育非学历培训的发展既是时代的要求,也是自身使命实现的必由之路。基于以上问题,本书提出一些促进继续教育非学历培训发展的应对策略,以资参考。

1. 正确认识与定位是发展的首要前提

首先,对于高校来讲,正确认识与定位高校继续教育非学历培训首先要增强社会使命感。高校作为高等人才的聚集地,是社会发展的最大智库,而一流名校聚集了最顶尖的人才,享有最优的发展资源,理应在做好本科生和研究生教育的同时,大力拓展高端教育平台,承担起与世界接轨,培养既具国际视野、又能立足本土解决实际问题的领导者和管理者的重要使命。

其次,要将继续教育非学历培训工作纳入到高校整体的发展规划中。国内高校应将教育培训的发展作为向世界一流名校看齐的重要组成部分,强化高校领导和继续教育领导对继续教育非学历培训工作的重视和支持力度。

再次,要从确立终身教育理念和建设学习型社会的高度出发,认识到继续教育非学历发展的迫切性和重要性,并以此为发展契机,重新定位高校教育培训的价值和意义。最后,将继续教育纳入到高校评估指标体系,推动高校对继续教育的关注度,提高继续教育地位。

2. 优秀而稳定的讲师资源库是发展的核心

教育培训市场的竞争归根结底就是师资队伍的竞争。优秀师资既要在本专业领域内具有较高的科研学术水平,同时也能够针对行业内部中的实际问题组织教学活动,引导学员用前沿、科学的思路解决实践问题。高校作为社会上顶尖人才的聚集地,如何开发已有的名师资源,服务于高校继续教育非学历培训的发展壮大,可以从以下三个方面入手:

(1) 需要学校和院系领导的大力支持。学校内部可颁布并实施一系列政策措施,支持并鼓励专业学院优秀教师参与到继续教育非学历培训中,特别是应用性比较强的专业,例如工商管理、金融管理、人力资源等,充实教育培训的师资队伍。

(2) 师资队伍组成多样化。师资队伍的壮大不仅仅局限于发展校内优秀讲师,同其他高校或者企业、政府组织建立师资共享平台也是建立优秀师资库的重要渠道。目前国内高校基本上都实现了"引进来"与"送出去"的师资共享计划,在培训中大力引进包括企业高管、政府领导、工程师等在内的拥有较强实战经验的学者型讲师。多样化的师资来源,实现了高校间的优势互补,强强联合,丰富了教育培训的师资阵容,保证培训课程更加贴近实际。

(3) 建立多层次师资评价体系。

当前的师资评价体系以教师的学术和科研成果作为主要评价标准,也是教师晋升的主要参考,这套体系显然不符合继续教育非学历培训体系内的讲师。这也是为什么大多高校教师迫于科研和学术压力,不能将精力投入到教育培训课堂中去。因此建立多层次的师资评价体系便显得尤为重要。学校可尝试对不同领域的讲师采取不同的评价制度,特别是针对一些应用性比较强的专业,应摒弃唯学术成果是从的评价制度,将教师在培训课程方面的授课绩效纳入到师资的综合考评系统中,允许优秀讲师有时间和精力投入到继续教育非学历培训事业中来,能够根据市场需求潜心研发课程。

3. 明晰、严格的管理是发展的必要条件

据一项对 45 所高校开展继续教育非学历培训的调查显示,所接受调查的 45 所高校中,只有几所高校成立了专门继续教育行政主管部门,对大部分高校而言,目前继续教育学院仍然兼顾办学与管理的双重职能,在全校范围内管办不分,同时继续教育学院对其他专业学院的非学历教育培训存在着管理不顺的问题,这也成为制约高校继续教育非学历发展的主要问题。在未来的发展中,继续教育非学历培训将成为高校整体发展战略的一个重要组成部分,管办分离将成为发展趋势。将全校的教育培训管理全部纳入到学校下设的专门二级管理机构,由学校统一管理,做到快速、有效、一步到位。

4. 形成教育品牌是未来继续教育深化发展的目标

教育品牌战略是高校教育培训在探索适合自身发展基础之上所做出的重要战略调整。品牌战略是继续教育非学历培训实现可持续发展的必然选择,品牌的建立是培训做大、做强、做精的基础,高校特别是名校有能力也有义务打造属于自己的教育品牌,并将其作为深化发展的重要目标。

高校实行教育品牌战略具有一定的可能性。高校继续教育非学历培训摆脱了国家计划招生的限制,它的发展规划可根据市场需求和自身特点灵活制订,可享有充分的空间面向社会和市场需要打造自己的品牌,具有一定的自主性和选择性;高校在项目设计、师资聘请、授课内容的安排等方面,要将质量准则贯穿始终,包括授课质量、服务质量等,其中以授课质量为重中之重,以质量求稳,以质量求胜,用质量和诚信提高社会知名度。

培训项目向高精尖方向发展。对于高校来讲,依托专业优势,将培训项目向纵深方向发展,才更易做出差异化,做出品牌,解决同质化竞争的困扰。像国内一流高校都选择充当高校培训业的领头羊,纷纷以"高层次""国际化"为发展理念,专注于将培训项目做精、做大、做强,在形成自身品牌优势的同时,也将中、低端的培训市场转让给其他普通高校,做到资源的合理配置。

5. 深化改革办学体制是可持续发展的必由之路

尽管高校作为成人继续教育非学历培训改革的领路人,在探索办学体制改革的道路上已经取得显著的成果,然而但凡改革都不会一帆风顺,更不会一蹴而就,既有体制的约束仍然成为制约高校高等教育培训市场成长扩大的重要因素。

国外高校灵活自主的办学模式在带给它巨大成功的同时,也为我国高校非学历继续教育的发展提供了借鉴。争取在学校的宏观调控下给予继续教育非学历培训以更多的自主权,避免对培训形式和内容的过多干涉,例如争取具有相对独立的财务管理权,保证项目在审批、实施等环节能够保证资金的实时到位,保证整个项目运作的连续性;拥有相对独立的用人制度,能够自主聘用项目管理人员和项目师资;拥有自主制订发展规划、开拓事业发展空间的权利。

6. 培养一支专业的从业者队伍是支撑继续教育非学历培训实现可持续发展的重要保障

(1)广纳贤才。

继续教育非学历培训是一个完整的运作体系,项目规划、项目管理、市场招生和学员服务等各环节都需要专门人才做支撑。高校应吸纳多学科人才的加入,建设一支懂教育、懂业务、懂管理的专业团队,打造一批有激情、善经营、高素质、勇创新、研究型的专业人员,紧跟市场和学科的最新动态。同时,学校要采取灵活多变的用人和激励机制吸引并保留优秀人才,并积极探索和制定切实可行的教师考核体系和评价体系,立足于教师的工作绩效和岗位职责,保证教师工作积极性的发挥。

(2)加强对从业者自身的教育培训。

对从业者自身的培训已经引起部分高校的重视。要保证继续教育非学历培训品牌的竞争力,就要在专业人员的培训与发展上下功夫,打造一支有持续生长力的从业队伍才能保证教育品牌的茁壮成长。

(3)校友建设是继续教育发展平台的延伸。

国外高校的校友资源已经成为学校发展的宝贵资源,国内高校同样培养出了一大批卓越的校友,特别是对继续教育非学历培训来讲,如何把握这些优质资源,加强校友建设,也是高校发展建设中的重要组成部分。参加高校教育培训的学员,基本都已是行业中的佼佼者,他们参加学习的目的不仅仅是收获新知,更重要的是以此为平台,结交更多的益友。

学校要设立专职人员从事培训后校友服务工作,关注每一位校友学习后的职业发展动态,同时将继续教育校友纳入到真正的高校校友之列,利用学员的名校情结,通过各种活动邀请学员常"回家"看看,增强学员对母校的自豪感和荣誉感,紧密学员与学校之间的联系,通过校友吸引更加优质的生源和师资。

继续教育非学历的改革与转型是一个与时俱进,同时也是一个循序渐进的过程,高校应当从国家战略、区域发展及学校实际情况出发,不断完善继续教育非学历运作体制、提升教学质量、提高管理水平,保证继续教育非学历培训的可持续发展。将高校内优越的智力资源、文化资源和环境资源向社会开放,为打造中国高等教育强国做出贡献。

第十五节 高校继续教育资源共享的研究与探索

徐烈,张桂芬

(《继续教育》2009 年第 12 期)

在我国教育信息化的发展历程中,教育资源建设是一个永恒的话题。教育资源建设应该是个不断积累、循环上升的过程,它将随着教育的发展而发展,并不断被赋予新的内涵;而在资源建设的过程中,资源共享是非常重要的环节,这个环节能否广泛、顺利地开展,决定了资源建设的未来是否可以可持续发展。

一、资源建设与资源共享的内涵及相互关系

1. 资源建设的内涵

关于"资源建设"这一名词并无统一的定义。资源建设应该包含硬件环境建设、软件环境建设和人力资源建设等几部分。

硬件环境建设是指实验室、实验设备、计算机硬件系统、图书馆、多媒体教室等教学设施、教学设备。

软件环境建设包含的内容相对较广,包括课程资源建设、网络资源建设、制度建设和管理信息平台建设等方面内容。

人力资源建设的内容相对简单,但却最为重要。因为硬件环境建设与软件环境建设很大程度上取决于人力资源建设的水平。人力资源建设主要包含教师的培养、培训,教辅人员、管理人员的队伍建设等方面。

资源共享的含义就是通过某平台让大家共同享用具有通用性的优质资源,最大限度地节省成本,提高效率和质量。

2. 资源建设是资源共享的基础与前提

资源共享是建立在优质资源基础之上的,资源建设需要大量人力和物力的投入。而资源建设在某种程度上制约着资源共享的实现。在教育部的主导下制定各类政策,提高各高校及高校继续教育建设优质教育资源的积极性,形成以国家为主的多渠道资金来源,各高校在资源建设方面建立激励制度,保证资源建设的顺利开展。

只有逐渐丰富和增加可共享的优质教育资源,只有优质资源充足、丰富的情况下,才

能推动共享的普遍开展。没有建立起优质教育资源,也就无从谈起优质教育资源的共享,因此资源建设是资源共享的重要前提与基础。

3. 资源共享有利于资源建设的良性发展

教育资源共享有利于节约成本投入。目前情况下,参与教育资源建设的各高校都是各自为战,从硬件建设到教学支持服务的进行等都是独立组织与实施,这就导致每一所高校都要在相关方面进行投入、重复建设。如果能实现网络教育资源的共享,可以节约大量的人力和物力投入,从而有利于节约成本。

教育资源共享有利于教育效率、质量的提高。教育资源共享意味着能以最小的投入来达到相同的教育目标,从而实现教育效率的提高。如果能将某一专业中的不同课程所需的资源,通过适当的方式在不同的高校间进行分配,或是通过不同高校间的分工协作来完成相同课程所需教育资源的不同部分,那么,我们可以在教育资源的建设上集中有限的资源,而不是将这些有限的资源分散做相同的项目,这样做显然更有利于教育资源质量的提高。

教育资源共享有利于实现教育的规范管理。通过教育资源的共享,会推动统一的标准和制度的建立,如有关资源建设的标准、相关资源使用的方法、课程考核的方式等。通过这种制度的统一来实现规范管理,进而保证教育质量。

二、实现继续教育资源共享的途径

1. 扩大继续教育资源共享的范围

资源共享要遵循教育部开展继续教育的原则,也就是"先校内后校外,先资源建设后社会办学"。

扩大资源共享的范围需要建立一套共享机制作为制度保障,同时需要政府、高校、企业、协会等各方积极参与。政府负责政策制定、标准制定和宏观工作的指导。高校是资源共建、共享工作的主体,应该在教学模式、教学内容、资源建设和实施等方面发挥最重要的作用;企业提供资金和技术上的支持,其运作机制也可为资源共建、共享提供资金和技术上的支持,其运作机制也可为资源共建、共享注入新的活力。

资源的共建、共享从程序上来说应该是先易后难,分步实施。第一步应实现校内外资源的共建、共享,在此基础上或同时以院校自主行为的形式,主动为外校提供共享资源或主动争取共享外校资源;第二步可以整合同地区或同类型学校的资源,实现本地区和同类型学校的资源共享。

2. 拓展继续教育资源共享的内涵

继续教育包含学历教育与非学历教育,学历教育按照授课形式的不同可划分为成人教育与远程教育,随着普通高等教育大众化进程的加快,使得中国高等教育发展趋势发生较大变化,特别是继续教育的学历教育与非学历教育发生了较大的变化。通常继续教育资源共享是指课程资源和网络课件的共享,这是由于课程资源的开发需要的大量资金、技术和人力的投入,为避免重复开发而相对较多采取课程资源共享的方法。

各高校发展继续教育工作的指导思想各不相同,形成了很多种办学体制和模式。但大家都面临着一个共同的课题,那就是下一步如何发展和如何进一步整合教育资源,因此继续教育的管理模式、资源建设情况、发展规划、平台建设等方面的共享对各高校都会有着十分重要的借鉴意义。

3. 发展资源共享文化

教育资源共享包括硬件和软件的建设,这是实现资源共享的基本条件。然而决定资源共享能否实现最关键的还是人。因为资源共享的建设不仅仅是课件建设、平台建设,更重要的是改变人的观念。我们要发展共享文化、推广共享文化,但这需要一个过程。只有当共享的意识贯穿于人们的相互交往方式时,才能形成共享文化。

开放、合作和创新是共享文化的三个特征。

开放:开放是共享的前提,长期形成的我国高等教育封闭式办学传统是制约资源共享的原因。一个观念封闭的学校谈不上共享文化,继续教育在开放的同时也必须坚持自己的特色,这样才能使特色更显魅力。无论是管理人员、教师和学生都应该树立起开放的教学理念,不应该回归到传统围墙内的高等教育模式。

合作:通过资源共享的合作再生出更多的新资源,合作是资源共享最主要的特征,它对决定资源共享能否实现有着决定性的作用。事实上,任何一所名牌大学并不是各个专业、门门课程、每个教师都优秀,开展校际之间的课程互认联盟,推广课程互选、学分互认,将兄弟院校的优秀课程按一定比例提供给本校学生,不但不会削弱竞争力,反而提高了自身的教学水平、教育质量,并增强了社会影响力。

为推进资源共享的校际合作,国家也可制定相应的政策,确定共享优质教育资源在教学中的比例,从政策上鼓励、推动校际合作与资源共享。

创新:创新是共享文化的核心,也是发展共享文化的意义之一。在资源共享过程中,仅仅具备开放和合作精神是不够的,创新是核心特征,是资源共享的灵魂。远程教育工程的实施就是教育模式的创新,给教育事业带来了新的发展生机,通过对远程教育资源的开发与管理,搭建了教育资源的共享平台,并且在这个平台上不断创新,实现优秀教育资源的普遍共享。

三、哈工大继续教育学院资源共享的基础

提到哈工大继续教育学院的资源共享,就要提一下哈工大继续教育学院四院一体的体制演变过程。

哈工大成人教育创立于新中国成立初期,继续教育学院成立于20世纪90年代,而远程学院成立于2000年。在远程教育成立之初是成人教育发展的鼎盛时期,由于高等教育的迅速崛起,成人高等教育的补充作用已在明显减弱,从成人教育中派生出的继续教育培训工作由于市场的需求逐渐发展壮大。远程教育学院创建时相对独立,从建站、招生、教务管理到毕业管理都独立完成,这即是学院的第一个发展阶段。

由于成人教育、远程教育面向的学习对象都是成人在职人员,存在教学计划、教学管理相似等特点,可实现教学资源共享,学院将成人教育、远程教育纳入统一轨道。2005年成立了国际合作教育学院,这时哈工大继续教育学院就发展成四个学院,也就是今天哈工大继续教育的四院一体。

1. **同一领导班子,统一协调发展**

哈工大继续教育学院在发展和历史演变的过程中,逐渐形成了四院一体的格局,设置了同一套领导班子。各位主管院长权利与责任明确,主管所负责学院的相关部门,对常务副院长负责。在学院内部的运行上,从来就没有划分界限,完全是打通的。在学院的整体规划中重视四个学院的统一协调发展,对学院资源进行综合协调、充分利用、保证共享。

2. **按块设置部门,按需设置岗位**

学院的机构设置和岗位设置都是根据发展需要而设置,且不是一成不变的。根据目前学院的格局调整为业务部门和支持部门。业务部门各属学院的四大块业务,其中培训部下设多个项目部。支持部门由学院办公室和技术中心组成,是四个学院共同的管理、服务和技术支持部门。

各部门岗位设置及岗位数量也是学院根据发展需要、结合各部门工作量而统一设定的。当学院业务发生变化时会及时调整岗位设置,各部门的工作人员可以互相流动、合理分配人力资源,这四个学院的人力资源也是共享的。

3. **财务统一预算,统一核算,统一支出**

学院设有统一的财务人员,各口不单设财务人员。由于财务上的统一管理,真正使四院一体的模式得以实施,使学院资源共享顺利开展。

各部门根据需求对本部门工作进行统一预算,学院结合部门需求和整体工作安排进行预算的调整,按照统一的财务制度对四块业务进行统一收支管理与核算工作。在实现精细化管理、规范化的财务管理的过程中,建立了财务实施细则,对学院各类经费的财务流程进行详细、具体的规定。

4. **统一聘任、统一管理、统一考核**

学院各部门的主任、副主任、各管理岗位都是通过学院统一聘任产生的。

学院根据业务发展需要确定岗位需求情况、测算岗位数量,职工根据自身情况进行申报,学院组织统一竞聘,双向选择。在统一聘任制度下,对每个员工进行测评,统一管理。学院对职工进行统一管理、执行学院统一的考勤与管理办法,但负责继续教育培训工作项目部工作人员实行企业化管理和岗位目标责任制,这是针对培训工作特点而形成的,与其他部门工作人员的管理与考核办法不同。

在考核方面,除培训工作,其他三块工作的管理岗位人员考核办法是一致的,实行绩效考核。考核办法设有临时考核、半年考核和全年考核,全年考核采取全员职工进行互评打分的形式进行。学院对绩效考核的结果认真分析、总结,职工通过绩效考核增强了竞争意识、服务意识,同时也提高了工作水平和竞争力。

四个学院的人员实行统一聘任、统一管理、统一考核,实现了人力资源的共享。

四、哈工大继续教育资源共享的实践探索

1. 远程课件的资源共享

首先,在资源建设方面,先后多次投入多媒体设备、课件制作设备、录播设备等教学设备;在全校范围内开展优秀课件建设项目、鼓励优秀教师从事课件的研发,投入一定资金对课程建设平台和管理平台进行开发,不断提高课程开发水平和管理水平,不断开发各类课程、课件。

其次,在资源共享方面,学校遵循教育部提倡的先校内、后校外的资源共享的推广精神,将远程教育的网络课程提供给成人教育学院及成人教学函授站共享。

再次,在课程资源有偿共享方面也做了一些尝试,学院将一些课程资源按照每学时标准收费的形式,向一些同类院校进行推广,鼓励兄弟院校积极使用我校优秀的课程资源。

另外,远程教育的授课模式在继续教育的培训工作方面也做了探索,将远程教育的网络课程用于外语或管理类的培训,或采用教师面授培训为主、网络课程培训为辅的培训教学模式。

2. 教学条件共享,教学安排统一布置

学院自筹经费建设了教学楼、学生公寓、继续教育公寓,教学条件的改善带来了新的发展机遇。学院的办学空间大了,远程教育、继续教育的发展更加快速,国际合作教育也有新的突破,但教学设施、实验室仍然是学院统一管理,属四个学院共享。学院根据各口工作需求,结合学院整体工作进行布置。

3. 教学制度资源共享

成人教育和远程教育面向的学习对象都是成人在职人员,他们有着必然的联系,只是授课方式不同。考虑二者的平衡关系,在教学制度的建设上充分调研。第一,符合政策,就是把握教育部精神;第二,实事求是、符合成人远程学生特点,符合学生实际情况。特别是在关键的制度制定上,如在学士学位授予条件等方面,远程教育、成人教育在制度上完全共享。学院教学督导组只有一个,远程教育学院教学督导制度也是与成人教育制

度共享产生的。

4. 培养方案基本统一

结合成人教育学院学生与远程教育学院学生的特点,学院于去年重新修订了教学计划,成人教育学院和远程教育学院的培养方案基本统一,今年又结合将配套的教学大纲统一进行修订,这些工作成人、远程两个学院整体部署、统一实施。

尽管在课程资源建设和体制建设共享方面,我们做了一些工作,但还是很不够。一些兄弟院校在资源共享和国家精品课程建设等方面有着成功的经验,比如今年海峡两岸会议的主办校武汉大学,与其他六所大学创立了武汉地区"七校联合办学"联盟(简称七校联盟)的共享模式也很值得借鉴和推广;一些大集团与政府、高校联合开发的优秀课程,以无偿提供或廉价购买的方式与社会共享,这种模式也很值得继续探讨。

优质教育资源建设与共享在继续教育发展过程中有着十分重要的意义,它不仅仅是改革人才培养模式的需要,也是构筑终身教育体系、形成学习型社会的需要。希望通过继续教育资源建设与共享,将共享文化逐渐在高校中传播、发展,通过高校之间的交流、互动,促进资源建设、共享的可持续发展。

第十六节　企业与高等学校的继续教育合作模式

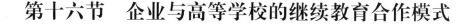

马欣,李旦

(发表于全国核心期刊《继续教育》2012年第10期)

科教兴国是建设社会主义现代化强国的重大决策,是一项根本性、长期性的战略。这一战略决策的提出,不仅明确了教育在社会主义现代化建设中优先发展的战略地位,而且明确了教育与社会主义现代化建设的辩证关系。它一方面要求教育逐步转到为社会主义现代化建设服务的轨道上来,另一方面要求社会主义现代化建设逐步转到依靠科技进步和提高劳动者素质的轨道上来,为包括继续教育在内的各类高等教育的改革和发展指明了前进方向。

继续教育是适应社会经济和科技迅速发展的需要而形成的一种新型的教育制度,旨在对大学后的在职人员不断进行知识更新、补充和提高,具有内容新、水平高、周期短、见效快等特点。继续教育是人力资源开发的基本手段,是提高企业劳动者整体素质的有效途径。科技进步和创新的加速,要求普遍提高劳动者的素质,大规模地培养各类人才,为劳动者提供各种层次、各种类型的不间断的学习培训,这些都要求由继续教育来完成。高等学校开展的成人高等继续教育是利用高等学校的教育资源,对受教育人进行技能培养和专业知识讲授,同时注重对他们的思想道德教育,以提高他们的技能水平、专业知识水平和职业道德,从而使他们更好地适应社会经济发展的需要,为社会发展和经济建设服务。

总之,高等学校要在开展继续教育的过程中,更新观念、调整思路、探索新的模式来大力发展继续教育事业,为我国社会主义现代化建设做出贡献。

企业与高等学校继续教育领域的合作模式作为继续教育的一个有效途径,它既能充分且有效地利用高等学校的教育资源,又能为企业员工的继续教育提供支持,使企业在获得快速发展的目标下,建立坚实的人力资源基础。因此,继续教育要依托高等学校各类教育资源,走与大中型企业联合培养的道路,不断探索符合企业特点的教育合作模式,为我国继续教育事业做出努力和贡献。

一、我国企业与高等学校继续教育的现状

1. 企业继续教育的现状

企业继续教育是通过业余或脱产的办法,为提高企业内现职专业技术人员和经营管理人员的政治、文化、科学技术水平和经营管理水平而施行的教育,是企业有组织、有计划、有目的地对专业技术人员和经营管理人员进行的教育、训练,为促进其个体素质的转化从而促进企业经济发展的一种劳动力再生产的过程。因此,企业继续教育是开发智力、培养人才的重要途径,是持续发展国民经济的可靠保证,它同现代化建设的成效密切相关。根据企业的需要所进行的培训人的活动是企业继续教育的本质属性。从整体过程来看,企业继续教育主要是开展职后教育;从对象来看,企业继续教育具有全员性和层次性;从内容来看,企业继续教育以满足企业个性为前提,强调创造能力的培养和新知识、新技能的学习和训练;从目的来看,企业继续教育以提升核心竞争力、促进企业的知识获得、知识共享和知识应用为目标。因此,企业继续教育对人的发展、企业经济的繁荣、社会的进步起着不可替代的作用。

以哈尔滨市企业继续教育现状为例,情况如下:

哈市共有规模以上工业企业 743 家,职工总数 40.1 万人。其中有 505 家企业有继续教育制度,占到总数的 68%。据统计,2004 年全市共有 3.15 万人接受过继续教育培训,见下页表。

继续教育培训情况

继续教育形式	数量/万人	总数/万人	比例/%
岗位内培训	1.18	3.15	37
职工大学	0.34	3.15	11
互联网	0.80	3.15	25
远程教育	0.56	3.15	18
跨国培训	0.06	3.15	2
其他	0.21	3.15	7

资料来源：哈尔滨市企业内教育调查报告2004

由此可见，企业继续教育存在的问题主要是教学方法陈旧、教学形式单调和教学内容以"学科为中心"。企业比较青睐讲座法、讲授法等传统的教学方法，而对模拟、角色扮演、工作样本等教学方法不太重视。大部分企业选择的教学形式仍然是岗位内培训，对产学结合、企业大学、跨国培训、逐层选拔、远程教育等新的培训形式还不了解。而企业继续教育的教学内容以教师为中心安排课程，即教师能讲哪科就开设哪科，不顾专业技术人员的实际需求，忽视了专业技术人员创新能力的培养。

2. 高等学校继续教育的现状

高等学校方面，在开展继续教育中往往偏重于各种层次的学历教育，在与企业一起联合开展继续教育的培训过程中，有针对性、目的性的，各种层次、各类需求的培训项目较少。高校不能很好实现企业要求的职工能力的提升和素质的提高，不能很好利用自身资源发挥理论、实践相结合的培养模式，距离企业的培训期望和目标还有差距。

另外，继续教育中名不副实甚至"变相卖证书"的情况时有发生。个别高等学校的继续教育培训部门单纯追求经济效益，一味争取更多低层次项目的生源培养，通过减少授课时间、降低考核要求和标准，来迎合部分企业培训者的急功近利思想，从而导致继续教育培训市场的质量下降。

为此，企业与高等学校在联合开展继续教育培训过程中应不断摸索、完善，来促进继续教育事业的健康、稳步发展。企业应当把职工教育纳入企业的生产经营管理活动当中，作为董事长、总经理的任期目标责任制之一，切实对企业职工的继续教育工作予以高度重视。企业还应确保职工教育经费的提取和使用，把提高职工的工作技能和专业知识水平纳入企业的长远发展规划，实行职工培训、考核、使用和待遇相结合。高等学校应当坚持为企业服务的方针，根据企业的需要来对职工进行岗位应急培训、常规培训和多层次的学历教育，重点培训企业急需的高级技能人才、高级科技人才和高级经营管理人才。与此同时，高等学校应当严格教学管理，认真分析企业实际需求和特点，制定符合企业的培养模式和方案,积极地提高培训质量和培训效果。

二、企业与高等学校联合开展继续教育的作用

1. 对企业的作用

企业要发展,人才是关键。一个企业要取得长足稳定的发展,就要依靠人才来实现。因为生产技术的高起点、企业经营管理上的高水平、产品的高质量都要靠人来完成。所以,企业应该重视人力资源的开发,最大限度地发挥人的潜能,使之为企业的经济发展服务。通过企业与高等学校联合开展继续教育,不仅能够提高企业职工的技能水平和专业知识水平,进一步促进企业的发展,而且通过利用高校的教育资源和师资,可以节约企业的培训成本,提高培训质量。

2. 对高等学校的作用

随着社会的发展,高等学校成人教育办学以学历教育为主的单一办学模式已不能适应人们对受教育的形式多样化的需求,这在较大程度上制约了成人教育的发展,影响了成人教育的总体办学水平。高等学校与企业联合开展继续教育办学,可以使高校的成人教育走上开放办学的路子,扩大办学规模,提高办学水平,提升高校社会形象。高校还可以通过面向企业来探索继续教育的其他途径和模式,获得第一手的资料,同时也解决了办学经费不足和实习、实验基地缺乏等问题。此外,高校教师在教学过程中能够与一线职工进行直接交流,接受生产实践锻炼,从而为培养"双师型"教师提供了一个良好的机会和平台。由于继续教育所特有的高层次性、创造性、新颖性、实用性等基本属性,决定了继续教育的内容必须是"最新知识、最新技术、最新研究成果、最新的教材",这必将对高等学校的教学、科研起着巨大的推动作用。

三、企业与高等学校联合开展继续教育的具体形式

企业与高等学校联合开展继续教育,可以采用"到企业去、请进来、相互兼职"等形式。"到企业去"就是高等学校组织相关的专业教师和科技人员、研究生等到企业去送技术、送知识,向企业职工进行面对面的技能培训和专业知识讲授。"请进来"就是高等学校根据企业的发展需求,邀请企业所选定的部分骨干直接进入高校进行强化培训和学习。待他们培训结束回到企业后,再将所学的内容传授给企业其他职工。"相互兼职"就是指企业和学校双方各自的专家或技术骨干、学科带头人被企业或学校聘为兼职顾问或教授,定期到企业讲学或做学术报告,到学校讲课等。通过这些方式,可以架起高校与企业联合开展继续教育的桥梁,真正实现企业与高校的"双赢"模式。

当前我国企业与高等学校联合开展继续教育的形式主要有：

1. 多种类型的培训

培训是实现企业职工继续教育的主要途径之一。企业的生产过程涉及专业、工种、岗位等问题，随着科学技术的不断发展，可能会出现一些新的问题，要有效解决这些问题就必须提高职工的技能和知识水平。因此，对职工进行新知识和新技术的培训是必要的，包括新的生产工艺、新的机器设备、新的技术岗位知识的培训以及其他的生产经营活动中具体问题的专项培训。

2. 多层次的成人高等学历教育

成人高等学历教育是一种理论学习和实践能力培养并重的教育。通过成人高等学历教育，既增强了企业职工的个体素质，也提高了企业人员的整体素质和知识水平，为企业的发展提供了良好的人才基础和智力支持。同时，成人高等学历教育也满足了在竞争激烈的市场环境中企业对高学历、高技术人才的需求。

四、企业与高等学校联合开展继续教育的有效策略

1. 培养目标和教学计划要有针对性

企业与高等学校联合开展继续教育要本着为企业培养人才的目标，在内容和课时的安排上要结合企业的实际需要，把继续教育与企业改革，促进产业结构、产品结构调整，技术进步，引进与消化先进技术，提高经营管理水平，技术改造、科技攻关等结合起来，为企业发展提供人才智力培训方面的支持。同时，要注重培养受教育者的实践动手能力、理论与实践相结合的能力，以更好地适应新技术发展的需要，达到企业培训职工的目的要求。

2. 培训项目要做到可持续性

企业与高等学校联合开展继续教育要针对不同行业来开发出新的培训项目，使其具有培训一代、储备一代、研究一代和构思一代的性能，形成继续教育培训项目寿命周期系列。不仅要有承前继后的培训项目，而且所开发的培训项目要与企业发展实际相适应，要能够满足企业发展和改革的需要。

3. 继续教育要为企业的技术改造和技术攻关服务

在激烈的市场竞争中，企业一方面要组织职工学习新知识、新方法；另一方面要集中培训企业紧缺的专业技术人才，以适应实际工作的需要。高校应当把企业的重大技术攻关项目、改造项目等作为继续教育的重点课题，使继续教育直接为企业的生产经营和技术开发服务。这样，不仅能够促进科技成果转化为生产力，而且也使专业技术人员得到了锻炼和提高。

4. 继续教育应当与提高企业经营管理水平相结合

如果企业内部管理不善，很容易使企业亏损甚至破产。因此，企业管理水平的高低，将直接影响到企业的生存和发展。企业要引进科学的管理技术来提高管理水平，关键在于培养出色的企业管理人才。这就要求在继续教育过程中注重对企业管理人员的培养，提高他们的管理技术和能力，从而能够进一步提高企业的经营管理水平，促进企业的发展。

5. 继续教育要努力实现教育手段的现代化和网络化

随着全球计算机网络和多媒体技术的进步，现代信息技术水平也在不断地提高，继续教育的手段也应当适应时代发展的要求，实现现代化和网络化。在条件允许的情况下，继续教育可以大量应用教学光盘和计算机辅助教学软件等手段进行教学，也可以利用网络远程教育系统进行网络教学。高等学校与企业联合开展继续教育时，高校可以依托校园网络建立自己的网络教育平台，对具备条件的基础课程实行网络化教学。在网络化教学中，高校应当与企业建立信息共享机制，制作好相关的课件，保障教学顺利进行，从而保证教学质量，降低教学成本，提高办学效率。

6. 加强继续教育的考核手段

对继续教育的考核要运用全新的观念。企业与高等学校联合开展继续教育要抛弃重理论、轻社会实践的陈旧教学思想。考核要与出勤、课堂纪律和表现、作业情况和利用理论知识解决实际问题的能力相结合，对受培训者进行全方位的考核。高校应当对教学秩序加以严格管理，对学员严格要求，从而提高教学质量，为企业培养合格人才。

7. 加强对企业与高等学校联合开展继续教育的监管

企业与高等学校联合开展继续教育虽然有利于促进继续教育事业的发展，但如果对它缺乏必要的监管，将会产生一些不良的后果。目前，有个别高校只重视盈利，忽略了继续教育的质量，使受培训者虽然拿到了培训合格证书或继续教育学历证书，但由于参加培训或者学习只是一种形式，他们并没有学到完整的知识和技能，理论知识和技术水平都无法得到提高。这样，不仅企业蒙受了损失，高校信誉在一定程度上也有所降低。因此，对企业与高等学校联合开展继续教育进行监管是十分必要的，国家可以制定有关的政策法规，加强管理与评估，确保继续教育的质量。

社会经济发展、高等教育的发展特别是高等学校的连续、大规模扩招和社会对终身学习、终身教育的要求，使我国继续教育的办学模式面临新的机遇和挑战。我国继续教育在办学模式上要从以学历教育为主，转向以非学历职业教育为主的多元化合作办学模式，特别转向企业与高等学校联合开展继续教育的办学模式。在办学过程中，正确认识和处理社会效益与经济效益的关系、学历教育与非学历教育的关系、继续教育学校与其利益相关者的关系、改革与发展的关系、短期利益与长期利益的关系等，促进我国继续教育事业的健康发展。

第十七节 继续教育创新发展与特色化

张桂芬,徐烈

建设创新型国家,提高自主创新能力、抓紧并持之以恒地培养造就创新型人才是党中央从全面建设小康社会,开创中国特色社会主义事业新局面的全局出发做出的一项战略决策。

作为培养高级人才的大学后教育,与创新密切相关。创新是继续教育可持续发展的永恒主题;继续教育只有持续不断地创新,并形成自己的品牌与特色,才能满足灵活多变的培训市场需求,才能实现继续教育与社会政治、经济的和谐发展。

一、继续教育发展的机遇与挑战

(一)科技发展与知识经济到来是高校大力发展继续教育的客观需求

根据有关专家统计和预测,20世纪70年代知识积累速度为20年增长一倍,根据有关专家统计和预测,20世纪90年代减为10年,21世纪初降到3~5年。根据权威预测,未来30年人类科技知识总量将在现有基础上增加100倍。

科技进步和创新成为增强综合国力的决定性因素。科技进步和创新的加速,要求普遍提高劳动者素质,大规模地培养各类人才,为劳动者提供各种层次、各种类型的不间断的学习培训,这些都要求由继续教育来完成。

人们只有不断接受教育,学会终身学习,更新知识结构,进一步发展人们的潜能,才能适应21世纪社会发展的需要。

(二)"信息化"和"全球化"进程推动了继续教育的发展

信息化和全球化是当今世界经济和社会发展的大趋势,我国需要大量熟悉国际制度、了解国际惯例、精通国际业务并得到国际社会承认的高层次专业人才,需要具备高超的技术技能、了解国际职业标准,又具备对外交往、工作、生活能力的外向型劳动者。我国"信息化"和"全球化"的加速发展,使我国按照国际标准大批量培养国际通用型专业人才,成为继续教育刻不容缓的重任。

(三)培训教育革命

所谓培训教育革命,主要是指受社会经济与科技的影响,培训的观念、手段、内容发生巨大变化,继续教育对象团体化。

1. 新的教育理念形成

全民教育、终身教育两大潮流冲击着传统的教育观念。教育不再是一部分人的事,而是全社会所有人的事;教育不再是一个人某个阶段的事,而是贯穿人的一生,存在于人的终身的事。人才成长最终要在社会的伟大实践和自身的不断努力中实现,而活到老、学到老正是继续教育的体现,也是学习型社会和终身教育体系的特点之一。

2. 新价值取向的出现

培训教育价值取向已发生很大变化:

(1)投资取向。对人力的投资是各种投资利益最好的投资。

(2)消费取向。许多国家的企业和个人都意识到,学习进修和培训教育都是增进竞争力的必要投资和消费。我国正在改变过去个人学习、单位掏钱的传统状况,把个人学习的费用列为一种必要的消费。学习已经与食品、居住排在城乡社会消费的前三项。

(四)高校继续教育在大学事业的发展中日益受到重视

1. 我国高等教育现状

我国高等教育于 2002 年提前进入大众化时期,高等教育毛入学率只有 19%(周济部长报告数),这其中继续教育——成人学历教育的贡献功不可没,在推进我国高等教育大众化的进程中起到了重要的作用。然而与世界发达国家差距还很大,与我国的国际地位是不相称的。在日本、韩国、澳大利亚、加拿大、德国、美国、俄罗斯等发达国家和部分发展中国家 2000 年的毛入学率都在 40% 以上。我国是人口大国,平均受教育年限低。据统计我国大学 15 岁以上国民受教育年限仅为 7.85 年,25 岁以上人口人均受教育年限为 7.42 年,两项平均仍不到初中二年级水平,与美国 100 年前的水平相仿,比韩国低近 4 年(2002 年教育部统计数据)。

如何把沉重的人口负担转化为丰富的人力资源优势,把人口大国建成人力资源强国,一直是党和国家所关心的大问题。特别是在全面建设小康社会的今天,国家将致力于建设学习型社会,这一问题显得更为突出。作为国家重点投资建设的著名高校,应当尽自己的最大能力为国家的教育事业贡献力量。

2. 哈佛大学的继续教育是我国高校学习的典范

哈佛大学是美国一所世界知名的古老而优秀的私立大学。它先后产生过 41 名诺贝尔奖获得者和 7 位美国总统。该校 2004—2005 年共有读学位的本科生 6 562 人,研究生及专业学院学生 12 250 人,在延伸学院(即继续教育学院)读学位的在职人员有 977 人,此外每年有 12 000 多名学生在延伸学院学习 1 门或多门课程。含 65 个学科领域,570 门课程。办学层次多样化是哈佛大学的传统,是中国高校学习的榜样。

3. 高等院校与继续教育的关系

如果我们客观全面地分析我国及世界教育的历史和现状,我国是一个教育欠发达的国家,国家重点高校对发展我国教育事业责任重大,义不容辞。同时,继续教育是高等教育的一个重要组成部分。

我国的高等教育按类别可以分为研究型大学、教学型大学和高等职业技术教育,按学习方式可以分为全日制普通高等教育和继续教育。继续教育要与学校同步发展,共创一流。应该说,高校的发展为继续教育事业的发展创造了条件。同时教育,特别是高层次的继续教育,又为学校与社会的沟通开创了一条新途径,对于教学相长起到较好的促进作用,它已经并将继续对学校的发展和建设做出贡献。

二、创新是继续教育发展的必然要求

"创新是一个民族进步的灵魂,是国家兴旺发达的不竭动力。"在知识经济时代,继续教育必须以创新能力培养为教育理念,实施创新教育。继续教育的内容应以培养受教育者的创造能力和创新精神为重点,培养适应知识经济发展要求的具有创新精神和学习动力的高素质应用型人才。

(一)继续教育的创新对知识经济发展具有推进作用

教育是特殊的生产力,知识经济端倪源于教育最发达的美国,后逐渐扩展到全世界重视科教兴国的许多国家。中国作为世界上快速持续发展的国家,其内在动力源于把科技兴国作为基本国策。如没有高素质的创新人才,何谈知识经济的发展。知识经济作为知识不断创新的经济,其原动力在于教育的创新发展。因此,继续教育的创新,对知识经济发展具有积极的推动作用。

(二)继续教育的创新是知识经济可持续发展的客观要求

知识经济的发展,必然引起继续教育教学内容和形式的变革。

1. 形式多样性、人性化

这便于受教育者在较短的时间内,根据工作实际需要,通过影视、网络等形式进行不间断的"充电",以达到知识更新,素质技能不断提高,岗位任职更加稳定的目的。

2. 改革创新教学内容和课程体系

教学内容更具有前瞻性、适应性和创新性,注重对受教育者进行创新能力的培养。

三、特色化是继续教育发展的战略选择

(一)强化服务意识,创建精品培训项目

加强继续教育市场需求的调研能力,整合社会资源,捕捉市场机遇,科学项目运作,开拓培训市场,培植特色与精品培训项目、课程,更好地服务本地经济和社会发展搭建平台,创造条件;进一步强化服务意识,做大社会培训项目的策划设计和开发,力求在激烈的市场竞争中谋求发展;按照"教育者先受教育"的原则,组织开展继续教育管理人员培训,为建设一支热爱事业、具备专业技术知识、综合管理能力和创新精神的继续教育骨干队伍提供服务;进一步加强与国外继续教育同行的交流,谋求跨越式发展;做好培训效果的反馈调查工作,不断调整,更新培训内容,保证培训质量。

(二)继续教育工作坚持高层次、多形式、开放式

高层次是著名高校教育活动的客观要求,因此哈工大的继续教育以高层次为主,要不断增加高层次的非学历继续教育的比例,要通过继续教育构建产学研相结合的"高速公路",为学校的教学和科研服务。终身教育和学习型社会的发展,要求我们的继续教育必须以多种形式和面向社会开放的姿态去适应当今社会对教育的需求。继续教育竞争很激烈,我们要树立竞争意识、服务意识和质量意识,我们的高校继续教育工作者,如果很好地把握了这几个问题,就会在竞争中永远立于不败之地。

(三)突出特色,坚守信誉

特色是一个学校提高竞争力的有效手段,我校的继续教育已经创出了自己的特色,今后还应不断探索。

质量是根本,办学不注重质量,只能是短期行为,是没有生命力的。哈尔滨工业大学多年来一直十分关注自身的质量,素有"规格严格,功夫到家"的传统,在继续教育工作中也要坚持和发扬这个传统,在办学中要严格要求,严格管理,保证质量。

(四)继续教育工作实行企业化管理

继续教育不同于普通高等教育有国家的补贴或者相关的资助,我们只有把市场经营、企业管理理念形式引入继续教育领域,才能实现自我发展的良性循环。

2003年起,继续教育实行企业化管理。继续教育工作实行项目主任目标责任制。面向社会招聘对继续教育工作具有较强开拓能力和敏锐的市场洞察力,并能努力实现继续教育工作目标的人担任项目主任。项目主任负责开发培训项目、评估项目的可行性、执

行项目、实现项目的预期效益目标。

实行项目主任目标责任制,使人的智力和能力得到最大限度的发挥,增强了继续教育的竞争力。它对继续教育工作起到极大的促进作用。实现了继续教育办学的突破。

通过一个阶段的发展、调整和完善,继续教育可以走出一条"以市场的经营理念,创稳定经济效益"的良性循环之路。

(五)发挥继续教育基地的作用

几年来,继续教育坚持为航天科技集团公司、航天科工集团公司、国家人事部高级公务员培训中心、总装备部、黑龙江省建设厅等部门举办高级研修班,培训高级技术人员、高级管理人员。积极发挥我校作为继续教育培训基地的重要作用。

我们致力于建设具有哈工大特色的继续教育培训基地,培植一批精品项目,吸引军队、企业、政府精英来校学习与交流,为国家科技、经济发展和社会进步,为航天、国防以及地方经济社会发展做出更大的贡献,也使我们的继续教育成为哈工大创世界一流大学中的一个新亮点。

(六)发挥继续教育的桥梁作用

我们把促进教学相长,推进产学研结合作为继续教育的任务之一。通过开展继续教育,学校的教师把企业的新技术、新发明运用到教学中,促进了教学工作。通过开展继续教育,把学校的科研成果推出去,把科研需求引进来。近几年开办的高级研修班,充分反映了我校的学科优势。主讲人层次高,学员层次也高,继续教育如同一座高架桥,建起了学校与社会的联系、知识与技术的联系。

(七)远程手段,发扬光大

远程教育作为一种手段,在未来的教育工作中将发挥越来越大的作用。通过远程教育可以发挥优秀教育资源的辐射作用,使更多的人共享著名高校的优秀教育资源,受到良好的教育。通过远程教育建立学校的网络资源库,为学生提供更为便利的学习条件。我校的远程教育对于推动和促进继续教育的现代化和信息化建设,必将发挥积极的作用,对继续教育未来的变革产生持久而深远的影响。

继续教育正在不断发展壮大,已经成为终身学习的重要组成部分,受到各国高教界,包括世界一流研究型大学的极大重视。哈工大继续教育学院将适应国家教育发展战略的需要,努力提高我们的管理、教学、科研和服务水平,向着高层次、高质量、高效益的目标孜孜以求,为我国教育事业发展做出更大的贡献!

第十八节　创建学习型组织　培育知识型员工

张丽霞

为适应改革、迎接挑战,哈尔滨工业大学继续(成人、远程)教育学院积极开展创建学习型组织的实践,着眼实用、立足实际、讲求实效,以理念创新为先导、以提升学习力为重点、以营造团队文化为载体、以增强组织创新能力为目标,提升学院的价值和人员的素质,重新赋予组织新的使命与生命,使人们在这个文化氛围中不断学习,协同工作,智慧互动,开拓创新,逐步营造富有学习型组织特色的学院文化环境和功能。

(一)创建学习型组织以理念创新为先导

理念决定思维,思维影响行为。理念创新是各种创新的基础,在创建学习型组织中发挥引领作用。实践中,首先,我们重视学习理念创新,它在创建学习型组织中发挥先导作用。只有当学习与个人的目标和切身利益息息相关时,才最有效。学院引导员工认识学习是提高能力的唯一途径,不断宣传不学习就不能创新、不创新就不能发展、不发展就被淘汰的观点,使学习成为职工自我成长、自我教育、自我发展的主要动力。重视生存理念创新;每个人都希望有好的生存质量,包括物质和精神上的享受及实现全面发展的追求。我们引导员工树立靠能力占位、靠学习力发展、靠竞争力生存的观念,使员工充分认识加强学习对于做好工作、活出生命意义的重要性,切实把人人学习、终身学习视为体现完美人生价值的辉煌境界来追求。其次,重视组织文化创新。一个组织的成败是由生活在其中的员工创造的。让单位的员工每天看到什么、想到什么、感到什么、做到什么、得到什么、创建一个什么样的环境、营造一种什么样的氛围,对组织的生存和发展影响是巨大的。学院领导提出"爱国、爱人、爱己,诚信、包容、进取"的文化理念,营造宽松、和谐、充满活力的集体氛围。让每个员工在这个集体中学会认知,获取掌握知识的手段;学会做事,不断提高能力应付不断变化的职业生涯;学会共同生活,以便与他人一道参加活动并在活动中进行合作;学会生存,使每个人充分发挥自己的才能,促进个人主体性、责任感、精神价值等方面的发展。最后,重视工作理念创新。学院领导班子总结办学历史经验,适应改革发展需要,在不同时期、不同任务中,不断提出新的理念,以此确立全院员工的共同愿景,以理念创新改变员工的心智模式。2001年学院提出了"创特色、上水平、争一流"的工作理念,把学院的工作定位清晰地概括出来,统一全院员工的思想和行动;在教学上提出从以教师为中心转向以学生为中心、从知识传授型向智慧互动型转变的理念,推行了学分制管理,实行了"双证人才"的培养模式,进行了适合成人学习特点的深层次改革;在学生管理上,提出先做学生的朋友再做学生的老师、变管理为服务的理念,大大改善了服务态度和服务水平;在队伍建设上,激励员工不断提高学习力,学院在干部任用、岗位调整等方面突出"赛马"不"相马",重文凭更重水平,重资力更重能力,等等,对各项工作发展起到促进作用。理念在组织中发挥着它宣传的功能、激励的功能、凝聚的功能、约束的功能和统一语言的功能。通过不停地向员工传送一个又一个崭新的学习型组织的理念,使他们加深了对学习型组织的认识、了解和理解。每个科室都成为创新理念的实验基地,每个员工都成为创新理念的研究员,将一个个理念落到工作的实处。理念的引领作用,在学习型组织中形成了一道独特的文化风景,在转变观念、规范行为、激励精神方面起到了不可低估的作用。

(二)创建学习型组织以提升学习力为重点

在一个组织的各项资源中,人力资源是最宝贵的,而开发人力资源的最有效途径是提升组织与员工的学习力。学院领导十分重视对员工的培养,千方百计培育知识型员工,提高队伍学习力。有这样一个观点我们很认同:学历代表过去,能力代表现在,学习力代表未来。组织的创新能力来源于它的学习力。几年来学院致力于变阶段学习为终身学习,变一人学习为人人学习,变要求学习为自觉学习,变学习知识为提高能力。首先把员工培训作为学院重要工作任务列入年度工作计划,制订了以"三层(决策层、执行层、操作层)四面(员工素质、岗位技能、管理能力、理论水平)多途径"为主要内容的培训计划,现已形成十条途径开展和支持学习,内容涉及员工素质、岗位技能、管理能力、理论水平等各方面,有效地促进组织和员工的学习力提高。

(1)集中培训:每个学期学院都组织员工集中培训,围绕提高政策水平、提高岗位技能、提高职业素养进行;2002年以来对全体员工进行了6次集中培训。

(2)推荐读书:学院连续几年向员工推荐好书,开展读书活动。先后推荐了《谁动了我的奶酪》《成功一定有方法》《把信送给加西亚》《一个外企女秘书的日记》等书籍,全体员工积极参与,体会读书的快乐,分享读书的成果。

(3)外出调研:几年来学院领导和员工多次出访国外、国内著名大学,有计划、分阶段派员工参加各种会议,带着问题走出去调研,向兄弟单位学习,开阔视野,更新观念。

(4)来访交流:每年学院都接待来自全国多所兄弟院校的代表来访,每次我们都利用送上门的好机会与来访者深入探讨遇到的问题,受益匪浅。

(5)专题进修:学院根据工作中的重点、热点和难点问题,先后派员就教育质量管理体系认证、学习型组织建设、我国加入WTO后的教育市场、高等教育大众化形势下的质量观、现代远程教育等专题进行学习。

(6)系统听课:组织员工系统学习高等教育管理学科的硕士研究生课程,已有24人学习了10门课程。

(7)理论研讨:学院每年组织一次专题理论研讨会,针对学院发展过程中的热点问题,充分听取大家的意见和建议,集中群众的智慧,为学院实践奠定理论基础。2002年组织召开学分制管理研讨会。2003年研讨会的主题:①高等教育大众化形势下教学质量观。②成人高等教育不同学习形式学分互换、资源共享研究。2004年研讨主题是成人教育可持续发展。

(8)撰写论文:鼓励员工把新思想、新观点写出来,每次研讨会学院职工都积极撰写论文,学院每年出版一本论文集,一些论文获奖或被重要刊物刊登。教育部《高教领导参考》2003年9期刊登了"哈工大采取切实措施加强远程校园文化建设";22期刊登了"哈尔滨工业大学创新管理,保证现代远程教育教学质量";2003年,学院职工共获科研奖5项,论文奖26项,发表论文33篇。

(9)专题立项研究:近三年学院结合工作中需要研究和解决的问题,进行专题立项研究,有3项科研课题已经结题,其中"建立适应高等教育大众化的学分管理系统"分别获全国普通高校成教研究会、中国建设教育协会高职与成人教育委员会、黑龙江省高教学会科研成果奖一等奖,并获2003年黑龙江省优秀教学成果奖二等奖;"多元化形势下成人高等教育教学管理"课题荣获中国建设教育协会高职与成人教育委员会科研成果奖二等奖;"远程教育管理系统研究"作为黑龙江省新世纪高等教育教学改革工程项目通过省级鉴定。另外,在黑龙江省新世纪高等教育改革工程二期项目"成人高等教育评估指标体系研究"中,我院承担的"函授站评估指标体系"已用于省内函授站评估(黑教高办〔2003〕133号文件)。

(10)鼓励措施:学院采取多项措施支持、鼓励员工学习和创新:设立管理创新奖,对提出新的管理理念、管理办法,改进工作流程或提高工作效率的员工给予奖励;对获奖的科研项目进行奖励;为发表论文的作者提供经费;对积极参与学院建设、为学院发展献计献策的员工给予鼓励。

(三)创建学习型组织以营造团队文化为载体

一个具有竞争力的团队,必然凝结着全体员工的知识和智慧、朝气和活力。团队文化是营造学习型组织氛围的基础,我们以此为载体创建学习型组织。在团队文化建设中,员工们呼吸着新的空气,接受着新的观念,传递着新的信息,共享新的成果,在塑造员工的人格、气质、文化素养、思想行为等方面发挥着重要作用。

学院十分重视团队文化建设,以人为本,努力营造宽松、和谐和充满活力的组织氛围。我们将学习型组织中的协同管理模式、改善心智模式演练、五项修炼、系统科学的思维方法、知识经济与现代管理、现代化管理手段应用、心理健康与成功人生等内容安排在员工培训当中。每年学院都组织全体员工开展丰富多彩的文化活动,使员工在弥散于自己周围的浓厚的文化氛围中感受激励,承受压力,接受挑战,享受快乐。在良好的团队文化环境中,每个员工深爱着、保护着自己的团队,为它努力,为它奉献,为自己是这个团队中的一员而感到骄傲和满足。

组织文化的功能之一,即是注重树立全体员工对组织发展目标和共同愿景的认同感,同时培养上下一致的共同价值观。只有一致的价值观念才能形成上下和谐的氛围,才有统一协调的行动。我们面对的是来自实践的在职学生,接待的是富有教学经验的大学教师,对教学管理者来说,管理本身也是一种文化。管理者的工作作风、处事方式、对报酬的态度等等,都是管理者自身价值的体现。价值观是人们对自己的思想和行为的评判标准,小到一件事情的处理,大到对生命对事业的态度,都可以反映一个人的价值观、人生观。学院领导在各项工作中,以多种方式向员工传递这样的信息:你对共同愿景的努力耕耘,你对组织文化的积极参与,你对事业的热诚态度,都会得到组织的认可和回报。学习型文化所力求倡导的正是让一群最平凡的人,在各自最平凡的岗位上,创造出人生最大的价值。

组织文化的核心是学习、创新、思考,组织文化的基础是团结、协调、和谐。一流的形象,一流的服务,一流的质量,一流的管理需要一种团队精神,而文化建设恰恰是团队精神延续的支持,是凝聚人、激励人、塑造人的重要力量。

(四)创建学习型组织以提高组织创新能力为目标

学习型组织的特点是柔性、互动、超越,创建学习型组织的目标是提高组织的创新能力,实现可持续发展。在创建学习型组织的过程中,我们学院以先进的管理理论为指导,通过改进管理方法,营造组织文化,提升组织学习力,建设了一支高效的管理干部队伍,进一步提高组织的竞争力和创造力。学院的管理人员共70人,承担15 000多人的学历教育和每年3 000多人非学历教育培训的管理工作,工作量饱满,任务繁重,但员工们努力工作,逐步树立以学生为本的服务意识和市场经济下的竞争意识,工作作风明显转变,工作效率和工作质量明显提高;学院实行科级干部竞聘上岗,员工岗位双向选择,逐步完善各岗位量化指标,全面实行目标管理;坚持学习培训,不断提高职工工作能力和管理水平。目前学院职工人人可以熟练地使用办公自动化软件,充分利用互联网获取和传递信息,基本实现无纸化办公;学院继续教育工作实行项目经理负责制,极大地调动了人的潜能,使职工的智力和能力得到充分发挥,增强了继续教育的发展能力和竞争能力。

在创建学习型组织中,学院领导带领员工"创特色、上水平、争一流",在学院开展"爱国、爱人、爱己,诚信、包容、进取"的文化建设,使全院职工逐步树立以学生为本的服务意识和市场经济的竞争意识,不断提高自身素质,培养职工"对工作负责,对领导负责,对自己负责相统一"的责任意识及集体观念和协作精神,努力为员工提供一个积极向上和富有合作精神的环境,充分分享相互之间宝贵的工作经验,相互学习,挑战自我,增强凝聚力,使学院逐步成为快乐、和谐和充满活力的集体。

综上所述,更新观念、创新制度、建立学习型组织是实现学院可持续发展的三大核心要素。创建学习型组织是庞大的系统工程,必须立足当前,着眼长远,有计划、有步骤地加以推进。我们的实践是探索性的,我们还将对此进行更加深入、系统的研究和实践,以使学习型组织越来越成熟,使我们的事业更加兴旺发达。

第十九节　行业视域下高校专业技术继续教育实践与探索

阎冰

（第十九届海峡两岸继续教育论坛论文集）

一、引言

1. 国家对继续教育的定位

"继续教育"概念1979年引入中国，自党的十六大报告起，其重要性上升到国家战略层面，且蓬勃发展，步入广泛实践应用。现阶段，继续教育形式多样化，方向多元化，展现出强劲的市场需求与旺盛的供应体系碰撞磨合，进入一个划时代的发展繁荣期。党的十六大报告在"文化建设和文化体制改革"中提出"大力发展教育和科学事业""加强职业教育和培训，发展继续教育，构建终身教育体系"。党的十七大报告在"加快推进以改善民生为重点的社会建设"中提出"优先发展教育，建设人力资源强国""发展远程教育和继续教育，建设全民学习、终身学习的学习型社会"。党的十八大报告在"在改善民生和创新管理中加强社会建设"中提出"努力办好人民满意的教育""积极发展继续教育，完善终身教育体系，建设学习型社会"。党的十九大报告在"提高保障和改善民生水平，加强和创新社会治理"中提出"优先发展教育事业""办好继续教育，加快建设学习型社会，大力提高国民素质"。

2. 专业技术继续教育的背景

继续教育的概念经过近年的发展不断深化和拓展，其中一种继续教育类型，主要是对专业技术人员的知识和技能进行更新、补充、拓展和提高，进一步完善知识结构，提高创造力和专业技术水平。知识经济时代专业技术继续教育又是人才资源开发的主要途径和基本手段，着重点是开发人才的潜在能力，提高队伍整体素质，是专业技术队伍建设的重要内容。

党的十八大以来，全国参加继续教育的专业技术人才超过2亿人次、举办高级研修项目1 385期，人次和规模都堪称世界之最。根据《国家中长期人才发展规划纲要（2010—2020年）》《专业技术人才知识更新工程实施方案》围绕我国经济结构调整、高新技术产业发展和自主创新能力的提高，在装备制造、信息、生物技术等12个经济社会发展重点领域和9个现代服务业领域,已经累计培训各类专业技术人才670余万人次。从2011年至2020年,我国将依托高等院校、科研院所、大型企业现有施教机构,分期分批建设200家国家级专业技术人员继续教育基地。国家级专业技术人员继续教育基地是经人力资源社会保障部认定,以对专业技术人员进行补充、更新知识,拓展知识结构,提高综合素质和创新能力为基本内容开展教育培训的机构,是国家培养培训高层次、急需紧缺和骨干专业技术人才的服务平台。以国家级专业技术人员继续教育基地为主导,各地市也相继建设省市级专业技术人员继续教育基地,层层辐射发挥专业培训职能,深入开展专业技术人员继续教育工作。

3. 高校开展专业技术继续教育的优势

高校是一定区域内智力资源的密集地,承载着国家高、精、尖技术研发引领及人才输出使命,很多高校具备鲜明的特色专业学科,积累形成的专业背后所属行业优势,对开展专业技术教育具有先天优势条件。高校一般具备专职继续教育部门,具有丰富的继续教育工作经验,同时硬件教学资源广泛。高校开展专业技术继续教育,为加强产学研相结合的成果转化及校企、校地合作搭建了更加便捷的平台。因此更应充分发挥高校的资源集聚效应,实现优势互补,引导、鼓励、支持高校广泛参与专业技术人员继续教育工作,作为实施专业技术人才知识更新工程、加强专业技术人员继续教育的重要抓手,推动专业技术人员继续教育公共服务体系建设,为国家专业技术人才队伍建设做出应有贡献。

二、高校专业技术继续教育难点分析

近年,我国高校继续教育市场发展迅速,纵观现阶段高校继续教育培训项目市场份额,党政干部综合能力及企业管理类培训占比绝对主流,以行业背景为依托、以专业技术为主线、以专项技能为重点、以特殊需求为抓手的专业技术继续教育占比甚小。如前数据,党的十八大以来,全国参加继续教育的专业技术人才超过2亿人次、举办高级研修项目1 385期,培训成果是在政府主导下下文执行或进行的,以经费支持为依托下取得的,阶段性成果相当显著。但继续教育的发展方向更多的是面向社会主行业产业,是市场行为,是行业需方与高校供方平衡及双向选择并走向持久的一种教育服务形态。国家对多个重点行业领域专业技术继续教育花大气力支持扶持,更体现了国家发展对专业技术人才继续教育的迫切需求,同时也展现了庞大的市场空间,但非指令性行业领域专业技术培训的发生量比例甚小,突出了这样一对有需求且无培训发生量的矛盾。专业技术继续教育在业内堪称"一块难啃的硬骨头",原因何在?

其一,行业需求宽泛,项目复制率低。各行业在加快转型升级和结构调整中,打造核心竞争力,才能获得生存和发展,所以专业技术人才队伍的建设决定着行业的未来。然而,行业分布面广,几乎涉猎国家发展、百姓民生的方方面面。随之而来的就是教育需求专业广泛,课程开发成本较高,专业师资人群相较党政管理方向少,项目的可复制率相对低,种种因素导致了整体的专业技术继续教育项目人力、物力及资源成本都远超党政及管理培训,故从投入产出效益比的角度决定了其目前市场份额。

其二,客户来源分散,组织环节复杂。目前高校继续教育市场培训形式主要以接受委托单位项目居多,同时受培训费用成本制约,还需要满足一定的最小培训人数,行业领域内分布各种事业单位管局、中小业内企业,培训由谁组织、费用由谁买单问题凸显。行业内不同规模企业同一技术类别人员数量有限,小企业根本不可能自己成班;即使大型企业,在企业运行中,很难抽调所有同类技术人员外出培训,排除了大规模的组织委托成班。开展专业技术培训,要求我们培训组织单位细化研究需求、精心组织师资课程、密切联系行业企业,以高校组织培训部门发起的形式开办。该方式能否找准需求定位、能否将培训通知送达到需求单位、需求单位是否有时间精力参加都是未知,就直接导致了专业技术继续教育项目开展的难度指数。

其三,教育效果要求显著,培训项目把握难度高。行业企业派出的专业技术人员参加培训目的非常明确,了解技术前沿、解决技术难题、改善技术工艺、实现产品升级等,培训结束效果就需要在实践中有应用,培训效果实用性不强,结果就是劳民伤财,下次是否还需要派出参加就成问题了。所以专业技术人员的学习,外请技术专家亲临指导解决问题居多,派出广泛参加培训居少。

三、高校专业技术继续教育项目的开发探索——以哈尔滨工业大学实践为例

哈尔滨工业大学坚持"面向国家重大需求,面向国际科技前沿",为工业化、信息化和国防现代化服务,为地方经济社会发展服务,突出国防、航天优势,紧密结合工业、信息、机电、能源、材料、资源环境、土木建筑等领域国民经济和社会发展的重大国家需求。在继续教育培训领域,专门成立行业培训部,配备骨干力量,进行以行业领域为依托的专业技术培训项目研发及开拓,依托学校工科优势学科,开辟了系列具有哈工大特色的行业领域、专业技术培训业务。

1. 服务航天国防,加快军民融合

充分发挥航天国防领域技术先导优势,为航天科工集团定制开办尖端前沿技术培训,"新材料与先进工艺技术""先进塑性成形和铸造成形技术""地球近地空间轨道飞行技术""发动机姿势轨道控制"等班次,将高校高新研究成果传输到航天国防一线,为国防高技术人才解决技术壁垒,强强联动,为航天国防事业保驾护航。

深入贯彻习近平总书记强军思想理念,加强军民融合深度发展,哈工大主动申请并顺利通过评审,被军委装备发展部授予国家军用标准质量管理体系培训协作中心8所高校之一。目前已成功开办国家军用标准质量管理体系内审员培训,今后我们也将努力将已有培训优势经验转化,积极拓展培训新领域,逐步延伸至对装备企业的定制培训、军工企业的技术人才培训、质量管理中高层管理人才培训等,走出一条军民共育装备质量管理人才的新路子。

2. 找准方向定位，开展校企合作

面向大型央企、国企，开发校企教育合作、人才培养战略合作。高校输出的毕业生是大型企业的核心技术骨干源头，参加工作后技术人才更加需要结合工作实际及时加油充电。我校与中建八局签订校企合作协议，依据企业业务主线及亟待培训提高的人群需求，先期开展面向桥梁总师技术提升专题培训班，设计安排了领域前沿、设计原理、施工技术、工艺方法、优化案例等课程，企业反馈培训针对性、实用性较强，学员收获大，后续将逐步拓展中建八局培训人群领域。同时，将大力拓展大型央企、国企、校企人才培训战略合作，为国家经济建设提供高效应尽的智力支持。

3. 践行国家级专业技术人员继续教育基地职能

集合校内专业学科优势，面向国家发展技术紧缺人才，结合发展重点领域精心设计项目，连续多年承办专业技术人才知识更新工程高级研修班，"海绵城市与生态环境""绿色建筑与BIM""智慧水务与水生态环境建设""现代供热理论与技术""军民融合发展战略""网络安全与信息对抗""智能城市与现代交通运输""清洁能源与环境工程"等等。师资配备从院士、领军人才到教授博导、政策专家，面向全国招募该领域高级专业技术骨干，培训期间学员与教授们技术交流热烈、探讨深入，并与高校专家建立联系，学员收获满满、赞不绝口，哈工大真正发挥践行了国家基地赋予的使命。

4. 关注民生发展，挖掘培训需求

在高新技术培训开展的同时，我校将开发另一重点放在与民生发展息息相关的政府业务主管部门专业领域知识培训上。从政策解读的角度补充企事业单位业务主管领导专业认识不足，提供更具实操性的过程式管理技能训练，围绕政府职能部门专业化能力的提升建设设计开展了"安全生产与监督检查专题""能源计量与管理专题""市场技术监督管理专题""饮用水安全管理技术"等。

5. 发挥双一流建设高校教育引领功能，开展面向教育行业系统培训

依托"教育部国家级教师教学发展示范中心"，针对教育系统学员的不同需求，依托哈工大的学科优势和人才资源，以及哈尔滨工业大学附属中学、幼儿园等品牌教育资源成功经验，面向高等教育、职业教育、基础教育的战线同仁输出专业发展知识及教育管理知识，开发建设了一批高层次、高品质的培训系列，包括"教育领导与管理系列""教育规划与改革系列""学校管理与人才培养系列""教育热点专题系列""教师政治素养与视野开拓系列""师德师风系列""研究生导师专业化能力提升系列""校园安全与突发事件处理系列"。

四、结语

哈尔滨工业大学1999年成立继续教育学院，办学坚持品牌化、标准化、国际化的特色发展路径，服务社会发展需求、提升个体综合素质、突出高校文化引领、助力一流大学建设。通过多年的实践探索，专业技术继续教育业务开发把握两个关键、一个拓展原则，

即关键是把握依托本校学科优势进行技术技能课程设计及围绕具有稳定专业技术客户需求基础的领域,拓展政府或行业扶持的新技术和新产业进行综合培训项目设计。专业技术继续教育领域虽然存在难点,但市场前景广阔,需方群体巨大,亟待我们继续教育工作者投入精力,细致筹划,精准设计,打通一个技术领域即是蓝海一片;同时解决国家对专业技术人才继续教育的迫切需求,也是我们高校应尽的教育责任与义务。

第二十节 关于社区学院建设的构思与分析

代明智

当今世界,知识经济的显著特点之一就是知识总量增长和知识更新的速度加快,知识经济已经成为经济增长的一种要素。学校一次性教育所储备的知识、技能已经不能满足人的一生发展的需要。社会的迅速发展,使教育在个人生活和工作中的地位越来越重要,终身受教育、终身学习已成为人们自我完善、自我发展的客观必然要求,也体现了教育改革的根本目的,社区学院作为教育改革的产物应运而生。

一、社区学院与社区教育的渊源和概念界定

社区学院是由初级学院转变而来。早期初级学院主要是作为向高中毕业生讲授大学一、二年级的普通科学文化课程,为大学高年级输送优秀人才的教育机构。与当地社区的关系并不密切,很少从社区发展的角度开设除普通学校文化课程以外的职业技术课程,当然也就很少为社区培养所需的实用技术人才。自20世纪20年代以来,随着政府支持与资助的不断提升,初级学院转变为把转学教育、职业教育、职业技术培训等结合为一体的综合性的短期高等教育机构。与社区的关系变得日益密切,开始基于当地社区的需要开设有利于社区建设、社区发展的课程,培养适应社区经济、文化、生活建设的实用型人才。由于初级学院职能的改变,"初级学院"这一名称不能准确地表达这一教育机构的内涵,于是新的名称——"社区学院"就应运而生。

"社区学院"这一术语,最早是由美国宾夕法尼亚州的一所初级学院的校长赫勒思辛德使用的。1947年,在美国高等教育委员会的报告《为民主服务的高等教育》中正式使用"社区学院"这一名称。社区教育是区域性大教育,是以社会全体成员为对象,以提高

社区民众的整体素质和生活质量,促进社区稳定、建设和持续发展为宗旨的社区各种教育活动的总和,是社区整体事业的一部分。从功能上讲,社区教育不同于社区学院的其他职能,它是一种非学历教育,并且服务于社区的教育。

二、社区学院开展社区教育的实现形式

由于社区教育存在非学历的属性,以及受教育对象的特殊性,所以社区学院开展社区教育的实现形式具有多样性和灵活性。通过对美国多所社区学院开展社区教育的概况分析,总结出以下几个方面:

1. 利用班级授课的形式

在社区教育中,班级课堂授课是较为普遍的教学形式,其课程安排比较灵活。课堂上教师通过讲解、课件展示等形式,向学生教授系统的知识,为今后实践活动的展开奠定坚实的基础。

2. 丰富多样的课程种类

由于听课对象主要针对社区成员,所以其课程内容较为生活化和实用化,课程种类也就比较丰富多样化。学生可以学习兴趣类课程如学习音乐、绘画,或学习保健知识等,也可以学习技能类课程如计算机课程、家电维修类课程,也可以学习能力提高类课程如简历制作、社交沟通等。

3. 引进先进科学技术

随着科学技术的发展,教育中不断引进电视、计算机网络等新技术。社区学院不仅可以通过电视、网络等媒介辅助教师教学,而且通过先进媒介对学生进行各类教育。

4. 与社区组织团体合作

社区学院特别注重与社区组织团体以及企业的合作,并与社区团体创办各种教育项目,更好地完成了教学任务。社区学院与社区组织团体之间建立了一种互惠互助的关系。社区学院根据社区组织团体的人才需要,开设适当的课程,为社区组织团体培养所需的员工,并帮助其在职员工进行再培训,提升员工的职业素养。同时,学院也可以聘请团体组织中的优秀员工进入学院进行讲座,对学院学生进行更专业、更实用的指导。

5. 提供开放性资源,组织多样性的活动

社区学院不仅拥有比较齐全的硬件设施,而且具有雄厚的教师队伍和爱好探究学习的学生群体,因此社区学院能为社区提供丰富的教育资源。社区学院利用具有教师资源的优势,组织学院具有各个专业特长的优秀教师走进社区,为社区举办各类具有教育意义的活动。同时,学院也鼓励并支持由学生组建的学生俱乐部积极参与到社区教育中。

三、国内外社区学院建设情况简介

1. 以美国为代表的发达国家社区教育十分成熟

美国社区学院的社区教育始于20世纪20年代末至30年代初。1926年,马托汽车公司创办人马托推出了弗林特社区学院马托基金方案,以鲜明的社区教育特色和显著的成效,带动其他社区争相仿效,在全美各地掀起了持续的、普遍的社区教育运动。美国社区学院能够提供的社区教育种类有:成人教育、继续教育、终身学习、社区服务以及社区为本的教育。这些类型的教育有许多共性,又因为它们之间在制度背景以及需求、资源方面的高度依存性,使得很难绝对地把它们分开。

作为一个实用主义国家,美国的高等教育竞争十分激烈,社区学院开展社区教育是社区学院生存和发展的必然选择。当今美国社区教育发展的趋势为:

(1)更加关注中学后社区教育及老年教育。

(2)努力消除成人功能性文盲。

(3)创造终身学习的环境。

(4)重视学术性课程与职业性课程的整合。

(5)增强政府的影响力。

2. 国内社区教育随经济发展方兴未艾

1995年,《中华人民共和国教育法》第一次确立了终身教育的法律地位,成为社区教育持续发展的有力保障。1996年,教育部关于中国教育事业发展规划的相关文件中明确提出,积极推进社区教育试点工作的开展,"社区教育"一词第一次正式出现在教育部的政策文书中,不仅开启了后续社区教育试点工作的大发展,也为社区教育在基层的开展提供了政策支持。从此,社区教育政策开始作为一种独立的政策形态出现。

近年来,中国社区教育的发展,无论在政策层面还是实践层面均呈现出积极的发展态势。2000年,教育部下发了《关于在部分地区开展社区教育实验工作的通知》,该通知确定了首批8个国家级社区教育实验区并开始试点(至今已扩大到共114个国家级社区教育实验区)。2002年,我国又颁布了《2002—2005年全国人才队伍建设规划纲要》,提出"大力发展成人教育、社区教育,推进教育培训的社会化"。同年,党的十六大报告中也指出"形成全民学习、终身学习的学习型社会和构建终身教育体系"。2004年,教育部出台了《2003—2007年教育振兴行动计划》《教育部关于推进社区教育工作的若干意见》和《关于推荐全国社区教育与示范区的通知》三个文件,对推进中国社区教育的发展提供了有益的政策支撑。

3. 天津和平区社区教育发展的实践案例

(1)政府建设高度重视。

天津市委、市政府对学习型社会的建设高度重视,《天津市教育事业第十个五年计划》中提出:"加快建设终身学习体系。面向学习化社会的需要,广泛开展社区教育,规范建设一批社区学院。加强各类教育之间的沟通与衔接,架设培养人才的'立交桥',为学习者提供较为充分的学习机会。"

(2)社区学院的具体建设。

作为社区教育的重要载体,社区学院其功能定位应是,区政府主办的,满足社区政治经济建设和社会发展需求的,以辖区青年学生和成人为主要对象,以高等职业技术教育为主,同时承担社区成人高等学历教育、远程教育、大学后继续教育、职业教育与资格培训、岗位培训以及社会文化生活教育等教育职能的高等教育机构。同时发挥龙头作用,协助社区教育委员会发挥组织协调作用,以使各类学习型组织(如企事业单位、政府机关、居委会、学校、家庭等)在为本组织成员提供学习的机会和条件的同时,也为社区居民提供各种广泛的学习机会和条件。建立起面向社区全体居民的、较为完善的社区教育体系,为社区全体成员提供个人终身参加的自主的、能动的、随时随地的、不拘形式的学习机会,形成具有区域特色,并能满足社区成员日益增长的精神文化需求的学习型社区。

和平区以街为单位建立了由街党工委为领导的驻街机关、企事业单位、学校组成的社区教育委员会,组建了六个社区教育园区,充分利用社区的教育资源。如将天津市示范性高级中学第二南开中学等作为社区学校向市民开放;天津市少年儿童图书馆、和平区图书馆、社区学院图书馆合作为社区分别建立若干图书馆,最大限度地提高社区内人口素质,使市民素质与国际化大都市的地位相适应;推进社区的文明与进步,为天津率先实现现代化和社会经济可持续发展提供人才和智力支持。以社区教育为载体,对市民、干部、职工开展"全员、全面、全程"的各种教育和培训,以提高社区成员整体素质、生活质量和对外交往的能力。如社区学院与区人事局建立长期合作关系,为全区的公务员进行各种培训,并通过创建学习型家庭、学习型社区、学习型企业等学习型组织,促进全区学习化组织的建设。针对和平区作为天津市政治、经济、文化中心区的特点,社区学院进行了电子商务、对外经济贸易、物流管理等方面的34门课程的培训,并在网上教学,真正实现了社区居民可以在任何时候、任何地点进行学习,实现了教育以人为本的目的。使社区教育真正脚踏实地地落到了实处,取得社区教育真正应该取得的效果。社区学院大力发展社区特色教育,即职业技能培训、行业业务培训,职业特色专业已形成特色模块课群。社区咨询服务、社区文化生活教育等,都作为服务性教育,并形成了特色教育网络。社区学院承担了和平区社区教育的十项功能中的六项。面向社区的全体居民,以丰富多彩的形式为各种学习需求提供条件,从而体现了社区教育的全员性、全面性和全程性的特点。

社区学院直接有效地服务于基层和市民,尽可能地满足多样化的要求。和平区以社区学院为龙头,以街社区学校为骨干,以居委会社区教育中心为基础,形成三级社区教育网络,组建了区、街、居委会三级社区教育志愿者人才库,建立了社区教育网站,为和平区社区教育做好了师资人才和物质条件的储备。因此,它必然成为为社区建设服务的有力支柱,成为落实科教兴区和可持续发展的基本保证。

和平区安排一定的经费用于社区教育,支持社区教育机构改善办学条件,开展师资培训,开展各类教育培训及咨询、研究、服务等方面工作。探讨多渠道筹措社区教育经费,采取"政府拨一点,社会筹一点,单位出一点,个人拿一点"的办法。如和平区社区教育网的建设,就得到了驻区单位深华公司的大力赞助;社区图书馆建设也得到了驻区单位天津少年儿童图书馆的协助。社区学院在天津市数据通信局的协助下,发行了终身教育网卡一万张,有在册学员2 800人。同时区政府还按照和平区常住人口人均一元的标准对社区教育进行专项资金投入,鼓励和引导社会各方面利用现有教育资源或开发新的教育资源发展社区教育。

4. 山西大学社区学院建设

山西大学成立山大社区学院小店分院,建设"山大社区学院小店分院特色教学点",与"小店区终身学习网"、数字化社区建设、"天天课堂"等学习品牌共同构成了小店区社区教育工作体系,具体运行效果尚不清晰。

5. 哈尔滨市目前社区教育现状简介

哈尔滨社区教育尚在起步阶段,2014年4月哈尔滨市成立教育系统社区教育工作领导小组,制发了《关于加强社区教育工作的实施意见》。同年10月,由市电大、老年大学和市民学习中心牵头,聚合36所中高职院校和有关部门,成立了哈尔滨社区教育联盟。目前,哈市兼职社区教育工作者有5 000多人,在各区、县(市)开展了以青少年心理健康和品德教育、残疾人康复和就业培训、下岗再就业人员和进城务工农民技能培训等为主要内容的培训工作,建立了区、县(市)社区教育学院7所、社区学校149所,2015年以来社区教育培训达32万人次。以南岗区为例,全区17个街道办事处,共建学习中心6个,总计3 000平方米、街道学习点13个,形成了以社区教育为中心,各街道办居民社区学校、青少年校外学习中心、下岗职工再就业基地和老年大学为主的社区教育网络。

哈市电大利用远程教育网络平台,实现了9区9县(市)"互联网+培训"全覆盖,现已建成2 000余门、3 000余学时、4 000 G的在线学习资源库。老年大学开展第三年龄教育培训教学课程达到129门,在校生2万余人。2014年以来,在阿城、呼兰、三亚和加格达奇等地已建有18所分校、11个校区。哈尔滨学院市民学习中心依托高校教育资源,拥有百余门市民课程资源平台,吸引了全市万余家庭参与,听课市民近20万人次。

四、哈工大继续教育学院社区学院建设思路

为开辟新教育领地,占有新的教学阵地,哈工大继续教育学院(以下简称我院)可以结合现有教育资源,利用政府教育优惠政策,充分吸收其他地区先进办学经验,逐步深入社区,开办适合自身发展的社区教育。

1. 与街道办事处等政府机关相结合

城市街道办事处是市辖区人民政府或行政管理区管委会的派出机关,是基本城市化的行政区划,下辖若干社区居民委员会。深入开展社区教育活动,不断提升市民的综合素质,促进学习型社区的形成是街道办事处的行政职能,也是其责无旁贷的工作职责。

有人粗略地统计过,街道办具有100多项政府职能,它几乎承担着基层政权的各项职能,是政权组织的"微机"。在我国当前及今后相当一段时间内,街道系统都会是社区

教育的基层主导者。我院可以采取和街道办等政府机关合作的方式,承接各项政府培训工作,以此快速树立我院社区教育的品牌形象,打响知名度。

目前,街道办自身需要开展的培训业务良多,譬如公共事业管理类培训、下岗职工/进城农民工就业培训、残疾人就业指导培训、青少年学生心理健康辅导等等(例如:哈尔滨市道里区通江街道办事处劳动保障所举办了第二期缝纫技能培训班),这些培训部分是政府投入,需要街道办严格完成的工作任务,而街道办政府工作人员限于专业面和资源的有限性,基本上都是与其他培训机构特别是高校合作完成的。我院完全可以凭借哈尔滨工业大学的知名度与教育的完备度,尤其是我院多年沉淀的成人教育和培训资源承接相应的政府性质培训,迅速跻身于社区教育这块尚未全面开放的教育阵地。

2. 在较为发达的学区和社区附近开办教育辅导机构

鉴于较快的社会生活节奏,以及日渐加大的工作压力,学生放学后的看管和课后学习辅导已经成为目前众多学生家长的必需品。这一市场也在日渐增大,且在社区教育环节中应有重要的一席。我院拥有哈工大本校优秀的师资资源与金牌声誉,且可以动用繁多的优秀哈工大学子加盟,可以说是天然的办学优势。

在哈尔滨较为发达的学区和社区附近,我院可以开办不同层次的学生课后辅导机构,聘请优秀的哈工大教师和精英学子,进行课后看护和课业辅导。同时,我院隶属于哈工大本部,作为建设中的世界一流大学,对于中考、高考学生的学业辅导必有独到之处,举办"考前最后一站/最后一公里"等教育项目也一定有着强大的感召力。

再者,我院还可充分地将哈工大特色融入社区学院建设,如利用本校诸多的科技创新协会等优势资源,诸如引进机器人协会、航模协会、飞思卡尔智能车协会等,整合加盟,作为我院开办学生教育机构的亮点,不但可以吸引学生家长的广泛参加,而且也能打造我院社区教育的独特闪光点。再如,可以与留学生中心合作,将留学生活动引入我院社区教育中,充分吸引中外学生参与。这样的举措一定会使我院举办的教育机构在整个哈尔滨学生课后教育市场上独树一帜,带来良好的社会效益和经济效益。

3. 开办生活品质提升培训及老年大学

随着经济的发展,城乡居民生活品质也日渐提高,相当多的社区居民已不再满足于现有的居民生活,有着较强的生活品质提升意愿。我院可以借助社区学院的平台,利用哈工大及社会上较好的师资,为经济实力较好的居民住户开办诸如红酒品鉴、插花、茶道、书法、红木赏析、陶艺制作、跆拳道防身技巧等培训辅导班,在提升居民生活品质水平的同时获得相应的经济效益。

与学生教育类似,当前促进老龄教育的发展、满足更多老年人在精神文化生活上的提升需求同样重要。哈工大老年大学创建于1997年,发展迅速,现有在校人数400多人,专业7个,12个班级,已成为离退休同志"老有所学""老有所乐"的精神乐园。现在招生的专业有电子琴、传统保健养生太极、民族舞、声乐、书法、写意山水画、焦墨山水画、(指画)花鸟画、交谊舞等。在哈尔滨市范围内,哈工大老年大学有口皆碑,我院可与学校老年大学合作,将老年大学开课班级引入社区学院,作为社区教育的一部分。

4. 举办职业能力提升班

目前,第三产业中的劳务工作日益繁荣,各类生活服务也成为居民生活的必需品且日渐紧缺,如家政服务、保姆服务、月嫂服务以及维修家电、电脑配件、汽车美容等行业都是紧缺型蓝领工作。我院可借助成熟的社区教育,与相关行业协会合作,在社区学院内开办此类职业培训能力提升班,既以哈工大的品牌形象提升此类就业人员的相关能力素质,也提升了所在社区的优质化服务形象,一举多得。

五、哈工大继续教育学院社区学院的营销模式

综上,我院可以社区学院为基地,引入各类形式多样的培训教育,在协助完成政府工作任务的同时,打响哈工大社区学院的品牌,也同时可以获得相关的盈利。

1. 与政府合作项目

为了促进社区教育发展,教育部曾发布相关文件,要求各地区财政按照常住人口每年人均不低于2元的标准设立社区教育专项培训经费。一些社区教育先进地区经费保障措施到位,人均社区教育经费全部在2元以上。而哈尔滨市目前尚未达到人均社区教育经费2元,社区教育投入还没有纳入财政预算,社区教育资金还得不到有效保障。同样,政府性培训项目一般都由政府财政拨款专项经费支付,其非市场化运营,投入资金应当也比较紧凑,我院承担这部分工作,主要是获得政府机构的认可与支持、扩大社会影响力、打造品牌,在经济账上如能保持不亏损即为较好的设想。

2. 其他业务模块的运营

(1)学生课业辅导。

目前学生课后看护和学业辅导业务日渐繁荣,已经成为一块发达的教育产业领域,其收费也是不断上涨。我院可在此业务模块充分投入,尤其是小学生放学后看护,中考、高考"考前一公里冲刺",以及各类社团协会兴趣班这样的辅导班应当重点开办。并将此业务模块作为盈利重点,以保持社区学院平稳运转的"造血功能"。

(2)生活品质提升班及老年大学。

广泛意义上来讲,老年大学也是生活品质提升班的一种,类似的培训课程一定要开设在经济较为发达的社区,充分宣传和调动社区居民的参与热情。

(3)职业能力提升班。

此类业务与我院现行领导干部人才培训班及未来的技术人才培训班有着相似之处,但当着重发展与社区居民服务相关的职业培训,紧紧围绕社区教育的主题。

3. 总结

在我院业务转型发展的今天,多线程的业务开展必将是未来发展趋势,试点开办社区学院发展社区教育也是我院未来转型发展的方向之一。从规模上,我院可由小及大,试点推开。从承接政府性项目开始,树立品牌逐步扩大学院影响力,再到确立盈利方向,以便形成良性的"造血功能"。最后,经过一定的发展初步形成成熟的社区学院模式,并以其为标准化模型,向哈尔滨全市各区推广,使我院社区学院逐步发展为可持续、品牌化的教育品牌。

第二十一节　国际留学培训项目市场调查报告(2017)

张添,历之嘉

报告根据全球化智库(CCG)《中国留学发展报告(2016)》、新东方前途出国《2017中国留学白皮书》等相关数据,以及对国内各高校所开展的国际教育培训项目信息统计,分析2015—2017年国内留学培训市场的现状以及发展方向,总结已有的项目经验,并尝试提出下一阶段发展的大致方向。

一、2015—2017年留学现状及发展趋势

由中国与全球化智库(CCG)研究编著、社科院社科文献出版社出版的国际人才蓝皮书《中国留学发展报告(2016)》指出,我国出国留学人员增速放缓,留学回国人数增长加速,目前留学回国人数已超过累积出国留学总人数的一半,但总体态势仍呈增长趋势。

1. 国内留学发展现状

2015—2017年国内留学规模进一步扩大,留学热点地区逐步转移。美国连续三年是留学首选,50%的学生倾向选择美国,英澳加紧随其后,德国、中国香港、新西兰和法国的占比也有小幅提升,整体国家分布格局稳定。

2015年我国在海外留学生为126万,约占全球国际留学生的四分之一。从全球化智库2015年的统计数据来看,在美国和加拿大的中国留学生占两国留学生总人数的比例均已超过30%;澳大利亚27.3%,英国18.8%。中国留学生占比高,在日本、韩国、新加坡等亚洲国家更为明显:2015年,中国的留学生占日本国际留学生总人数的55.9%,韩国更是高达62%。

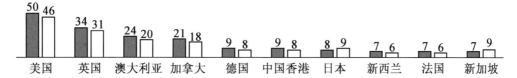

意向留学国家/地区% TOP 10

国家/地区留学生情况表

国家	留学生人数	增速	特点
美国	中国本科留学生13.5万人,研究生12.3万人	增速放缓,基本趋于稳定	持续十年高速增长,留学低龄化趋势明显
加拿大	中国留学生7.8万人	每年以平均10%~12%的速度增长	中国学生占比30%,位列所有国家之首
英国	中国留学生15万人,留学生总数52万	稳步上升	研究生申请者占据最大的比例
德国	德国高校有中国留学生3万人	每年以7%左右的比例在持续增长	德国的留学生人数长期居欧洲之首（英国除外）
澳大利亚	国际留学生总人数51.9万人,中国学生占比约为27%	增长率为16%	大多数学生选择在中国完成高二课程后,赴澳学习一年预科,再正式升入大学本科
新西兰	留学生总人数已达12.5万人	同比增长13%	中国学生去新西兰读中学和预科学校的增量都比较明显
日本	外国留学生总数23.9万人,中国留学生人数最多,达9.8万人		

2.哈尔滨留学市场发展现状

哈尔滨本地留学发展趋势与国内总体情况基本一致:留学群体低龄化,老牌留学强国仍是首选;周边国家留学发展迅速。哈尔滨出国留学群体低龄化趋势明显,2005年到国外读初高中的学生占比仅为4%,而根据2015年数据显示,选择在初高中阶段出国留学的学生已占总人数的15%。在留学国家的选择上,美英等留学大国仍是首选,除此之外,澳大利亚、新西兰、加拿大等国家也备受欢迎;然后是欧洲、亚洲一些留学性价比较高的国家。另外,极具地缘优势的俄罗斯、日本、韩国也颇受青睐。相比欧洲很多国家,留学俄罗斯费用低廉,且名校众多,选择面宽泛。同时,俄语人才在我国勃兴的中俄贸易发展中也是一个非常大的缺口。

哈工大 2016 届毕业生出国留学情况统计表

	本科	硕士	博士	总计
出国(境)留学人数	609	99	27	735
毕业生总人数	4 111	3 408	661	8 180
占比	14.8%	2.9%	4.1%	9.0%

二、国内部分学校国际项目开展情况

随着近年来留学热潮的持续发展,国内各高校对留学市场的关注度不断上升,纷纷尝试开展国际留学培训项目,并且已有高校取得不错的成果。本部分根据调查结果,对国内部分高校已开展的相关国际留学合作项目进行整合梳理。

1. 高中阶段/语言考试项目

随着出国留学人群的低龄化,国内各高校及高中学校也不断推出高中层次的出国留学或语言培训项目,主要包括 A - level、sat、act 等语言考试类课程,同时在学校设立考试中心,学生完成学习后统一参加考试,获得成绩后可申请英、美以及其他国家承认该成绩的高校。

2. 本科层次留学培训项目

(1)语言项目。

国内预读一段时间的语言课程,之后参加语言考试或课程成绩合格后可(申请)进入国外大学(或预科学习),之后获得学士学位,学生对于学校的选择上范围较广。

(2)预科项目。

与国外大学合作,国内预读一段时间的预科课程,成绩合格后,进入国外大学学习,之后获得学士/硕士学位。与不参加项目直接申请学校相比,录取条件可能有相应放宽,部分项目在预科所获学分可与本科进行转换,缩短留学时间。

(3)联合培养项目。

"2+2""1+3""3+2"合作模式,国内学习 1~3 年,国外学习 2~3 年即可获得国外大学学士学位,总体留学费用较低。

3. 硕士层次留学培训项目

硕士留学项目目前主要有两大类:一类是 1 年预科学习 +1~2 年硕士学习的项目模式,另一类是 CSCSE - SQA HND 项目模式。"1+1"形式的硕士留学课程更加适合大三大四在读或刚刚毕业的大学生,可以在大学期间完成预科和语言课程的学习,毕业后直接出国留学,节省留学时间与成本。SQAHND 形式则更适合高中毕业及同等学力者,受众人群更广。

4. 其他短期培训项目

(1)短期语言或专业课程。

短期语言或专业课程项目多开设于寒暑假期间,包括国外大学学分课程,留学生可利用暑假回国时间就读,所读课程及课程所属的学分将转至留学生所在的国外大学(认可本课程的大学)。对于校内学生,获学校教务处认可后,可抵部分选修课学分。其他高校学生或高中生也可参加。

(2)外籍人员培训及组织专业人员境外研修项目。

根据继续教育国际化的思路,国内其他高校已经开始陆续开展外籍人员培训及组织专业人员境外研修。清华大学国际培训课程已开展多年,课程内容丰富,包括学位课程及非学位课程两个方面。在以色列开设"创新与创业管理课程研修项目"三期(特拉维夫大学项目,授课地点以色列),开设创新与创业管理课程四期(授课地点以色列)。西交大开展了丝路沿线国家的国际化人才培养工作,西交大继续教育学院 2016—2017 年举办了十二期"丝路工程科技专项培训"。上海交大继续教育学院举办了中国侨联海外委员"一带一路"研修班,共有来自 23 个国家和地区的 60 多名中国侨联海外委员参加。中国石油大学(华东)开展能源行业专业人士境外专业培训及钻井专业英语的相关培训。截至 2012 年底,已为来自北非、中东、中亚、南美、亚太的 31 个国家的 2 412 名外籍人员组织了 158 期次的培训,占我国石油行业外籍人员培训市场的 70% 以上,内容涉及技术培训、管理培训及其他通用类培训。北航、四川外国语大学等多所高校也已开展了相关培训工作。

三、未来留学市场规划

1. 关注留学政策的变动

留学市场与国际局势、留学政策方面密切相关。对相关政策密切关注,拓展适应当前政策下的国际留学项目。2016 年 4 月,中办国办印发《关于做好新时期教育对外开放工作的若干意见》,强调"实施'一带一路'教育行动,促进沿线国家教育合作"。并于 2015 年 5 月 22 日成立新丝绸之路大学联盟。截至 2016 年 4 月 9 日,来自 31 个国家和地区的 128 所大学先后加入新丝绸之路大学联盟,我校也是其中之一。2016 年 7 月 1 日,澳大利亚开始实施留学生签证新政 SSVF,减少留学生签证类别,引入简化的单一移民风险衡量框架。2016 年,日本政府通过《出入境管理及难民认定法》修正案,规定外国高级人才在日居留 3 年即可获得永久居住资格。并延长本科留学生停留时间,从 1 年延长至 2 年。韩国法务部也出台"外国优秀人才永住权"政策,大幅减少对外国人就业、求职及创业的限制。顺应政策方向,确定自身的留学发展项目规划思路,才能更好地发挥政策优势,打开市场。

2. 紧跟留学发展趋势

加强与热门留学强国的高校进行合作,让学生有更多的选择余地,在已经打开市场的基础上,再更多地与其他国家进行有针对性的合作。了解目前留学的热门专业,吸引更多生源。相关数据显示,国内学生出国留学更多会选择商科或工科类专业,并持续走热;相比之下,文科、理科、艺术类以及医科的所占比例则有所下降。因而在选择合作对象的时候,除了要保证对方学校的层次,更要对对接专业方面有所注意。

3. 充分发挥自身优势

哈工大位处我国最北部省会城市,地理位置较为偏远,交通优势不强,因而初步市场重心则主要放在东北区域之内,逐渐向外辐射。但与此同时,黑龙江临近俄、日、韩三国,地缘优势明显,开展合作较为便利,成本较为低廉,可以充分发挥自身优势,扬长避短,提升竞争力。

4. 拓展项目范围

在未来阶段中,应积极进行市场调研,借鉴其他高校的国际合作经验,打开思路,拓展业务范围,自主研发与合作管理相结合,多维度开展项目。

有针对性地拓展留学项目,预科、本科、硕士多层次项目并行。寻找有意向合作的高校,多个项目联合招生,给学生更多选择,增强市场吸引力。采取长线与短线相结合的方式。以国际留学项目为发展重点,但材料准备与申请周期较长,招生周期短,因此在非招生季可开展相关短期培训项目。

国际教育培训项目与其他培训项目不同,运转周期较长,从宏观角度涉及项目本身的调研、开发、运行等方面,但落实到具体的工作环节时,涉及学校的对接、市场开发及招生咨询、学生管理等工作,较为复杂,需制定详细的管理规则,进行严格的管理把控。

【业务发展】

通过2018年、2019年连续两年的转型发展,哈工大继续教育走上了发展快车道。可持续发展离不开强有力的人才和资源保障,继续教育学院在学校及各部门支持下聚集英才、整合资源,向新时代阔步前行。

第二十二节　合理的人力资源结构

学院现有职工 59 人,其中校内在编职工 30 人,学校在编人才派遣 1 人,学院人才派遣 12 人,外聘劳务派遣 15 人。项目开发人员 29 人,专职班主任 12 人,班主任中有 6 人为硕士毕业。

学院职工统计表

部门	职工数	在编职工数	外聘职工数
学院领导	4	4	0
总监	2	2	0
学院办公室	7	5	2
党政干部培训部	7	1	6
企业管理培训部	3	1	2
行业培训部	7	4	3
国际教育培训部	3	1	2
网络资源开发部	4	4	0
考试培训部	5	4	1
教学管理部	13	2	11
学历教育部	4	4	0
合计	59	32	27

第二十三节 丰富的资源储备

培训师资：学院师资库现有培训教师889人，其中正高级职称教师235人，副高级职称教师144人，处级以上领导人员讲师47人。本校教师282人，占师资总数的31.7%。

部分授课专家介绍

徐奉臻，哈尔滨工业大学马克思主义学院院长、教授、博导、"万人计划"领军人才

姜明辉，哈尔滨工业大学教授、博导，教育部经济与贸易类教学指导委员会委员

祝福恩，哈尔滨工业大学继续教育学院特邀专家、教授、博导，省委宣讲团主讲教师

金恩祥，哈尔滨工业大学继续教育学院特邀专家，国家国防教育师资库首批入库专家

朴林,哈尔滨工业大学客座教授,黑龙江省委党校党史党建教研部副主任、三级教授

巩茹敏,哈尔滨工业大学教授,青年龙江学者,工信部干部教育培训师资

王健,哈尔滨工业大学继续教育学院特邀专家,长春市委党校副教育长、国家二级教授

宋要武,哈尔滨工业大学继续教育学院特邀专家,中国国际经济贸易仲裁委员会仲裁员

李清均,哈尔滨工业大学继续教育学院特邀专家,黑龙江省科顾委内贸经济组专家

金家飞,哈尔滨工业大学教授、博导,哈尔滨工业大学高级管理培训中心主任

培训课程:现有培训专题85个,面授培训课程2 155门,网络课程367门,实践教学基地97个。

部分实践教学基地介绍

【哈尔滨市冰壶协会】
参观哈尔滨市冰壶协会,让学员近距离接触冰壶运动,更好地体验冰壶运动的乐趣。教练的讲解可以使学员了解冰壶运动的历史和竞赛规则,领悟冰壶运动精神,进一步感受和学习哈尔滨的冰雪文化。

【哈尔滨大剧院】
参观哈尔滨市的新地标——哈尔滨大剧院,使学员了解其独特的建筑艺术风格,感受"世界最佳建筑"的魅力。同时,学员还可以通过人行观光环廊和观景平台,俯瞰周边湿地,领略哈尔滨独具特色的自然湿地风光。

【航空工业哈飞工业集团有限责任公司】
对航空工业哈尔滨飞机工业集团有限责任公司的现场考察、学习与交流,使学员了解黑龙江省的航天产业,使学员对我国直升机、通用飞机、先进复合材料构件的主要研发制造进一步深入了解,提升航天强国的使命感。对于参与质量管理体系培训的学员更是一次生动的教学实践项目。

【哈尔滨秋林格瓦斯工艺与文化】
对秋林格瓦斯博物馆的现场考察、学习与交流,促进学员深刻了解百年秋林历史和哈尔滨文化,使学员更加了解创新发展的意义。同时,结合实地参观、现场讲解、研讨等环节,通过哈尔滨特色产品了解哈尔滨的风土人情和俄罗斯文化对哈尔滨的影响。

【大庆铁人纪念馆】

铁人王进喜纪念馆运用多角度的展览方式，让学员能够近距离感悟铁人精神，帮助学员树立正确的人生观、价值观，从而激发学员的奋斗热情，促进其全身心地投入到实际工作中。

【侵华日军第七三一部队罪证陈列馆】

对侵华日军第七三一部队罪证陈列馆的现场考察，促进学员深刻了解侵华日军细菌战部队在华所犯罪行，使学员树立正确的是非荣辱观，践行社会主义核心价值观。同时，结合实地参观、现场讲解、研讨等环节，从"知""情""意""行"四个方面激发学员爱国情怀，与国家同呼吸共命运，将爱国主义精神落地生根在学员的日常生活中。

【磨盘山净水厂】

通过对磨盘山净水厂（现更名为平房净水厂）的调研参观，详细了解水处理工艺流程、生产运营工况、各项应急预案及厂区环境卫生情况，通过和工作人员交流，对净水厂现代化技术及管理情况进行学习，参观净水厂在水处理过程中的取水、混凝、沉淀、过滤、消毒等环节的水质控制情况。强化学员对水质的保护观念，促进各地水务工作者进行业务交流。

【哈尔滨工业大学航天馆】

对哈尔滨工业大学航天馆的现场考察，使学员们对哈尔滨工业大学的航天事业有更深入的了解。参观航天器展区、发动机展区、导弹展区、火箭展区，使学员了解有关人造地球卫星、发动机、导弹、火箭等航天科普知识，感受哈尔滨工业大学与航天结缘以来为祖国航天事业奋斗的艰苦历程和取得的辉煌成就。

培训教室:校内可使用培训教室 30 个,其中 100 人以上教室 13 个,学院自有培训教室 10 个,总计可容纳培训学员 4 275 人。

住宿宾馆:学院拥有校内宿舍一层 50 间,最多可容纳 300 人入住;学院合作住宿宾馆 24 个,最多可容纳 3 000 人入住。

交通运输:学院拥有合作车企 3 家,可调配大客车 77 辆,日载客可达 4 005 人。

第二十四节 完善的政策制度

学校及学院重视继续教育工作,相继出台支持政策,为哈工大继续教育可持续健康发展保驾护航。1999 年,在学校成立继续教育学院的同时,学校于 1999 年 5 月 27 日发布了《关于加速发展我校继续教育工作的决定》。《决定》指出:

一、世界一流大学都十分重视发展继续教育。实践证明,继续教育对于科技创新、加速科技成果转化、提高教师理论研究水平、增进学校和企事业单位的联系、提高专业和学校的办学效率等都有着积极的促进作用,全校各级领导干部都要给予充分重视。

二、各院、系和专业要有专人负责继续教育工作,并把此项工作列入各单位的工作日程和干部的考核内容。

三、将继续教育列入"211 工程"规划,积极筹措资金,加强相关设施建设。

四、成立哈尔滨工业大学继续教育学院,凡我校大学后非学历教育,均列入继续教育范畴,统一归口继续教育学院管理。

文件原文见下页图。

2014 年,学校重新修订了《哈尔滨工业大学章程》并经教育部核准通过。《章程》第四条明确说明:学校以人才培养、科学研究、社会服务、文化传承创新为基本职能,实施本科教育、研究生教育和继续教育。将继续教育列为我校三大教育形式之一。

哈尔滨工业大学文件

校教 [1999] 221号

签发：周玉

关于加速发展我校继续教育工作的决定

为贯彻落实《中国教育改革和发展纲要》和《面向21世纪教育振兴行动计划》等文件关于成人教育主要以继续教育和岗位培训为重点的精神，现就加速发展我校的继续教育工作，做出如下决定。

一、世界一流大学都十分重视发展继续教育。实践证明，继续教育对于科技创新、加速科技成果转化、提高教师理论研究水平、增进学校和企事业单位的联系、提高专业和学校的办学效益等都有着积极的促进作用，全校各级领导干部都要给予充分重视。

二、继续教育的主要任务是使教育对象的知识和技能不断得到增新、补充、拓展和提高，完善知识结构，提高创造能力和专业技术水平。

三、我校的继续教育要以中高级专业技术人员和管理人员为主要对象，以传播新理论、新技术、新方法和新信息为主要内容。

关于加速发展我校继续教育工作的决定（一）

四、继续教育要发挥我校人才、科技、信息和实验等资源优势,坚持高起点、多模式、重质量、讲实效的方针。

五、要建立校院两级继续教育指导委员会,负责督促、指导和协调继续教育工作。

六、各院、系和专业要有专人负责继续教育工作,并把此项工作列入各单位的工作日程和干部的考核内容。

七、继续教育以学科专业为基础,为鼓励开展继续教育工作,在经济管理上要向基层办学单位倾斜。

八、将继续教育列入"211工程"规划,积极筹措资金,加强相关设施建设。

九、成立哈尔滨工业大学继续教育学院,凡我校大学后非学历教育,均列入继续教育范畴,统一归口继续教育学院管理。

抄送:国防科工委人事局、黑龙江省人事厅

发至:各院(系)、部、处、教研室

关于加速发展我校继续教育工作的决定(二)

第二十五节 一校三区的联合互动

哈尔滨工业大学校本部坐落于哈尔滨市;1985年,经原航天部批准,在美丽的黄海之滨威海市建设了哈尔滨工业大学威海分校,2002年更名为哈尔滨工业大学(威海);2001

年,深圳市政府与哈尔滨工业大学签订市校合作办学协议,建设哈尔滨工业大学深圳研究生院。2017年,哈尔滨工业大学(深圳)经深圳市机构编制委员会批准正式成立。由此,哈工大形成了"一校三区"办学格局。

哈尔滨校本部地处大美黑龙江,这里是中国最大的粮仓,还有大油田、大森林、大煤矿,实践教学基地丰富。黑龙江与俄罗斯接壤,哈工大又以其悠久的对俄交流历史,充分发挥地缘与人员优势,始终将对俄交流作为国际交流的重点,不断深化对俄合作的规模和层次。威海校区在哈工大总的框架下强调海洋特色,围绕海洋强国战略和山东半岛蓝色经济区建设的需求,构建了一批具有重大创新能力的科研平台和特色学科团队。哈工大(深圳)是哈工大高等教育改革的试验田、汇聚高端人才的桥头堡、国际化办学的示范区。

哈尔滨、威海、深圳分别位于祖国的北部、中部、南部,连接三个城市几乎形成一条直线。"一校三区"贯穿南北,各具特色。继续教育可以发挥一校三区的优势,区域互补、错位发展、资源共享、协调联动,实现跨校区开展培训。

一校三区继续教育工作研讨会

第三篇　继教缘

【校友风采】

第一节 哈工大夜大学给了我人生的力源——黑龙江省原省长邵奇惠

10年间,从工人到省长,邵奇惠是一个具有传奇色彩的实干专家型高级领导干部。邵奇惠1934年6月生于江苏宜兴,1953年10月加入中国共产党。1958年,邵奇惠在共青团浙江省杭州市委办公室副主任任上受错误处分,下放杭州武林机器厂当工人。1962年2月转到哈尔滨林业机械厂当工人。1962—1967年,邵奇惠在哈尔滨工业大学夜大学机械制造专业学习。1979年,邵奇惠获得平反,组织上准备在杭州给他安排工作,征求邵奇惠的意见。邵奇惠想了想,动情地说:"在我最困难的时候,是哈尔滨林机厂收留了我,工人和厂里的领导对我很关心,他们照顾我,让我念完了哈尔

邵奇惠

滨工业大学的夜大学,还让我担任一些技术革新的工作。一个人要有感恩的心,我要感恩的是林机厂的师傅和领导。只要林机厂要我,我愿意回到林机厂去。"

邵奇惠放弃了回到有天堂美誉的故乡杭州,返回了地处北国哈尔滨的林业机械厂当工人。可谁能想到,10年后他会挑起黑龙江省省长的重担呢?自平反起,他历任林机厂工艺科长、副厂长、总工程师、党委副书记、厂长;1985年5月任哈尔滨市委副书记;1987年4月任齐齐哈尔市委书记;9个月后的1988年1月高票当选黑龙江省副省长;一年后的1989年1月又高票当选黑龙江省省长,并任黑龙江省委副书记。

选拔知识分子干部到高层领导岗位,是邓小平根据现代化建设的需要做出的重要部署。邵奇惠是被选中的一员。只是他如此跨越式的晋级,令人有目不暇接之感。尤其赴任齐齐哈尔才短短3个季度,就升任副省长,这不规范,也有违"常规",组织部门配备干

部没有这样做的。确实,省委没有这个安排,他不是副省长候选人。可是在选举前的民主推荐会上,他被"呼声很高"地"推"了上去。面对"突发"状况,黑龙江省委紧急向上请示,中央即批复同意增加邵奇惠为副省长候选人。

邵奇惠是1962年到哈工大夜大"机械工艺及设备"专业攻读大学本科的。对于能够进入哈工大夜大学深造,邵奇惠说:"非常感谢母校老校长李昌的恩典!""没有李昌校长的直接关心和帮助,我是去不了哈工大念书的。"因为,当年邵奇惠是哈尔滨林业机械厂的普通工人,是老校长李昌坚定地表示,同意邵奇惠进入哈工大上大学的。邵奇惠说:"我上夜大时,也是自己人生较低潮的时候。是哈工大、是母校使我重新找到了人生的新目标,是哈工大的老师们给了我信心,给了我一个新的起点,使我在人生的道路上树立了新的信心。"

邵奇惠学习很刻苦努力,毕业生学习成绩资料显示,邵奇惠所在的机制62-1班共24名学生,他的考试总成绩是全班最佳,名列第一。邵奇惠说:"在哈工大上夜大学不仅使自己学到了科学文化知识,更主要的是懂得了学习的方法。我深深感受到学习的快乐,只有感到学习是件人生最快乐的事情,你才能真正学习好。""我在学校里还培养了创新能力。"邵奇惠说:"我要特别感谢哈工大夜大请了各系最好的老师为我们上课传授知识和科学方法。"邵奇惠在夜大攻读本科的6年中,没有缺过一次课。有时感冒发高烧,他也坚持到校上课。他说:"每次作业我都是自己独立完成的。所以,在后来工作中自己的创新能力和思考能力提高很快。有时,在某项技术创新中,可以亲自动手把几千个零件图独立地画出来。""在哈工大夜大学期间感受最深的一点,就是自己对人生充满了信心。后来,在领导工作中,我敢于直面现实。无论是突发性事件,如森林火灾、水灾,我都坚决要在第一时间到第一现场去,面对现实,果断决策,去解决问题。"

邵奇惠后来历任机械工业部常务副部长、党组副书记(正部长级),国家机械工业局局长、党组书记(正部长级),任中共第十四届中央委员,第七、八届全国人大代表,第九届全国政协委员,第十届全国政协常务委员、经济委员会副主任。邵奇惠长期从事机械加工制造和技术工作,对机械加工制造设计和技术研究有较深的造诣,先后实现技术改革几十项,有的为国内首创。他设计并创造指销式变传动比汽车转向蜗杆及加工机床,获黑龙江省科会大会奖。他曾参加哈尔滨工业大学主编的《专项机床设计与制造》一书的编写工作,还曾撰写、出版科技专著《数控机床》《曲柄双指销变传动比设计与工艺》等著作,是"国家首批有突出贡献的专家"。

10年里从工人到省长、专家,哈工大给了邵奇惠人生力量之源。邵奇惠说:"数十载师恩难忘,母校成为我心中永远的眷恋。"如今,邵奇惠已经永远地离开了我们,他的音容笑貌,他的高贵品质和优良作风激励着我们前进,哈工大也将永远铭记卓越学子——邵奇惠。

第二节　黑龙江首所民办普通高校创立者——"感动龙江"年度人物孟新

孟新，1931年生于哈尔滨，1948年参加工作，同年加入中国共产党。20世纪90年代初，孟新带领一群离退休的老共产党员和资深教育家、管理专家创办了我国首批、黑龙江省首所民办普通高校——黑龙江东方学院。26年光阴如梭，历经一批又一批东方人的接续奋斗，一所现代化的民办高等学府已经巍然屹立在美丽富饶的黑土地上，成为万千学子的向往、黑龙江高等教育改革的标志性成果、龙江百姓的骄傲和自豪。

20世纪90年代以前，中国的大学教育始终是国有公办一统天下的局面。民办大学在社会上还是一个十分陌生的概念。由于教育资源有限，每年都有大量渴望读书深造的学子被挡在大学的校门之外，大学梦几乎是千家万户普通百姓共同的梦想。面对无数新生代学子的求知若渴，当时在黑龙江省高等教育领域工作了几十年并长期担任省教委领导职务的老共产党员孟新，与几位在省高教战线工作多年的老同事商议，萌生了一个大胆的创意：我们这些人退休以后，创办一所民办大学，为黑龙江省和国家的高等教育事业发展闯出一条新的路子，为那些莘莘学子的成长成才铺就一条通向未来的道路。就是凭借着这样的梦想和追求，他们在当代中国民办高等教育发展道路上留下了拓荒者坚实的脚步。1993年5月5日召开了"东方学院建校新闻发布会"，宣布学校正式成立。这是黑龙江高等教育历史上一个新纪元的开端。一群已经为国家公办高等教育事业奉献了一生的老一代共产党员、教育家又开启了他们人生"二次创业"的艰难历程。

创办之初孟新就强调，东方学院作为民办普通高等学校，是党领导下的社会主义高等教育事业的一部分。公益性是社会主义办学方向和性质的集中体现。由此，不以营利为目的的社会主义公益性就成为东方学院始终坚守的办学宗旨。东方学院是"人民大学"，是为人民办的大学，是人民自己办的大学。建校至今，东方学院始终坚持社会主义公益性、非营利性的办学方向，为国家培养了4万余名合格毕业生。如今，东方学院发展建设成已具万人规模并拥有硕士学位授予权的现代应用技术大学。学院十几亿资产全部用于学校事业发展，孟新等创办者个人不占分毫。他与几位创办者郑重宣布："我们永远不会谋取学校资产任何形式的个人所有"，并把"亲属回避制"写进学校的章程。

如今，社会上有人将孟新等人形象地比喻为"当代武训"，也有人说孟新等人是"末代傻瓜"。但熟悉他们的人都知道，他们是在用自己生命的余热去实践全心全意为人民服务的宗旨。正是依靠这种新时代的"傻瓜精神""武训精神"，东方学院才凝聚了全省各高校的大批资深教授专家,感召了一批热爱民办高等教育事业的优秀中青年教师。东方精神也直接感染和熏陶了一批又一批东方学子,形成了艰苦奋斗、团结奋进、敬业奉献、开拓创新的独特品格和校风学风。

孟新于1953年从中等教育岗位来到哈工大。在哈工大度过的25个春秋中,孟新先后在党委宣传部、党委办公室、师资提高处、机械制造系等部门工作,并成为哈工大夜大学的首期学生。经历了哈工大在新中国率先创建的按专业培养人才的高等工业教育新体制,遵照邓小平关于关心国家命运、攀登科学高峰的指示,由民转军,举办尖端技术专业等哈工大历史上的重要时期。十年特殊时期、南迁北返、分校合校的锻炼,使孟新从一个只凭热情工作的青年,成长为高教工作管理干部。孟新说:"接受哈工大夜大学的教育,给我终生从事高教管理工作打下了科学技术理论的基础。在半个多世纪的教育工作生涯中,哈工大是我情感最深最难忘的地方。"

2018年,孟新获评2018"感动龙江"年度人物,颁奖词是,春蚕到死丝方尽,蜡炬成灰泪始干。在安享天伦之时,你选择筚路蓝缕,助力莘莘学子圆梦;在收获财富之际,你选择云淡风轻,不忘谦谦君子之风。鞠躬尽瘁,大爱无私;温润如玉,德耀东方。

(注:部分内容取材于光明网报道《2018,他感动了龙江——黑龙江东方学院理事长孟新获评2018"感动龙江"年度人物》)

第三节 "电工学"讲台上的常青树——国家级教学名师吴建强

吴建强,1955年生,1978年毕业于哈工大夜大学工业企业电气自动化专业,民盟盟员,哈尔滨工业大学教授、校教学带头人,国家级教学名师,万人计划教学名师、国务院政府特殊津贴获得者。现任哈工大电工电子实验教学中心(国家级实验教学示范中心)主任,哈尔滨工业大学本科教学指导委员会委员,全国信息与电子学科研究生教育委员会信息与电子学科研究生教育书系编委会委员,全国高校电工学研究会理事长,教育部高校电工电子基础课程教学指导委员会副主任

国家级教学名师吴建强

委员。

吴建强长期在教学第一线工作,教学态度认真,学术造诣深厚,在教学和科研工作中成绩卓著。2007年11月,吴建强任主任的哈工大电工电子实验教学中心被教育部评为国家级实验教学示范中心;由他作为负责人的"电工学""电工电子实验系列课程"分别于2005年和2010年被评为国家级精品课程;2013年"电工学""电工电子实验系列课程"又被评为国家级精品资源共享课程;2014年9月,由他作为负责人的教学改革项目"构建电工电子基础课程研究性教学体系,强化培养学生工程实践能力和创新精神"获国家教学成果奖一等奖。

在"电工学"课程的学习中,最让老师头疼的是如何提高学生实践能力和创新意识。吴建强一直醉心于这方面的改革和创新,啃下了学生实践能力和创新意识提升的一块块硬骨头。自2005年起,吴建强带领教学团队不舍昼夜,反复论证探索,构建了"全开放、学生自主学习电工电子实验教学体系",创建了一种新的实验教学模式和一整套全面而高效的实验教学管理系统,建成了4个实验教学平台和1个大学生电子科技创新基地,开出16门实验课,设计了130个实验项目。实验中心每年向全校47个专业的3 500余名本科生开放,年均14万人时数。

从1978年至今41年,吴建强一直任教于哈工大电气工程系,教过的学生近万人,早已桃李满天下。他能把一堂枯燥的电工学课讲得妙趣横生,让严肃的实验充满"快乐和美感",把教学改革做成全国的示范样板,让实验中心成为学生创新的舞台。41年痴心于教学,"电工学"课程成了哈工大学生真心喜欢、终身受益的精品课程。吴建强老师的这份执着和痴心,让他成为一棵哈工大讲台上的常青树。

吴建强用"爱心"收获了幸福。从风华正茂到华发渐生,他送走了一批又一批毕业生,也收到了学生们发自内心的祝福。学生们亲笔写下的真情留言、亲手绘制的实验课素描、课程结束时的掌声和鲜花、来自远方的关心与问候……这一切,让他觉得无比温暖,无比幸福。

(注:部分内容取材于东北网报道《"电工学"讲台上的常青树 访哈尔滨工业大学国家级教学名师吴建强》)

第四节 商界名家——原中油吉林化建工程股份有限公司董事长杜钟灵

杜钟灵是共和国的同龄人,哈工大函授工业与民用建筑专业本科毕业生,就读前是中油吉林化建工程股份有限公司办公室技术秘书。

函授是业余学习,边工作边学习,时间非常紧张,如何安排工作与学习时间是个难题。杜钟灵当时为自己定了一个原则:工作不能受影响,学习也不能耽误。他每天早上4点起床,至少要保证1个小时的学习时间;晚上下班后,至少要保证2个小时的学习时间。集中面授期间他抓紧每一分钟,听课、看书、向老师请教。刻苦、认真的学习换来了丰硕的成果,6年半后,杜钟灵以优异的成绩毕业,而且学习成绩满足当时

商界名家杜钟灵

近于苛刻的学士学位授予要求,取得了工学学士学位,成为学校成人教育历史上第一批获得学位的为数不多的学生之一。

6年半的函授学习,在杜钟灵一生中是一个非常重要的阶段,对他今后的工作产生了重大影响。通过系统、规范的学习,他夯实了理论基础。工作时间杜钟灵把全部的时间和精力都放在工作上,用所学专业理论直接指导工作,业绩显著。由于工作表现突出,杜钟灵受到公司领导的重用和提拔,先后担任办公室副主任、主任、企业管理办公室主任,最后成为公司的总经理、董事长。

在杜钟灵董事长带领下,中油化建以其雄厚的总承包能力和专业技术优势,成为中国建筑业的明星企业,多次荣获全国工程建设管理先进单位称号,是全国先进施工企业,全国最佳施工企业,全国用户满意施工企业,全国质量效益型先进企业;2001年荣获全国五一劳动奖状和全国职业道德建设先进单位荣誉称号,1998年全国建设系统综合实力"百强"排榜第23位,至2001年连续四年在全国石油和化学工业建设企业处于领先地位。

中油化建业绩遍及全国28个省、直辖市、自治区,并在利比亚、美国关岛、新加坡、马来西亚、土库曼斯坦、沙特阿拉伯、阿联酋等国家参加投标建设,相继建成300余套大型生产装置和400多项大型建筑工程。荣获国家建筑工程鲁班奖、国家优质工程奖、部省级优质工程奖59项。国内的几大化工基地,吉林化工、燕山石化、大连石化、大庆石化等都记载了中油化建的建设业绩。近十年来,中油化建先后完成了吉化30万吨/年乙烯装置,10万吨/高碳醇、10万吨/聚乙烯装置、利比亚16万吨/聚乙烯装置等89套装置的施工。创造了许多全

国第一,被誉为"中国化工建设第一军",保持了54年不亏损的骄人业绩。

2000年,中油化建经过国家经贸委、国家财政部、国家建设部、中国石油天然气集团公司和吉化集团公司批准,成功改制为股份制企业。2003年7月31日,随着杜钟灵与吉林省人民政府有关领导挥锤共同敲响上海证券交易所开盘锣,中油化建股票正式上市交易。中油化建是集团公司重组以来第一家上市的工程建设公司,是工程建设第一股,实现了工程建设和资本经营的并肩运行。

骄人的战绩也让杜钟灵收获了众多的荣誉。他先后多次荣获全国优秀施工企业家、全国优秀建筑企业经理、全国优秀质量工作者、首届中国石油和化学工业风云人物、中国建筑系统百位功勋人物、吉林省先进企业厂长、吉林省劳动模范等光荣称号,享受国务院政府特殊津贴。杜钟灵是教授级高级经济师,担任中国化工施工企协副理事长、吉林省建筑业协会副理事长等职。

数十年的职业生涯,杜钟灵通过不断学习和勤奋工作,成为中国化建第一军的领军人物,成为中国工程建设第一股上市公司的老总,成为经济界拥有重大影响力的中国商界名家。

第五节　自强不息是我人生的座右铭——黑龙江省百名优秀残疾人张屹

自强不息的张屹

1970年,张屹出生在美丽的牡丹江,那时他是个健康的小孩,可是欢蹦乱跳的时光只持续了不到2年。在张屹2周岁的时候，他和妹妹都被确诊得了小儿麻痹症。下肢瘫痪的张屹离开了支撑连站立都做不到，他的生命中多了一个无法离开的东西——拐杖。随着他一天天长大，他的拐杖也在不断变长。张屹拄着双拐艰辛地读完了小学、中学，但他的学习成绩一直是名列前茅。1993年，他在牡丹江市职工大学工民建专业大专毕业后，到牡丹江第六建筑工程公司做工程设计人员。张屹对自己的学历和岗位并不满足，在工作实践中更是感到知识和技能都需要充实并提高，他想读本科继续深造。

1993年5月，张屹顺利地通过成人高考，进入哈工大成人教育学院本科函授班学习。大学本科三年，对张屹来说是极其艰辛的。每年寒暑假，他都要从牡丹江来哈尔滨参加集中面授。张屹介绍说，从他的住处到面授上课的地方，正常学生只需步行10分钟。而自己拄着双拐，要走40分钟才能到达教学楼。特别是冬天马路上有冰雪很滑，行走起来更是艰难，有时腿都在发抖作痛。张屹说："有的上课教室排在4楼，自己要爬上一层层楼梯，遭的罪就更多了；但是，我还是一直坚持上课。"他在谈到完成本科学习最深刻的体会时说："在人生最关键的时候，我做了最重要的选择。就是别人能做的事情，我也一定能做到，而且我一定要做到！这就是我的信念。"

"自强不息是我人生路上的座右铭。"张屹在历经多次坎坷中始终以男儿当自强的精神激励着自己。他在本科毕业后，在单位继续做建筑设计工作；此间，在他心目中已迸发出要继续深造去"考研"的新目标。张屹说："在我的心目中，我应该像我父亲那样。他是哈工大1959年的毕业生，是我们单位的总工程师；我心底里的愿望，就是要成为我父亲那样的人，努力成为一个高级工程师，一个总工程师，一个了不起的工程科技人员！"他在新的人生目标上开始冲刺了——

从1999年至2002年，张屹在"三十而立"的人生征途中发起了四次"考研冲锋"：1999年，他首次参加了全国研究生统考，总分为199分；2000年考研总分为205分；2001年考研总分达到了305分，总分正好压线，但小分不够（单科不低于50）。其实这时他是可以凭借残疾人的身份通过"特招"考上研究生的，但张屹马上就扼杀掉了自己的这个念头，他告诉自己要挺直腰杆去读研，今年不行，还有下一年！2002年的初春，张屹在第四次考研中总分得了331分，超出了录取分数线11分，并达到了哈工大建筑学院免除复试的要求。在2002年"七一"党的生日这一天，张屹接到了研究生录取通知书。

2003年元旦，张屹坐进黑龙江电视台《新闻夜航》的直播现场。当人们问起他的成功时，张屹只有一句话：每个人身上都有许多潜能，只不过很多人直到死也没有开发出来。在一定条件下，毅力就是智慧。

"哈工大成人教育学院是我的起点，成教院是我的娘家，能走到今天，我到任何时候也不会忘的。"张屹说。

【深情追忆】

第六节　春华秋实结硕果

马宁（哈工大原夜校部主任）

回顾从 1955 年我校夜大学成立以来，几经变迁，至今已发展成多种层次的成人高等教育学院，可谓成绩显赫。

20 世纪 50 年代苏联曾帮助我国在哈尔滨市重点建设三大动力厂等，亟须培养在职的厂领导、工程师、技术员等人才，让他们在不脱产在职学习中提高。我校成立夜校部是在 1955 年 6 月，1956 年初我被分配到夜校部工作。因为学习的时间都安排在每晚下班后 5 时到 9 时，所以对外称为"哈尔滨工业大学夜大学"。

马宁

我校夜大学的办学模式，基本上都是向苏联夜大学学习的。在办夜大学的筹备阶段，李昌校长曾亲自接待过苏联全苏函授大学校长和校长顾问顾林教授，专题讨论哈工大的夜大学创立事宜。按照学校的指示精神，夜大学确定了培养目标和教学计划，其教学计划和日校一样为 5 年制，教学时数也一样。哈工大为夜大学配备的任课教师，都是教学经验丰富的优秀教师，特别是基础课教师，如高等数学的章绵、物理的洪晶、化学的魏月贞、政治课的冯兰瑞等。夜大学与全日制同样要求"规格严格，功夫到家"，夜大学学员都自觉严格要求自己，遵守制度。机械制造企业与经济计划组织专业的学生李毅（原绝缘材料厂厂长）请假赴莫斯科开会回来，一下火车就赶到学校上课。机制专业学生、全国劳动模范田建军赴北京参加国庆典礼时，为了及时交上作业，在飞机上把理论力学的作业全部做完，第二天上课就交给老师。夜大学学员自觉地刻苦学习和教师忘我的辛勤耕耘是哈工大夜大学的特色。

45年的悠悠岁月里,由于坚持正确的办学方针,加之学员的刻苦学习精神,教师的辛勤劳动,在"规格严格,功夫到家"优良传统的熏陶下,哈工大成人教育为国家培育出了数目可观的建设社会主义国家的有用人才。在20世纪五六十年代的毕业生中,有很多学员都是政府和工厂的高级骨干和高级技术人员。许多人在社会上赢得了广泛的好评,夜大学的声誉越来越高。当时全国一些高校曾办过的夜大学都已下马,但哈工大夜大学一直坚持办了下去。

1972年,夜大学又恢复了招生。1983年国家教委批准我校夜大学有权授予学士学位的举措,更鼓舞了哈工大对成人高等教育多年来一直坚持"以社会需求为根据,以学校的综合实力为依托,以良好的教学质量为生命线,以培养众多的有用之才为宗旨"办学指导思想的工作热情。

自1992年哈工大成立成人教育学院以来,成人高等教育工作突飞猛进,蒸蒸日上,使我们早期负责夜大学工作的老同事们非常欣慰。

预祝我校成人高等教育达到"面向未来,面向世界,创建国内一流并具有国际水平的哈工大成人高等教育"的发展目标。

第七节　弘扬优良传统,培养高质量人才

纪守义(哈工大原业余教育处处长)

我校夜大学几十年走过了一段艰苦的历程。几经风云变幻,都顽强地坚持办学,并在全国成人高等教育中实现了4个之最。1955年经国家高等教育部批准成立"哈工大夜校部",这是我国高等学校最早成立的夜大学之一;20世纪70年代中后期我校夜大学在全国最早恢复了办学;1983年经国家教委批准,我校夜大学成为我国最早有权授予学士学位的学校;1997年又成为国家教委首批授予的"全国成人高等教育评估优秀学校"之一。哈工大如今已形成夜大学、函授教育、成人脱产、自学考试、继续教育等多种类型、多种层次、多种样式的成人高等教育体系。

纪守义

1975年至1987年我在夜大学工作,长达12年,与夜大学建立了深厚的感情。当时夜大学正处在恢复和发展时期。通过工作体会到哈工大的成人高等教育之所以得到不断发展和壮大,其基本原因有三点:第一它适应了社会的需要。20世纪50年代中期,国家处在工业建设高速发展阶段,很多国家计划的大项目在哈尔滨开工建设,管理干部和

技术干部力量奇缺,我校夜大学正是在这种形势下诞生的。特殊历史时期使教育中断10年,遭受荒废教育之苦的广大青年走上了工作岗位后,迫切需要提高文化水平和掌握科学知识。夜大学就是在这种形势下得到恢复,同时开办了函授教育。成人高等教育只有适应社会发展和科技进步的需要才有生命力。第二是领导支持。20世纪70年代中后期学校恢复日校办学的同时,夜大学也在1972年开始招生,但1974、1975、1977年停招,直到1978年才开始实现连续招生,这说明夜大学办学的艰难。当时在主管教学的校领导大力支持下才得以恢复。第三是高质量办学。坚持哈工大"规格严格,功夫到家"的教学传统,是办学的根本。由于治学严谨,规章制度健全,管理规范,坚持宁缺毋滥的入学标准,教师精心培育,学生勤奋好学,培养出一大批高质量的工程技术和管理人才,赢得了社会的信誉。

虽然离开成人高等教育岗位多年,但我的心始终和成人教育是连在一起的。成人高等教育是国家教育的重要组成部分,有着良好的发展前景。在新世纪里,祝愿我校继续教育办出新的特色,办出更高水平,为发展成人高等教育做出贡献。

第八节　前程更辉煌

吴广昌(哈工大原业余教育处处长)

我衷心地祝贺哈工大成人高等教育取得了巨大成绩——为国家培养了数万名科技人才。

我于1961年至1993年期间在哈工大成人教育岗位上工作了32年。回顾这段办学历程,从创办探索、发展巩固直至今天成熟壮大,我深深感到最重要的一条,就是它是哈工大办学的重要组成部分。成人高等教育紧紧依靠强大的哈工大师资队伍和教学实验设备条件,稳定了热爱成人教育事业的管理骨干队伍,培养出符合社会经济发展需要的高层次、高质量的专门人才,这些是哈工大成人高等教育具有的突出特色。

吴广昌

哈工大进入国家重点建设的9所重点大学行列,必然会给成人高等教育带来新的机遇。我相信,经过你们——正在成人高等教育岗位工作的同志们和全校师生员工的共同努力,进一步深化教学改革和管理改革,再经过若干年,展现在我们面前的将是更加辉煌的成就。

第九节　成人教育　我永远的梦

李成文(哈工大原成教院院长)

李成文

拥有梦想是人生一大快事,它给人生带来那么多美好的憧憬,那么多炽热的向往,那么多和煦的春风,那么多温暖的阳光……

我自1992年冬由教务处调入成人教育学院,至1998年秋调至计划财务部,近6年的成教生涯,不知道有多少次为拥有梦想而快乐,为追求梦想而忘我,为实现梦想而激动,为打破梦想而懊悔。在以往我们编织并拥有的千百个梦想中,最令人难忘且最催人奋进的梦想,无疑是将我校的成人高等教育建设成为与哈工大地位相称的国内一流的成人高等教育。

梦想易,圆梦难。为圆此梦,几代成教人几十年辛勤耕耘,坚持创新、拼搏、进取。为办好成人教育,我们始终坚持以社会需求为办学的根据,以学校的综合实力为办学的依托,以良好的教学质量为办学的生命线,以培养众多的有用之才为办学宗旨。为保证教学质量,我们努力做到4个坚持,即学生培养坚持高规格、严要求;坚持在全校范围内聘请学术水平较高且具有一定成人教育经验的教师授课;教学内容与教学方法坚持静中有动,以动促改,以动促建;教学过程坚持目标控制与过程控制相结合,实现教学管理的严谨、科学、高效。

为梦想成真,我们中的许多人不知有多少次夜以继日的工作,不知有多少次刚放下行囊,还未洗去旅途的尘土,又踏上新的行程;为梦想早日成真,我们中有的人已早生华发,有的人忍受病痛坚守岗位。我可以骄傲地说,我们是用心血与汗水实现着我们追求与向往的一个个梦想目标。1996年秋我校成人高等学历教育在校生突破6 000人,1997—1998年又有新突破,与1992年相比,增长1.3倍;办学效益日趋显著,1993—1998

年学费累计收入 3 300 余万元,为完全依靠自己的力量建造 15 000 平方米的教学楼与学生公寓积累了资金,并为将来开展继续教育打下了坚实的基础;我校成人教育毕业生普遍受到社会欢迎,相当一部分成为业务骨干,并连续多年均有本科毕业生考取研究生,并涌现了数位博士生,每年均有人出国留学;我校成人高等教育质量得到社会认可,赢得社会信誉。《中国教育报》《中国成人教育》在 1995—1996 年先后载文并辟专栏介绍我校成人高等教育;我校夜大学、函授教育在 1996 年黑龙江省成人高等教育评估中双夺冠;1997 年我校获"国家成人高等教育评估优秀学校"称号。

梦想是甜蜜的,圆梦是苦涩的,但梦想一旦成真,我们就会从苦涩中品尝到更纯真的甘甜。1998 年秋我应邀出席成人教育学生公寓落成典礼,望着矗立在我面前的公寓楼及毗邻其旁仍在建设中的教学楼,我再一次为这么多年的梦想成真而由衷的欣慰与激动!

当我们品味甘甜时,也应不时地回味甘甜中的苦涩,因为征途尚未到尽头,许多诱人的梦想还在等待着我们,我们应有勇气、有胆量去做更美的梦。离开成人教育战线已多年,但许多梦想仍存于心中,它们或许将成为我永远的梦。

第十节　畅叙体会　感受祝愿　再展宏图

张海峰(原哈建大成人教育学院副院长)

张海峰

我 1957 年入哈工大土木系学习,在 1959 年哈建工学院建校同年,被调出进京进修,1962 年回校任教师;后又转做政工、后勤,1980 年开始筹备复办高等函授教育。哈工大成人教育的领导班子很看重我们已经退休的老成教人;自己离开这条战线十多年了,或许跟不上我们国家日新月异的发展形势。但我很热爱这条战线的工作,提笔拍脑写点体会感受和说点期望。

我 15 年的工作体会,用简单一句话说就是,举旗帜、抓管理;靠日校、抓校风;靠社会、抓协作;继承发扬哈工大的优良传统,培养高质量的高等建设人才,创办国内的一流成人高等教育。

举旗帜、把"三关",保证培养高质量

旗帜就是哈工大。1959 年分校后哈建院的上上下下始终把哈工大作为榜样,在学习中宣传自己。日校是这样,函授教育复办以后在与社会交往中,尤其是在招生宣传中,更是突出地说明哈建院函授教育是从哈工大分出来的,所举办的几个专业也都是哈工大老专业。哈工大1920年建校,历史悠久、驰名中外,位于国内名校前列;时刻拿这面旗帜向社会宣传哈建院及其函授教育的办学模式、师资队伍水平、教学设备的先进性、培养人才的质量与哈工大是一个层次,相同的质量,是国内一流的高等学府。哈建院的成人教育1980年筹备复办以后,远学"同济""浙大""东工",近学哈工大办夜大学经验,也是紧跟老大哥办学。学什么、抓什么,函授教育与日校不同的是多了社会性。培养对象的不同,管理工作千头万绪,但有一点是相同的,那就是培养目标、函授生质量,管理工作要把住这个关口。其做法是把"三关"!

当时有个说法:"入学门槛要高、培养过程要严、毕业出校要合格。"入学关。成人高教入学统一考试是由招生高校自行组织。我院的入学考试试题,参照当年普通高校入学考试试题的水平出两套题,报省招生办审查备案;学院对每一考点派教师、监考人员,一个考点至少3人;考试卷当场启封,考完压密封线装订成册;回校后评分一人一题,流水作业,评卷结束由管理人员拆线现场统计分数;对试卷评分教师要签字,复查分教师也要签字,统计分数人员还要签字。以此,保证评分公正、准确,严防"人情分"。按招生计划人数划定录取分数进行录取。省招生办评价:"哈建院入学考题水准不低于普通高校,考试组织规范。"20世纪80年代初期成人高教的生源较充足,参加考试与录取之比为6:1,最少的年份也是3:1。成人高教国家统考以后,成教院招新生也有分数线,宁缺毋滥,以此来保证函授生的入学质量。日常教学要严加管理,学生完不成作业的不准考试,期末考题难易程度与日校水平相当。学院派主监考,严抓考试纪律,违纪按章处理,毫不留情;把住日常教学质量关口是始终如一、不能松懈的。

学生质量管理最后一关是毕业关,十分重要。函授生的毕业质量要与日校相当,要求毕业设计题目水平和日校一样;时间要求学生脱产3个月集中到校,教师指导毕业设计,组成专业毕业设计答辩委员会,组织答辩。在毕业的教学环节中,很重要的管理是严格执行学籍管理规定,对有不及格课程的学生不准参加毕业设计;毕业设计答辩不合格者不发毕业证书而只发结业证,经补考或补毕业设计并答辩合格后,才可换发毕业证书,毕业时间按换发日期始记。把"三关"保证培养质量,维护了哈工大这面旗帜的声誉。

管理要有规章制度,在管理过程中要不断总结完善。1990年哈建院成人教育已办了10年,形成了一整套管理制度,也取得了可喜的成绩;毕业了1 000多人,在校生发展到2 000多人,社会上有了较好的声誉。我院对管理进行了总结,将各种教学管理的规章制度、表册等汇编成册,再指导规范教学实践,保证了培养目标的完成;并编写了哈建院成人教育大事记,在1990年9月举办了成人教育展览,省内高校同行们观后予以较高的评价。

依靠日校雄厚的师资、先进实验设备,办好哈建院的成人教育

办好哈建院的成人教育首先是领导重视,此点不再烦叙。依靠日校雄厚的师资力量是函授教育的根本。1983年成教复办初期,为打好成人教育中基础课的质量基础,学校为成教院配备了基础课专职教师队伍,调进15名有函授教育经验的老教师,组成综合教研室,由数学、物理、化学、力学、图学和外语老师组成,行政隶属成教院,负责成人教育的教学研究、教学实验、编写教材辅导资料,为成人教育打下坚实的基础。

依靠社会联合办好函授教育

函授教育的对象主要是分散在社会各单位的在职人员。函授教育是普通高等教育的组成部分,是成人的继续教育,远离学校,教育形式分散集中相结合。要办好这种教育离不开社会,离不开函授生所在单位的支持。哈建院各函授站的设立都是在当地政府机关的相应部门批准与支持下,选择有办学条件的单位,经与成教院签订协议,共同办学。双方遵照协议和"函授站管理办法",组织函授站的教学、函授生思想管理、办站经费管理等工作。以保证教学环节的实施,共同完成培养目标。各函授站的管理水平不齐且地点分散,为不断提高函授站的管理水平,成教院每年召开一至两次函授站管理工作会议。会上贯彻国家成人教育的方针政策,部署招生安排,交流函授站管理工作经验,各取所长,统一步伐、携手同步完成函授生的培养任务。

这里,再谈点感受。5年前国家对高等学校体制改革实行强强联合、优势互补,组成新的大学。

哈建院1959年从哈工大分开独立建院,已历经了41个年头。41年的发展,特别是20世纪80年代初,国家在哈尔滨原马家沟飞机场,拨给学校40公顷空地,使之有了长足的发展,已经成为国家建设事业人才培养、科学研究,特别是高层次人才培养、高技术研究的主要基地,对国家建筑业的发展进步起着举足轻重的作用。哈工大与哈建院原本是一家,在新形势下,实行强强联合、优势互补、资源共享,组建新的哈工大,为提高哈工大在国内外大学中的知名度和办成国际一流大学并肩前进。5年来的实践证明,这条路是一条成功之路。合校后,哈工大成人教育由过去的夜大学、成人教育、函授教育,发展为成人教育、非学历的继续教育、远程教育、自考助学和国际合作等多形式、多类别、多层次、开放式的成人终身教育体系。教学与管理的现代化手段发展迅速,卫星、网络、信息、多媒体远程教学等均已创历史新高。

当今世界,以经济全球化、信息技术广泛应用为显著标志的知识经济正逐步取代传统的资源经济。终身教育,不断更新获取新知识、新技术,成为继续教育发展极为重要的组成部分。哈工大成人教育事业将成为高等教育的继续化、终身化的前沿阵地,任重道远。

回忆过去,几代人创业奋斗至今,业绩累累,深感欣慰;展望未来,哈工大成教战线的同志们,在总结创办成人教育经验的基础上,与新时代同步,创办国内乃至国际一流的成人高等教育,在广阔的天地里大展宏图、前程似锦,我为之高兴,为之自豪!

第十一节　往事

孙剑飞（校友，哈工大材料学院教授、博导）

对于哈工大，我是心仪已久的。我的一位中学老师是哈工大二系的毕业生，他的儒雅风度和哈工大的盛名曾使我对这所著名学府无限向往。1983年当我终于以夜大学员的身份坐在哈工大教室里的时候，心头平添了几分自豪，因为我也算是哈工大的一名学生了。

可能是入学成绩尚好，我被选为833班的班长，职责主要是点名和考勤。由于夜大学员都有工作，容易因惰性而缺勤，因此学校把出勤问题当作大事来抓。很多同志或许还记得，课前或课间偶尔会有值班的老师来抽查点名。无故缺勤的人会在两天

孙剑飞

以后"享受"到这样的"待遇"：其单位领导收到哈工大夜大学的来函，上书："贵单位某某同志某天未来学校上课，请按规定扣除他当天的工资和奖金。"这些做法成为夜大的绝活之一。也是"规格严格，功夫到家"在夜大学的具体体现。

学校对夜大学的教师配备相当重视。或许是考虑到夜大学员的基础较全日制学生弱的情况，授课者基本是中年以上的教师。考试则多数情况下采用与全日制大体相同的标准甚至是同一张试卷（英语除外）。这些措施保证了夜大学的教学质量并不明显低于全日制学生的水平，也是哈工大夜大学自成立以来一直处于国内领先地位的主要原因。

哈工大夜大学不但有良好的学风和优秀的教师，学生素质也相当不错。记得我所在班级的43名学员中，有20名中专毕业生，还有少数专科生，大家基本上是企业的青年技术人员，多为20岁刚过，对知识的渴求和20世纪80年代良好的社会风气促使我们学习十分努力。可以说，当时多数学员的主要精力是放在学习上的，单位领导也普遍支持，哈工大夜大学的学生在各单位都受到相当重视。

5年的学习经历是我人生的宝贵财富，也给予我一些机遇。在入学一年左右，正是以在哈工大学习的基本条件，我得以调入当时状况相当好的中直单位——哈尔滨第一机器制造厂工作，并在毕业不久晋升为工程师。也正是这一阶段打下的良好基础，使我在毕业多年以后还能顺利考取哈工大铸造专业的硕士研究生，进而直接攻读博士学位并留校工作。因此，哈工大及其夜大学给予我的恩泽足以让我享用永远。

我们欣喜地看到，作为哈工大重要组成部分的继续教育学院也同样群星璀璨、人才

辈出。身为哈工大的一分子,我衷心祝愿我们的学校在创建世界知名高水平大学的征程中不断创造新的辉煌,也祝愿继续教育学院各方面事业不断发展,并希望能有机会为这一发展做出直接的贡献。

第十二节　中国钟表工业百年感动人物

王晓溪(教授级高工)

王晓溪

今年是我的母校哈尔滨工业大学建校100周年。在学校百年的发展中为海内外培养了许许多多杰出人才。哈尔滨工业大学成人教育学院始终以服务社会主义现代化建设为己任,汇聚了一大批卓越名师,培养了一大批优秀人才,取得了一大批出色成果。今天的哈工大,已经成为高水平人才培养和科技创新的重要基地,成为青年学子十分向往、社会各界广为赞誉、师生校友无比自豪的著名学府,正在意气风发地向世界一流的高水平大学迈进。作为一名退休的职工也是校友,我感慨万千。借此机会,向为母校建设发展做出重要贡献的老一辈校领导、教师、同事们致以崇高的敬意!

我来哈工大至今已有46个年头。时间不算长,但也不算短。我亲身经历过学校的发展,在这里念过书,教过学,也从事过基层专业的管理工作。

由于父母为哈工大教职工,自小在哈工大小区成长,对学校的环境耳濡目染,于1973年来到哈尔滨工业大学计时仪器专业从事钳工工作,在最初的工作过程中深感知识的匮乏。于是1979年5月进入哈工大夜大补习初中课程直至1981年毕业;随后同年9月至1984年7月又在哈工大夜大中专校"机械设计"专业学习,毕业后回专业继续工作,把所学专业知识运用到实践中去。为了进一步补充知识,我于1990年考入哈工大夜大"机械制造工艺与设备专业"学习。毕业后为了更好地从事教学科研工作,随后考入哈工大机械电子工程学科继续深造并获得工学硕士学位。

在夜大学习期间,我深深体会到了哈工大校训"规格严格,功夫到家"的精神,同时也要感谢各位老师和同学们的关心和帮助。直至今日想起,学习的情景还历历在目。

夜大十分注重教书育人、育人为本的办学理念,把传授知识技能与坚定理想信念紧密结合起来,采取各种形式开展思想政治教育,使学校教育的过程真正成为传道授业解惑、全方位育人的过程。为了更好地传授知识,为我们授课的都是由教授、副教授、讲师组成的专业教学团队。老师,是我们成长的领路人,老师尊重、理解和爱护我们;老师的言传身教,让我们受益终身。

通过在夜大的学习经历,深深地将"注重教书育人、育人为本"的理念烙印在我的行动中。经过多年的工作,我先后多次获得哈尔滨工业大学"优秀共产党员""优秀专兼职学生工作者"等荣誉称号;作为多届班主任,我在工作上严格要求自己,将夜大老师的优良作风始终贯穿在班主任工作中。经过不懈努力,所带领的多个班级先后获得"省优秀三好标兵班级""校优秀三好标兵班级""优秀团支部标兵班级"等称号。

为了更好地提升学校在钟表行业的影响力,我多年深入各钟表企业进行交流、培训、协作科研等工作,先后发表各类学术文章20余篇;担任哈尔滨工业大学机电学院计时仪器研究所所长、中国轻工行业钟表与精密制造职业教育集团副理事长、中国钟表协会常务理事等职,2015年被评为中国"钟表工业百年感动人物"。

第十三节　感谢命运,让我与母校重逢

关宇(校友,哈市第一医院)

母校和我,就像海洋和浪花一朵。对于我来说,肯定不属于毕业生中最优秀的那类人,但是我能自豪地说,我是最受母校眷顾的那类人;我与母校的情缘,是最能代表医工结合的佳话。

我在哈尔滨市第一医院做团委书记的时候,有了到哈工大继续深造的机会。在校园读了六年书,三年计算机专科,三年工商管理本科。在校期间,我与校团委和研究生院成功举办了三届研究生与我院医护人员的"春之约"联谊会,还有其他的种种创意活动……让母校把优秀学生干部和成教精英的殊荣授予了我。在校园里,我总能感到求学明智的鞭策和树德育人的崇高。沐浴过校园的春雨,浸润过校园的书香,我的灵魂有了信念,我的心中满怀使命。

周玉校长与关宇

那是在成教院建院五十年的庆典上,周玉校长亲自为我颁发了荣誉证书,这种鼓励一直如暖阳般照耀着我的人生旅程,始终激励我以"规格严格,功夫到家"的校训来做好

人,干实事。

毕业二十年之后,历史洪流,汇聚而来,命运女神再次向我抛来了橄榄枝。母校成立了生命科学与健康学院。我所在的哈尔滨市第一医院有幸被冠以哈尔滨工业大学附属医院之名。

那是怎样一种殊荣呢?2018年12月28日,我有幸主持了由哈工大周玉校长、韩杰才副校长和安实副校长、哈尔滨市陈远飞副市长等领导同志出席的哈尔滨工业大学为哈尔滨市第一医院冠名授牌大会。我用一首辛弃疾的《重叶梅》作为我的主持词开场:"百花头上开,冰雪寒中见。霜月定相知,先识春风面。"

如今,我用所学为哈尔滨健康医疗云平台建设贡献力量。"桃李不言,下自成蹊。"母校,命运又将我以这种期盼已久的方式,交还到您的怀抱中了。此生与您相依,真美好!

【职工心声】

常永吉

从中俄工业学校到哈尔滨工业大学,从南迁北返到一校三区,从创建之初为中东铁路培养工程技术人才到成为创建世界知名高水平大学的排头兵,哈尔滨工业大学历经风雨洗礼,迎来百年华诞。

百年的历程,凝结了哈工大人的辛勤汗水。从老一代"八百壮士"到新一代科教精英,处处体现了哈工大精神;百年的耕耘,桃李芬芳,硕果累累,莘莘学子,遍布世界;百年的奋斗,不断创造科研新成果。

在百年的历史进程中,从1955年创办夜大学到1983年颁发第一张成人教育学士学位证书,从成立成人教育学院到继续教育学院,从开展学历教育到转型发展非学历教育,印证了哈工大继续教育六十五年的发展历程。

我为自己能在哈工大工作而感到无比自豪,在此真诚地祝福哈工大在建设世界一流大学的路上扬起风帆,再创辉煌!

马欣

回眸百年,大师先生,规格严格,功夫到家;
庆贺百年,薪火相传,上天入海,成绩斐然;
展望百年,不忘初心,厚积薄发,名冠天下。
祝福我的母校:百年哈工大,迈向新辉煌!

金垚

一百年,一幅震撼人心的画卷
一百年,一段继往开来的历史
一百年,岁月的沧桑,让我们感慨万分
一百年后的今天
哈工大
你的笑容,比烟花和繁星还要璀璨
光阴流逝,没有蚀去你尊贵的容颜
今天
回溯你流光溢彩的漫漫征程
重温你一路走来的铿锵歌唱
赤日如焰,风雨如磐
坎坎坷坷是你的历程
日升月落,年岁轮回
你披肝沥胆
如同征途中不朽的丰碑——坚定执着
百年韶华
哈工大人
劈波斩浪,勇往直前,攀枝折桂于各路赛场
励精图治,慨当以慷,捷报频传在众多学科
亲爱的哈工大
百载风雨兼程,百年青春如歌
年华流转,不变的是学者心
岁月如流,永恒的是师者魂
当接过哈工大百年不灭的火炬
我们、我们……
不懈奋斗,锐意进取
续写永恒的传奇
百年哈工大
我们为你祝福!

王柏超

时光荏苒,岁月如梭,哈工大迎来了百年校庆,所有哈工大人都为之振奋自豪。

百年的历程,见证了学校自强不息的辉煌。几代人苦苦追寻的百年哈工大梦,是铭记责任,竭诚奉献的爱国精神;是求真务实,崇尚科学的求是精神;是海纳百川,协作攻关的团结精神;是自强不息,开拓创新的奋进精神。

我曾两度求学于哈工大,行为举止早已铭刻了"规格严格,功夫到家"的烙印。命运辗转,如今又回到哈工大工作,吸引我的是哈工大严谨、求实的作风。十年树木,百年树人,能够在自己工作之时见证哈工大的百年华诞,让我深感荣幸和骄傲!

百年的历程,见证了学校自强不息的辉煌,凝结了数万师生的辛劳与智慧,更承载了我们的信心和骄傲!在此,衷心地祝愿哈工大,在新的征程岁月里,继往开来、奋发图强,拥有更璀璨的未来!

王欢

天鹅项下哈工大,
屹立中华一百年。
继教六五育英才,
岁月六载感恩延。

胡立华

2020年哈工大迎来了100年华诞,感恩母校,祝福母校!让我们只争朝夕、不负韶华,接续奋进,立足岗位发光发热。在此,我衷心祝愿哈工大的明天更加辉煌,也祝福继续教育学院的发展蒸蒸日上、再创佳绩!

沃田

继续教育学院
成人教育的摇篮
是桥梁　是纽带
是蓬勃发展的平台
是蒸蒸日上
热爱又信仰的事业
衷心的祝福
诚挚的祈祷
愿我们的学院
越来越好
继续教育
让教育更均衡
终身学习
让生活更美好
不忘初心
继续前行

包东

岁月不居,时节如流;百年工大,绽放新颜。非常荣幸能够见证母校的百年荣光时刻,也更加深刻地体会到哈工大人的担当与责任。衷心祝愿母校生日快乐!真诚祝福学院事业蓬勃发展!

刘禹辰

在哈尔滨工业大学成立100周年之际,哈工大继续教育学院也迎来了自己65岁的生日;我院秉承"规格严格,功夫到家"的校训精神,拥有深厚的文化底蕴、丰富的实践成果和巨大的生命力。在此硕果累累之际,我由衷地祝愿,哈工大继续教育学院能够"百尺竿头更进一步",为祖国人才建设再添华彩!

祖彦榕

百年华诞之际,我感触最深的是入校可见的校训石——"规格严格,功夫到家"。朴实厚重的文字,培养了一代代哈工大人,为中国的科学事业做出了巨大的贡献。祝愿哈工大勤奋、扎实、拼搏的精气神一直延续,永闪光辉!

赵维

作为我院比较年轻的员工,也已经是到学院工作的第五个年头了,虽然时间不长,刚好经历了学院转型的整个过程。继续教育人在转型中不断克服重重困难、奋勇向前的精神让我深受鼓舞。能够在这样的集体中工作是我的幸运。

王雅提

继续教育学院团队热情、优秀、氛围好。哈工大校园四季美景各有特色,培训教室宽敞明亮,授课教师专业精湛,来这里培训既收获知识又能拓展地域文化交流。很幸运赶上百年校庆和学院65周年,祝学校强校之路再创辉煌!祝学院继续教育事业蒸蒸日上!

马铭唯

光阴荏苒,岁月如梭。不知不觉我已经在学院工作了14年,在这里有我美好的青春年华,留下了我点滴成长的足迹。在哈工大百年校庆之际,你也迎来了65周岁的生日。此刻,我想由衷地对你说声生日快乐!回顾过去,我们硕果累累;展望未来,我们信心满满。让我们携手共进,祝福学院继续辉煌!

佟巍娜

2012年,我伴随着学院大力发展非学历教育的脚步有幸成为其中的一员。在您65载沧桑砥砺中,虽然无缘历史发展的每一步历程,但有我身在其中的8年时光里,见证了学院的继往开来,厚积薄发。

学院就是我们的家,学院发展壮大需要每个人从自我做起,从身边做起,砥砺漫漫,必将春华秋实,未来的日子一定能描绘出最美的篇章。

高鑫

百年的风雨洗礼,奋斗拼搏,打磨出"规格严格,功夫到家"的匠心品质;百年的砥砺前行,成长壮大,铸就了"甘于奉献、追求卓越"的崇高精神;百年的同舟共济,耕耘不辍,早已桃李芬芳,绽放着生命的璀璨。在百年校庆来临之际,让我用心中最美好的祝福,祝愿哈工大更加耀眼夺目,祝愿继续教育事业更加灿烂辉煌!

孙立焕

桃李不言,下自成蹊;百年风华,筑梦学子。百年岁月,您用"规格严格,功夫到家"这一朴素而又深刻的校训精神教育着一代又一代的哈工大人,培育出无数英才俊贤,为祖国添彩增色。祝福母校:光辉岁月岁岁煌,人才辈出辈辈强。

王欢(小)

百载风雨兼程,百年青春如歌。百年哈工大育数代英才,65岁成教院朝气蓬勃。祝愿哈工大培育出更多优秀人才,创造新的辉煌。

田冶

回首历史,我工百年,继续教育65载!如今的这片校园承载着无数前辈的梦想与期望,他们开疆扩土,耕耘不辍,铸就了我工一个又一个辉煌。百年后的今天,作为我工的一名培训人,我愿如前人一样,不忘初心,恪守职责。在自己的岗位上为双一流建设,为我工的下一个百年贡献力量。

胡莉娜

时光荏苒,岁月如梭,65年的风雨历程,造就了继续教育今日的辉煌和成就,磨炼了继续教育人自强不息的精神,更承载着学院的信心与骄傲!

忆往昔硕果累累,展未来更大的成功正在向我们招手。我们也将伴随着学院的成长,发奋努力、顽强拼搏,希望哈工大继续教育的明天会更好!

徐烈

2020年是学校建校百年,是学校创立继续教育65周年,也是我个人在继续教育战线上工作的第20个年头。其间经历和见证了成人教育、远程教育等学历继续教育的发展壮大和辉煌,目前学院正处在学历继续教育向非学历继续教育全面转型的关键时期,衷心祝福学院在努力探寻内涵式发展路径过程中,积极为服务社会发展和终身教育体系构建贡献力量!衷心祝福母校哈工大在新的百年再谱华章,再创辉煌!

窦立波

今天,在这哈工大继续教育学院创建 65 周年的日子,思绪万千:从 1955 年夜校部到 1992 年成人教育学院,从 1999 年继续教育学院到今天继续教育成功转型,一批又一批继续教育人加入进来;在这里,能够被大家积极进取的热情所感染,也感受到了大家不断超越的力量和勇气。

"百年工大"享誉社会,桃李满天下。我们身处一个开放的时代,一个腾飞的时代,面对所处环境的日新月异,学校国际一流大学建设的契机,学习是未来生存发展的需要,更是我们的一种生活方式。新百年,我们坚信"铭记责任,竭诚奉献;求真务实,崇尚科学;海纳百川,协作攻关;自强不息,开拓创新"是哈工大继续传承的传统,"铭记国家重托,肩负艰巨使命,扎根东北,艰苦创业,拼搏奉献"是哈工大继续秉承的风格,"规格严格,功夫到家"永远是哈工大精神所在。

邓冰

2020 年的钟声叩开了新年的大门,也奏响了哈工大芬芳百年的赞歌,6 月 7 日我们迎来了哈工大建校 100 年的辉煌时刻。母校,2014 年我考入管理学院研究生与您结缘若算是相识,2017 年毕业我留在继续教育学院工作,我们更加相知相伴。感谢您张开双臂让我投入您的胸怀,您的精神与风采进入了我的心田。"规格严格,功夫到家"的校训我将一直铭记,在继续教育的岗位上贡献自己的绵薄之力。2020 年,属于您的百年已经开启,祝愿百年哈工大豪情不减,青春永驻,新的百年再创辉煌!

杨梓

2020 年是哈尔滨工业大学建校 100 周年,这既是哈工大的盛世也是我们每个人心目中的大事。作为一名在继续教育岗位上工作的新哈工大人,此时我的心情是激动的。哈工大注重育人为本的教学理念,注重培养学生解决实际问题的能力,坚持"规格严格,功夫到家"的校训精神。继续教育培训工作也是学校教书育人工作的一部分,站在学校发展的历史新起点上,作为学校继续教育工作的一分子,我一定聆听并铭记学校、学院各级领导和前辈的教导,把哈工大的校训精神根植于心,为学校再创辉煌贡献力量。

张鹤平

2019 年的盛夏,我离开学校的象牙塔,怀揣梦想走进社会。7 月 5 日,伴随着对未来的憧憬我来到了继续教育学院,从此开启了人生的新篇章。

这个由 61 人组成的集体充分展现了凝心聚力、团结奋进的工作作风,在我加入这个大家庭后很多老师都给予我无私的帮助,传授给我工作经验,让我这个职场小白倍感温暖。我能回馈的就是更加全身心地投入到工作中,为学院发展贡献自己的一份绵薄之力。

雄关漫道真如铁,而今迈步从头越。值此哈工大百年校庆之际,祝愿学院蒸蒸日上,再续华章!

唐乐

感怀哈工大,作为一名哈工大职工,学校为我们提供了技能发展、展示才干的良好平台,使自己有获得感和满足感。感怀哈工大,不能忘记的是校训——"规格严格,功夫到家"就是在传递一种精益求精、注重细节、按照规矩做事的理念。上学时对这句话的理解还十分肤浅,也没能按照这两句话去学习、去生活。毕业后才深感这两句话的重要和深刻。当年李昌校长提出的校训,一直是我们哈工大人的行为标准,哈工大的校训教会了我们踏踏实实,严于律己。

杨威

哈工大继续教育在发挥高校服务社会的职能、突出哈工大特色、为服务国家发展战略和地方经济社会进步等方面做出了积极努力,作为一名继续教育工作者的我能在这个群体中把自己的力量贡献给国家、社会、学校是莫大的荣幸,也是从事这个职业,完成自己事业的动力源泉。回顾历史,展望未来,我会把这份对继续教育工作的热爱一直传递下去,坚持不懈地为继续教育的发展贡献力量。

邵丽艳

岁月匆匆,转眼百年!学校正稳步迈向世界一流的行列。作为哈工大人,无比自豪。祝福哈工大,更加辉煌!

张铁龙

一个世纪的时间,百年的沧桑与演变,对于一所学校来说,已经足够她硕果压枝,桃李天下。自2010年至今,我一直在哈工大继续教育学院工作,"规格严格,功夫到家"的校训也深深地影响着我;如今更有幸见证这百年的奇迹,与其他哈工大人一起为哈工大庆生,为学校的双一流建设贡献自己的微薄之力。

逄胁瑶

我爱她,爱了九十几年,

从中东铁路的双轨载着侵略者蜿蜒切入家乡体肤的那一刻开始;

我爱她,爱了八十几年,

从因她几经易主而形成的国际化办学血统开始;

我爱她,爱了七十几年,
从她终于回到母亲的怀抱,并立志全力投身于祖国的建设事业开始;
我爱她,爱了六十几年,
从"八百壮士""过三关"的砥砺磨炼开始,
从她成为"工程师的摇篮""厂校协作红旗飘,满城都说工大好"的黄金时代开始;
我爱她,爱了五十几年,
从特殊时期的草木皆兵开始,从"南迁北返"的漂泊无依开始;
我爱她,爱了四十几年,
从苦难中"规格严格,功夫到家"的坚守开始;
我爱她,爱了三十几年,
从他沐浴改革开放的春风,再创辉煌的奋力拼搏开始;
我爱她,爱了二十几年,
从国家、政府斥巨资重点共建的信任与嘱托开始;
我爱她,爱了十几年,
从她助力"神舟",问鼎"天宫",不懈推进国人的航天梦开始……

若有人问我,梦在哪儿?
——她在云端,她在天际,她在远方的阴霾中若即若离。
若有人问我,通向梦想的路,在哪里?
——她在国破的苍凉中开拔,她在弥漫的风沙中崎岖,
她在动荡的心殇与彷徨中披荆斩棘。
青丝,她用笔墨点染;白发,她用睿智蕴蓄……
栉风沐雨,她终于迎来了黎明的曙光,穿透迷雾,笼罩华夏大地……

一春一秋,一草一木,开到荼蘼;
一朝一夕,一心一意,芬芳桃李。

那是你的痴痴守望,激荡风起云涌,岁月峥嵘;
那是你的殷殷期盼,浇灌学子莘莘,英姿飒爽;
那是你的拳拳赤诚,舞动穹宇霓裳,醉入梦乡……

我爱你,爱你质朴,踏实,规格严格;
我爱你,爱你审慎,扎实,功夫到家;
我爱你,爱你奋进,务实,自强不息;
我爱你,爱你奉献,求实,开拓创新;

我爱你,爱你葱翠婆娑下的殷切,更爱你皑皑雪影中的旖旎;

我爱你,爱你紧切时代的脉动,更爱你争创一流的努力。

我爱你,我的家,我的工大;我爱你,我的工大,我的家!!!

祁师梅

在继续教育近20年的工作中,见证了成人业余、函授教育的蓬勃发展,亲身经历了远程教育的产生、发展和壮大,目睹了成人学历教育停招后向培训教育转型的艰难,以及全院上下齐心协力、奋力拼搏取得的可喜可贺的成绩。总之,学院领导在不同时期、不同形势下,无论是顺水还是逆舟,都能带领全院员工,与时俱进,不忘初心,铭记发展才是硬道理;推动了哈工大继续教育事业的发展,为社会培养了各行各业人才。因此,感谢学院的坚强领导,感谢学院为各位员工提供了工作发展的平台,感谢学院推进了哈工大继续教育事业的发展,感谢学院为社会做出的贡献!

于小迅

在哈尔滨工业大学百年校庆之际,作为一名哈工大人,可以说是母校塑造了我。我本人做财务工作,在工作中尤其要求认真、负责、细心、谨慎。这些方面我并没有遇到困难,我想是哈工大人代代传承的学术上严谨求实、一丝不苟的作风和哈工大"规格严格,功夫到家"的校训精神一直影响着我。母校教会我独立解决问题的能力、教会我刻苦坚毅,这些通过我生活中和工作中的点滴都能体现。今年母校迎来了100周年,我真诚祝福母校越来越好,早日进入世界一流大学的行列。

阎冰

随着校庆氛围的逐渐浓厚,心情早已跟随悸动起来。还清晰地记得2000年80周年庆典的体育场,我作为学生是操场中蓝色方阵的一员,当时还未曾想过未来的许多年头我与哈工大将不再分离;留校工作后,2005年作为新员工参加了成人教育50周年庆典,并有幸参与书稿画册的组织工作,段段文字和幅幅画面带我回顾成人教育的历史,对学院就有了似曾相识的感情。似乎一转身的时间,20年悄然划过,哈工大的深厚底蕴如涓涓细流无声地浸润着我,像一位铿锵有力的历史巨人给予了我无限自豪,唯愿下一个10年、20年为母校的建设发展倾力。

王爽

十年树木,百年树人。感恩母校培育之恩,感谢恩师教诲之情,感激同窗互助之谊,学生时代的记忆历历在目,难以忘怀。从毕业留校至工作十载,幸运的是从未离开过母校的怀抱,有机会见证"中国特色、世界一流、哈工大规格"的强校之路。功成不必在我,功成必定有我,身为一名继续教育工作者,我将不忘初心,立足岗位,为学校未来发展贡献自己的一份力量。我愿做学校品牌的代言人,传播正能量,传递好声音,哈工大是我们永远的家!

李丽杰

1920—2020,哈工大百年的历史,百年的辉煌,是由哈工大无数师生秉承着"规格严格,功夫到家"的校训,兢兢业业、不断开拓创新谱写而成。不忘初心,方得始终。哈工大从1920年一路走来,从中东铁路的第一排枕木,到冉冉升起的哈工大星的照耀下辉煌夺目的未来,哈工大从未忘记最初的目标、最初的梦想——培养优秀的国家栋梁人才。相信下一个百年,哈尔滨工业大学将会成为世界一流大学,哈工大培养出来的学子将会成为各行业的领军人物。

姜亦鑫

百年校庆,百年荣光,作为见证者无比荣耀,作为建设者无比自豪。继续教育乘学校发展东风走过65载,服务国家社会需要,展哈工大影响,弘哈工大精神,硕果累累,佳绩不断。"规格严格,功夫到家"这一百年岁月积淀的深邃精神早已成为我们精神的烙印,激励我们勇往直前。

周勇

百年的岁月,书香翰墨、诲人不倦,脚踏实地、上下求索、孜孜以求、育人树德,锲而不舍、顽强拼搏,风雨话不尽沧桑。韶光虽易逝,但盛事如约。2020年6月美丽的冰城迎来了哈尔滨工业大学100周年的庆典。

在松花江畔这片无数人倾注热情和洒下汗水的沃土上,哈工大继续教育学院含辛茹苦地培育了多届学子。百年来,哈工大用宽广、博大的胸怀吸纳了充满求知欲望的学子,用真诚、无私的关怀温暖了每一位学子的心房,用智慧和底蕴为无数颗苦苦求学的心灵托起了飞向梦想的翅膀。

百年,不是终点,而是一个继往开来的新起点。百年校庆,既是回望过去,让我们为哈工大曾经取得的伟大成绩和硕果感到自豪和骄傲;也是憧憬未来,让我们对哈工大更加灿烂的前景充满信念和希望。

曹尔卓

韶光流转,盛事如约。哈工大人秉持着"规格严格、功夫到家"的校训,一百载风雨兼程,一百载携手向前。何其有幸见证这一辉煌时刻,百年工大,继续辉煌!

于晶

百年书香翰墨,百年风雨沧桑,百年栉风沐雨,百年春华秋实。哈尔滨工业大学——这片浸润着我们青春热血和辛勤汗水的沃土,记录着师长的师德风范,记录着学子的青春誓言,记录着学校改革、建设与发展的一百年光阴流转与薪火相传。百年风雨浸润流岚岁月,积淀下沉沉跬步,百年峥嵘穿透纯净书声。百年锲而不舍,这里已成人才的摇篮;百年上下求索,这里已成为璀璨的明珠。我们因哈工大这所百年大学而自豪,而她也因我们而骄傲。

张添

巍峨的主楼,历经了近一个世纪的风霜,是每名哈工大人心里永恒的殿堂;

电机楼前的广场,人来人往的脚步匆匆,见证过太多人披星戴月的执着与奔忙。

依稀记得自习室中沙沙作响的书本声伴随着青春年少的斗志昂扬;

也会偶然看见食堂中稚嫩的面孔,记起当年整个寝室一同用餐的美丽旧时光;

得知公寓即将拆建,多少人离开又回来,只为那段青葱岁月一直在血液中流淌;

遥望着母校硕果累累,学子们仿佛回到了校园,想起了丁香花开的季节曾默默许下的远方。

就这样从入学到工作,匆匆 20 余个年头,经历了学校从成熟走向辉煌;

就这样从历史走到今天,经过百年的沉淀,哈工大收获了桃李芬芳。

相信此刻,无论哈工大人身在何方,都愿遵守一个世纪约定,同为母校续写新篇章!

李海伦

风云翻转一百年,桃李飘香一世纪。伴随着祖国教育事业的蓬勃发展,哈工大已经走过了一百年的历程。回首往昔,沐浴一百年的风风雨雨,感受一百年的春华秋实。哈工大硕果累累,桃李满园。幽雅的校园环境,浓厚的人文氛围,先进的教学设备。我们爱哈工大的一草一木,我们爱哈工大的博大涵养,她让我们融入了豁达、淡泊、宁静的学习氛围。这里有我们的努力、拼搏和深深的爱,更预示着我们的成功、辉煌与无限的祝福。"我能故我行"是我们共同的信念,哈工大是我们共同的家园。一百载的光辉历史与丰硕的成果必将在我们手中得到传承、发扬!光阴荏苒,学子换了一批又一批,可不变的是哈工大精神;岁月如流,教室里传道授业的老师逐渐老去,可永恒的是师者的魂。老一辈哈工大人用生命启迪智慧,用爱心滋养希望。新一代哈工大人用双手绘出灿烂云霞,用行动回报百年的期盼。在这特殊的日子里,让我们再次向哈工大致以最诚挚的祝福,祝福哈工大永远辉煌,永远生机勃勃!

历之嘉

  9年前的8月,我在艳阳中与哈工大初遇;白驹过隙,我从一名稚嫩懵懂的大一新生,走上了工作岗位;在这里学习、成长、工作,从懵懂走向成熟。百年的她,经历过风雨苦难,但从未停下脚步,以坚定的风姿迈着踏实的步伐前行。感谢学校的栽培与关爱,我会铭记"规格严格,功夫到家"的校训,为谱写下一个灿烂百年篇章贡献自己的微薄力量。祝福我所热爱的哈工大百年生日快乐!

附 录

附录一　历史沿革

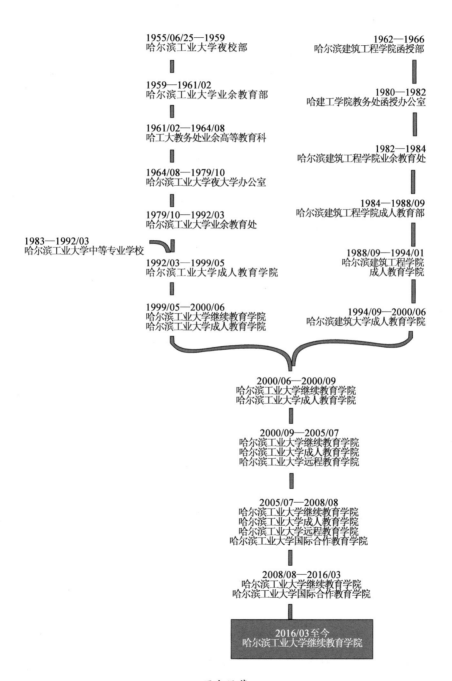

历史沿革

附录二　学院历任领导(1955—2020)

姓名	任期	姓名	任期
袁泰	1955—1956	王福平(副院长)	1995—1997
马宁	1956—1959	高廷臣(原建大)	1995—1999
李家宝	1961—1964	李成文	1993—1998
罗家骧	1964—1965	张丽霞(原建大)	1999—2000
童缪	1965—1979	才巨金	1998—2005
赵树道	1979—1983	张桂芬	2005—2011
纪守义	1983—1987	李旦	2011—2015
李明(原建大)	1983—1988	王宏	2016—2020
于文增(原建大)	1988—1994	范轶	2020至今
吴广昌	1987—1993		

附录三　学院历年工作人员名录

(注:名录中的括号时间为到学院工作的年份)

20世纪50年代

袁泰(1955)、李汉星(1955)、郭遇昌(1955)、王成茹(1955)、徐荣(1955)、马宁(1956)、曹师仁(1956)、赵玉秀(1957)、张蕴莹(1958)、姜莫(1958)、尚信(1958)、罗家骧(1959)、朱启(1959)

附 录

20 世纪 60 年代

吕作为(1960)、俞德华(1960)、高金惠(1960)、周桂英(1960)、张培筠(1961)、李家宝(1961)、吴广昌（1961）、殷培琴（1961）、李秉钧(1962)、廖文贵（1962）、郭青春(1963)、刘元增(1963)、郭希纯（1963）、张品芳(1964)、黄葳（1964）、于茵（1964）、童缪(1965)、郭士杰(1965)

20 世纪 70 年代

徐福格（1972）、王仲（1972）、赵树道(1973)、马德田(1978)、纪守义（1978）、周素珍(1978)、鲁秀萍(1978)

20 世纪 80 年代

金济云(1980)、张海峰(1980)、赵亚杰(1980)、王福珍（1980）、孙文昭（1980）、李晓平(1980)、赵学义(1981)、于兴源(1981)、张金(1981)、龚邦秀(1981)、李树栋（1981）、龚之蕃（1981）、张德文(1982)、齐玉树(1982)、沈立义(1982)、席晓波(1982)、勇晓鹏(1982)、孙克(1982)、马凤瑞(1983)、李兆金(1983)、范乃文（1983）、周球（1983）、潘桂荣（1983）、郑作侃（1983）、姜殿军（1983）、赵永仁（1983）、齐宏（1983）、李明(1983)、刘欣荣（1983）、叶琳（1983）、王惠云(1984)、黄达清（1984）、田新华(1984)、赵宇明(1984)、陈禹光（1984）、刁立成（1984）、高起瑞（1985）、沈兴星(1985)、宋桂兰(1985)、盛占友(1985)、戴玲（1985）、邵丽雁（1985）、孙爱群（1985）、徐景浩(1985)、李玉琴（1986）、张子力（1986）、智喜文（1986）、刘诚一（1986）、王仲秋(1987)、刘克勤(1987)、张晓芝(1987)、林洪然(1987)、张翠玲(1987)、王义江(1987)、李金庆（1987）、于文增(1988)、康素英(1988)、纪丽霜（1988）、祖清山(1988)、张崇文(1988)、石景岚(1988)、王德军(1988)、王德明(1989)、周志新(1989)

20 世纪 90 年代

孔令东(1990)、仇奇(1990)、史丽丽(1990)、韩秀芬(1990)、吴丽娟(1991)、范玉英(1991)、陈润明(1991)、吕晓波(1992)、李成文(1992)、谢跃春(1992)、刘新宝(1992)、宋晖(1992)、于晶(1992)、郝英(1993)、陈剑忠(1993)、单颖(1993)、李阳(1993)、边成佶(1993)、谢英华(1994)、侯金艳(1994)、凌明道(1994)、姜惠民(1994)、才义(1994)、纪鹰(1994)、王福平(1995)、高庭臣(1995)、孔大正(1995)、于化泳(1995)、

杜兰平(1996)、李晓波(1996)、常永吉(1997)、于淑芳(1998)、才巨金(1998)、张丽霞(1998)、熊汉文(1998)、王旭光(1998)、王淑琴(1998)、陆琦(1998)、郭万林(1998)

2000—2009

徐烈(2000)、陈晓东(2001)、蔡中威(2001)、王战威(2001)、祁利荣(2002)、周勇(2002)、高鑫(2002)、付强(2002)、孙俊薇(2002)、赵静(2002)、王永志(2003)、闫秀丽(2003)、阎冰(2003)、唐乐(2003)、李园(2003)、郭翔(2004)、马欣(2004)、李丽杰(2004)、李丹(2004)、侯莉(2004)、郭林艳(2004)、张金龙(2004)、孙湘萍(2004)、魏淑玲(2004)、孙琳琳(2004)、肖志强(2004)、杨真林(2004)、孔令达(2004)、赵宏月(2004)、姜平(2004)、景洪武(2004)、吕衍虹(2004)、许为燕(2004)、任磊(2004)、王晨双(2004)、张桂芬(2005)、任秉银(2005)、刘春秋(2005)、刘伟(2005)、刁立志(2005)、邵景伟(2005)、金建议(2005)、刘扬(2005)、杨春利(2006)、马铭唯(2006)、李蕾(2006)、胡莉娜(2006)、李海伦(2006)、李晓铭(2006)、孙巍巍(2006)、张喜利(2006)、俞贞妮(2006)、曹璞(2006)、郭丽楠(2006)、李志虎(2006)、刁立志(2006)、叶楠(2006)、高双利(2006)、王家凌(2006)、李焕然(2007)、韩冬江(2008)、张勇(2008)、陈怡(2008)、祁彦勇(2009)、郭新华(2009)、杨梓(2009)、丁楠(2009)

2010—2020

张铁龙(2010)、李旦(2011)、唐淑琴(2011)、孙颖(2012)、杨威(2012)、佟巍娜(2012)、宋波(2012)、倪春丹(2012)、王莹(2013)、李俊杰(2013)、王欢(2014)、于小讯(2014)、姜亦鑫(2014)、胡立华(2014)、祖伟华(2014)、逄肸瑶(2015)、赵维(2015)、代明智(2015)、窦立波(2015)、金垚(2015)、沃田(2015)、张松(2015)、王宏(2016)、王爽(2016)、邓冰(2016)、历之嘉(2017)、张添(2018)、王柏超(2018)、刘禹辰(2018)、金星言(2018)、祖彦榕(2018)、王雅提(2018)、包东(2018)、曹尔卓(2019)、张鹤平(2019)、孙立焕(2019)、王欢(2019)、张亚肖(2019)、范轶(2020)、曹云峰(2020)、杨海(2020)

● 专职教师：

冯德成　朱希源　王明德　胡乃丽　赵秀媛
孙佩英　陈维奖　施宗惠　郭清太　罗　林
常德生　杨玉东　孙大烈　张宝玉　詹晶辉
苏先虎　孙　克

附录四　学院机构设置图

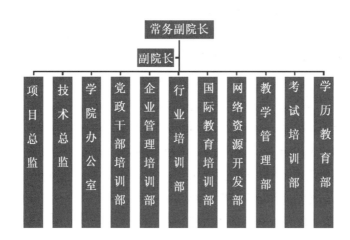

附录五　学院获得荣誉

哈尔滨工业大学继续教育办学 65 年来,遵循哈工大"规格严格,功夫到家"的校训精神,严守成人教育规格与底线,受到社会的广泛认可,也收获了众多的荣誉。

1963 年度"哈尔滨市红旗业余学校";

1992 年度"黑龙江省自学考试甲级评卷单位";

1996 年度"黑龙江省普通高等学校函授教育优良学校";

1996 年度"黑龙江省普通高等学校夜大教育优良学校";

1997 年度"全国成人高等教育评估优秀学校";

2002 年度"黑龙江省高等学校招生工作先进集体";

2004 年度"中国成人教育协会成人教育先进单位";

2005 年度"全省高等教育学历证书电子注册管理工作先进集体";

2006 年度"黑龙江省成人高等教育工作先进单位";

2008 年度"黑龙江省招生考试工作先进单位";

2009年度"2007—2008年度试点高校网络教育统考工作优秀单位";
2011年度"学习港十大热门现代远程教育试点高校";
2011年度"全国高校现代远程教育协作组现代远程教育十年贡献奖";
2012年度"中国好教育最具社会满意度网络教育学院";
2013年度"学习港十大热门现代远程教育试点高校";
2014年度"教育部国家级教学成果奖二等奖";
2015年度"中国最具影响力高校网络教育学院十强";
2015年度"学习港十大热门现代远程教育试点高校";
2016年度"中国现代远程教育终身教育特别贡献奖";
2016年度"中国最具社会影响力高校网络教育学院";
2018年度"MOOC中国杯优秀课程教学组织奖银奖";
2018年度哈尔滨工业大学先进工会组织;
2018年度哈尔滨工业大学模范职工小家(三级);
2018年校部机关教职工羽毛球团体赛冠军。

附录六　学院个人荣誉

学院的发展进步离不开众多继教人的倾心付出,哈工大继教人也受到了国家、社会及学校的认可,取得了相应的荣誉。

党政干部培训部:
2018年度哈尔滨工业大学"三八红旗集体"

李旦:
2015年度宝钢优秀教师奖

常永吉:
2006—2007年度哈尔滨工业大学校先进工作者
2008年度哈尔滨工业大学安全工作先进个人
2009年黑龙江省成人本科毕业生申请学士学位外国语考试"考务工作先进个人"
2012年"黑龙江省高等教育学籍学历管理工作先进个人"

王永志：

2011年哈尔滨工业大学工会活动积极分子

2014年教育部国家级教学成果奖二等奖

2016年中国远程和继续教育行业名师

马欣：

2005—2006年度哈尔滨工业大学档案工作先进个人

2007年度哈尔滨工业大学优秀专兼职学生工作者标兵

徐烈：

2007年学校工会"知识型先进个人"

2008年哈工大工会征文优秀奖

2013年哈尔滨工业大学优秀工会积极分子

2015年学校"安全先进个人"

2017年学校"离退休工作先进个人"

王欢：

2008—2009年度哈尔滨工业大学机关党委"三八红旗手"

2017年度哈尔滨工业大学"安全先进个人"

2018—2019年度校部机关"先锋示范岗"

窦立波：

2017年哈工大机关党委"先锋示范岗"

2018年哈尔滨工业大学工会活动积极分子

代明智：

2010、2011、2012年哈工大优秀参训教师

2011年哈工大优秀专兼职学生工作者标兵

2010、2012、2013年校优秀专兼职学生工作者

2012—2014校优秀专兼职工作者

2012—2013哈尔滨工业大学先进个人

2014年哈尔滨工业大学首届青年管理干部岗位技能竞赛第二名、青年管理干部之星

杨威：

2015年度安全工作先进个人

2015年哈尔滨工业大学第二届青年管理人员岗位技能大赛优秀团队

2017年哈尔滨工业大学优秀工会工作者

阎冰：

2011年哈尔滨工业大学"知识型先进个人"

郭新华：
2005 年黑龙江省高等教育教学成果奖二等奖
2009 年黑龙江省高等教育教学成果奖二等奖
2012 年黑龙江省高等教育学籍学历管理先进个人
刘克勤：
2000 年度哈尔滨工业大学"五好家庭"
姜惠民：
2000 年度哈尔滨工业大学先进工作者
张添：
2006、2009、2010、2011 年哈尔滨工业大学优秀专兼职工作者
2007 年哈尔滨工业大学优秀专兼职工作者标兵
2010 年哈尔滨工业大学党建与思想政治工作研究年会论文一等奖
2010 年哈尔滨工业大学工会知识型先进个人
2011 年哈尔滨工业大学暑期文化科技卫生"三下乡"社会实践优秀指导教师
2011、2012 年哈尔滨工业大学优秀团的工作者
2013 年哈尔滨工业大学"三育人"先进工作者标兵
2013 年哈尔滨工业大学党建与思想政治工作研究会第 25 届年会一等奖
逄胗瑶：
2014 年首届青年管理干部岗位技能竞赛单项奖、优秀团队奖
2017 年哈工大校部机关"先锋示范岗"
2018 年哈尔滨工业大学优秀工会积极分子
邵丽雁：
2018 年哈尔滨工业大学优秀工会工作者
仇奇：
2018 年哈尔滨工业大学"五好家庭"
胡立华：
2016/2017、2017/2018 年度校部机关"先锋示范岗"
李海伦：
2008 年哈尔滨工业大学优秀专兼职工作者
刘春秋：
2011 年哈尔滨工业大学安全生产先进个人
李晓铭：
2017 年哈工大校部机关"先锋示范岗"

纪丽霜：
2005年全国高等教育学历证书电子注册管理工作先进个人
叶琳：
2005年华夏大地自考奖励金先进工作者
于小讯：
2018年哈尔滨工业大学优秀工会积极分子
张铁龙：
2019年哈尔滨工业大学安全生产先进个人

附录七　学院社会兼职

学院积极发挥自身优势，积极参与社会及行业相关建设工作，担负起名校责任，承担的社会及行业兼职有：

中国高等教育学会继续教育分会副理事长单位

中国成人教育协会常务理事单位

中国继续工程教育协会理事单位

中国扶贫开发协会高校教育扶贫委员会副理事长单位

海峡两岸继续教育论坛发起高校之一

中国学位与研究生教育学会继续教育分会发起高校

国家教育行政学院全国干部教育培训基地协作机制成员

附录八　学校基地平台建设

自建立继续教育学院以来，学院积极拓展培训领域，打造培训品牌，争取各项培训资

质,目前已取得的资质授权有:

中组部全国干部教育培训高校基地

人社部国家专业技术人员继续教育基地

教育部国家级教师教学发展示范中心

中央军委装备发展部国家军用标准质量管理体系培训协作中心

国家教育行政学院全国干部教育培训协作机制培训机构

黑龙江省国家公务员培训基地

黑龙江省专业技术人员继续教育基地

黑龙江省首批中小学生研学实践教育营地

附录九 学院课题研究

为更好地应对转型发展,"十三五"期间学院开展了大量的继续教育科研探索工作,30余名职工参与其中,取得了一系列研究成果,对学院继续教育发展提供了切合学院需要的可参考价值。

"十三五"学院课题立项统计表

序号	题目	立项人	立项年份
1	终身教育体系视域下高校继续教育课程资源综合利用研究——中国高等教育学会课题	王宏 王永志	2016
2	传统成人教育与现代远程教育融合的探索与实践	常永吉	2016
3	"三教融合"探索与实践	郭新华	2016
4	适用于我院的跨平台泛在学习系统解决方案的研究与实践	赵维	2016
5	转型期管理岗位工作及过程精细化探究	金垚	2016
6	创新创业导师团队构建与指导设计研究	阎冰	2016

续表

序号	题目	立项人	立项年份
7	关于社区教育建设的构思与分析	代明智	2016
8	继续教育培训质量评价体系研究	马欣	2016
9	管理过程精细化研究与实践	才义	2016
10	"继续教育出校园"之企业委托培训效果评价研究	周勇	2016
11	老平台银联在线支付网关接口开发	蔡中威	2016
12	继续教育的国际合作交流教育模式研究与实践	王莹	2016
13	基于可重构的在线教育资源共享研究	高鑫	2016
14	文秘岗各项工作流程优化探讨	邵丽雁	2016
15	管理过程精细化研究与实践	逄胖瑶	2016
16	以微信公众平台为代表的自媒体传播特点和优势分析	李晓铭	2016
17	精品课程建设思考与实践研究	胡莉娜	2016
18	国际合作办学的意义及前景	祁师梅	2016
19	新形势下开展国际合作教育项目的研究分析	徐烈	2016
20	学院后勤精细化管理研究	金垚	2017
21	项目主任(主管)胜任力模型	马欣	2017
22	培训班高速增长下的班级质量	王欢	2017
23	项目主任工作梳理	杨梓	2017
24	关于培训工作的点滴体会	王爽	2017
25	如何做好一名班主任	张铁龙	2017
26	班主任要有"三心一情"	胡立华	2017
27	班主任工作心得	邓冰	2017
28	项目管理平台与问卷调查网融合研究	王战威	2018
29	非学历继续教育中的品牌建设研究	代明智	2018
30	一种快速制作培训视频的方法研究	王战威	2018

续表

序号	题目	立项人	立项年份
31	我国高等教育国际化发展现状及其实现路径	周勇	2018
32	行动学习在企业培训领域应用研究	马欣	2018
33	党政干部培训工作的思考	徐烈	2018
34	"双一流"大学继续教育转型发展:内涵与路径	王宏等	2018
35	高校继续教育干部培训质量评估体系研究	韩冬江等	2018
36	现代远程教育质量保障体系构建研究	王永志等	2018
37	高等学校继续教育培训信息化平台建设研究	常永吉等	2018
38	研究生教育管理人员综合能力提升研究——中国学位与研究生教育学会继续教育工作委员会课题	王永志 阎冰 王爽	2018
39	研究生导师综合能力提升研究——中国学位与研究生教育学会继续教育工作委员会课题	阎冰 王爽	2018
40	互联网+教育下校外学习中心的转型发展探索——全国高校现代远程教育协作组课题	王永志 阎冰	2018
41	高校继续教育干部培训质量评估体系研究——中国高等教育学会继续教育分会课题	马欣	2018
42	哈尔滨工业大学继续教育服务区域行业发展的实践探索	阎冰	2018
43	《校友创业公开课》创新创业教育课程立项——哈工大本科生院立项课题	王永志 阎冰	2018
44	《继续教育转型发展:内涵与路径》专题调研报告	领导班子	2019
45	学历继续教育现状分析及改革发展	王永志	2019
46	"十四五"智慧校园项目需求可研方案	王永志	2019
47	面向标准化改革的供热行业继续教育教材建设与实践教学研究	阎冰	2019
48	关于我院学历继续教育"收尾"阶段问题研究及对策	郭新华	2019
49	继续教育培训项目运行保障的质量评估	祖彦榕	2019

附录十　学院部分规章制度

学院为了更好地适应社会变化,鼓励员工创新,更好地发展继续教育,"十三五"以来相继出台各项规范管理流程、制度及文件,保障继续教育培训业务健康快速发展。

2016 年：
《关于鼓励学院管理人员开展继续教育研究工作的通知》
《关于成立第二届继续教育学院专家委员会的决定》
《关于成立学历继续教育考试工作领导小组和考试组织机构的决定》
《继续教育学院关于成立国际教育培训中心及岗位聘任的通知》
《哈尔滨工业大学继续教育学院班主任标准化工作手册》
《继续教育学院培训学员住宿管理流程及说明》
《继续教育学院培训学员合影管理流程及说明》
《继续教育学院培训学员餐卡管理流程及说明》
《继续教育学院培训班场地租用管理流程及说明》
《继续教育学院培训班租用车辆管理流程及说明》
《继续教育学院培训班师资课酬管理流程及说明》
《继续教育学院培训班学员备品管理流程及说明》

2017 年：
《关于哈工大继续教育工作转型发展的通知》
《哈尔滨工业大学继续教育学院非学历教育兼职教师管理办法(暂行)》
《关于落实哈尔滨工业大学对金秀瑶族自治县"五大帮扶工程"中"教育帮扶"工程的说明》

2018 年：
《哈尔滨工业大学继续教育学院 2018 年度培训工作绩效考核管理办法》
《哈尔滨工业大学继续教育学院培训业务接待管理办法》
《哈尔滨工业大学继续教育学院考勤管理规定》
《关于成立哈尔滨工业大学继续教育学院"东北抗联"干部培训中心的决定》
《继续教育学院关于劳务派遣职工缴存住房公积金和上调津贴的决定》

2019 年：
《哈尔滨工业大学继续教育学院 2019 年培训工作绩效考核管理办法》

《哈尔滨工业大学继续教育学院培训班班主任工作量计算办法》
《继续教育学院关于派遣职工上调工资标准的决定》
《哈尔滨工业大学继续教育学院实践教学基地建设与管理暂行办法》
《关于继续教育学院培训用酒店(宾馆)的选定及使用办法》
《继续教育学院培训项目洽谈和课程方案报送指导办法》
2020 年:
《哈尔滨工业大学继续教育学院关于上调劳务派遣职工工资标准的决定》
《关于调整学院机构的决定》
《哈尔滨工业大学继续教育学院 2020 年度培训工作绩效考核管理办法》

附录十一 高等学历继续教育情况统计表

学历教育毕业生情况统计(1960 年—2020 年 1 月)

类别	合计	业余(夜大)			函授			脱产			网络教育			自考	
		本科	专科	专升本	本科	专科	专升本	本科	专科	专升本	本科	专科	专升本	本科(含独立本科)	专科
人数	139 988	3 983	4 489	7 051	1 803	26 280	35 509	2 160	5 355	827	9 560	15 182	18 957	5 568	3 264
合计	139 988	15 523			63 592			8 342			43 699			8 832	

学历教育学位授予情况统计(1983 年—2020 年 1 月)

类别	合计	业余(夜大)	函授	脱产	远程	自考
本科毕业生	85 418	11 034	37 312	2 987	28 517	5 568
授学位人数	24 668	5 231	9 517	1 633	5 701	2 586

附录十二　1999—2009 年继续教育培训情况统计表

序号	年份	总人次	总班次
1	1999	200	无统计
2	2000	280	10
3	2001	657	10
4	2002	1 800	19
5	2003	2 007	14
6	2004	7 927	21
7	2005	9 758	26
8	2006	6 260	20
9	2007	13 942	55
10	2008	20 262	84
11	2009	25 830	83
合计		88 923	342

附录十三 2010—2019年继续教育培训情况统计表

序号	年份	党政干部		企业管理人员		专业技术人员		总人次	总班次	备注
		人次	班次	人次	班次	人次	班次			
1	2010	187	4	649	12	53 880	18	54 716	34	含专业技术人员网络培训：16个班次,30 715人次
2	2011	382	10	657	10	53 524	52	54 563	72	含专业技术人员网络培训：32个班次,29 113人次
3	2012	982	22	1 652	20	54 416	61	57 050	103	含专业技术人员网络培训：48个班次,39 163人次
4	2013	1835	31	1 889	23	4 4849	67	48 573	121	含专业技术人员网络培训：64个班次,44 626人次
5	2014	2 114	27	1 867	28	53 176	84	57 157	139	含专业技术人员网络培训：80个班次,52 322人次
6	2015	3 196	45	1 384	20	1 414	19	5 994	84	
7	2016	6 030	90	944	14	1 342	19	8 316	123	
8	2017	5 935	84	2 959	38	2 744	28	11 638	150	
9	2018	8 978	137	4 057	65	7 126	63	20 161	265	
10	2019	10 159	166	5 344	67	5 939	58	21 442	291	
合计		39 798	616	21 402	297	27 8410	469	339 610	1 382	含专业技术人员网络培训：240个班次,195 939人次

后 记

　　本书从策划到完成历经两年有余,为了能全面、客观地反映哈工大在继续教育领域的全貌,编者们在历史资料的搜集、整理、筛选、录用等方面经过反复商榷、仔细斟酌,力争将哈工大继续教育的历史脉络清晰地梳理出来。编委会以"功成不必在我"的精神和"功成必定有我"的历史担当,尽心书写一代代哈工大继教人为继续教育事业所做出的卓越努力,通过再现历史的厚重,演绎继续教育未来的精彩。

　　本书编辑过程中得到了各级领导的大力支持,得到了哈工大出版社编辑的悉心指导,得到了老领导、老员工、广大校友的真心帮助,尤其是《成教五十春　携手创辉煌——哈尔滨工业大学创办成人教育五十周年专辑》,给我们提供了大量珍贵的历史资料,在此一并表示感谢。由于时间仓促,编者水平有限,可能无法将哈工大继续教育发展历程完整地展现,缺漏之处希望读者不吝指正。

　　本书由王宏、范轶、王永志任主编,祁彦勇、常永吉、韩冬江任副主编,杨威、王欢、阎冰、邵丽雁、刘克勤、马欣、徐烈、代明智、张添、郭新华、逄胗瑶、郭万林参加各个相关章节的编辑工作,图片美工由孙晓晨完成。

　　一世纪规格功夫,新百年世界一流。

　　值此百年华诞之际,谨以此书献礼!